本书受教育部哲学社会科学研究重大课题攻关项目
"大中小一体化学生心理健康教育与服务体系研究"（编号22JZD044）资助

学业作弊行为干预与诚信教育研究

基于大中小幼一体化的视角

赵立　郑怡　等◎著

Academic Cheating Intervention
and Integrity Education

An Integrated Perspective from Kindergarten to University

ZHEJIANG UNIVERSITY PRESS
浙江大学出版社
·杭州·

图书在版编目（CIP）数据

学业作弊行为干预与诚信教育研究：基于大中小幼
一体化的视角 / 赵立，郑怡等著. -- 杭州：浙江大学
出版社，2024. 12. -- ISBN 978-7-308-26121-0

Ⅰ. D648

中国国家版本馆 CIP 数据核字第 2025ZX5402 号

学业作弊行为干预与诚信教育研究——基于大中小幼一体化的视角

赵　立　郑　怡　等著

策划编辑	吴伟伟
责任编辑	宁　檬
责任校对	陈逸行
封面设计	雷建军
出版发行	浙江大学出版社
	（杭州市天目山路 148 号　邮政编码 310007）
	（网址：http://www.zjupress.com）
排　　版	杭州星云光电图文制作有限公司
印　　刷	杭州宏雅印刷有限公司
开　　本	710mm×1000mm　1/16
印　　张	22.75
字　　数	300 千
版 印 次	2024 年 12 月第 1 版　2024 年 12 月第 1 次印刷
书　　号	ISBN 978-7-308-26121-0
定　　价	98.00 元

序

　　学业是个体在教育过程中所承担的学习任务和活动，是对教育内容的具体落实。学生通过上课、作业、考试等来完成学业任务，实现教育目标，提升自身的知识、智能和品格。学业无疑是教育方针在个体身上的具体实践，是每个人成长旅程中不可或缺的重要篇章。教育是学业的前提和基础，学业成果反映教育的效能，两者相互促进、共同发展。在建设教育强国中，为落实立德树人根本任务，培养担当民族大任的时代新人，办强办优教育，夯实全面提升国民素质战略基点，学业是不可忽略的教育环节。

　　然而，在当今校园内，考试作弊、论文剽窃等学业不端行为却时有发生，如同蛀虫般侵蚀着教育的根基，破坏了教育的纯洁与公正。这些行为不仅阻碍了学生个人发展，也对整个社会的道德风气和公平正义造成了极大的冲击。它们如同一面镜子，映照出当前教育体系中的瑕疵。面对这一难题，教育学界的同仁一直在苦苦思索和探寻破解之道。而我们这些致力于发展与教育心理学研究的学者，也在不断探索，期望能找到遏制学业作弊行为的有效途径，呵护学生的身心健康。只有营造一个健康、纯净的教育环境，才能培育出更多有责任感、诚信的栋梁。

　　近年来，"一体化"这一教育理念逐渐崭露头角。何为真正的"一体化"？哪些教育领域需要实现"一体化"？在我看来，诚信教育同样需要"一体化"的润泽。令我欣喜的是，在《学业作弊行为干预与诚信教育研究——基于大中小幼一体化的视角》一书中,赵立教授及其团队正是从"一体化"的独特视角出发,对学业作弊行为的历史演变,学业作弊行为在各学龄段的特点、现状、影响因素以及干预措施等进行了系统而全面的介绍。这本书如同一扇窗,让我们得以窥见学业作弊行为在不同学龄段的特点与成因,帮助家长和学校更科学、更有针对性地应对这一问题。

赵立教授于2022年出版的《儿童早期作弊行为发展与诚信教育》一书中介绍了幼儿阶段孩子参与作弊行为的一系列影响因素,内容丰富且易于理解。如今,赵立教授及其团队又取得了新的研究成果,将研究范围扩展到了从学前至大学的整个学龄段。我非常同意这本书中的观点,无论是对学业作弊行为的剖析,还是对诚信教育的思考,都需要从横纵两个维度来考虑。

从横向来看,家庭、学校和学生自身需携手并进,共同编织一张全方位的学业作弊行为干预和诚信教育网络,学生自身也需要树立正确的价值观和道德观,自觉抵制作弊行为。从纵向来看,每个学龄段都有其独特的发展特点,我们需要根据学生的发展特点,有针对性地进行作弊行为干预和诚信教育,同时保持教育的连贯性和系统性。短期内,诚信教育能够提升教学质量和学生的学业成绩;长远看,还能为国家培养诚实守信的人才,为社会的和谐稳定贡献力量。因此,诚信教育的一体化不仅是一种教育理念的革新,更是对未来社会发展的深远投资。

尤为值得一提的是,《学业作弊行为干预与诚信教育研究——基于大中小幼一体化的视角》一书,在理论综述和实证研究的基础上,于第七章提出了一系列切实可行的学业作弊行为干预对策和诚信教育建议。难能可贵的是,这些建议并非空洞的理论或高高在上的说教,而是真正从家庭、学校或学生自身的角度出发,给出的更具有针对性又更富有可操作性的解决办法,令我印象深刻。我相信,无论是家长还是学校的老师,读本书会受到启发,能够在各个学龄段找到适合的方法。教育不仅仅是传授知识的过程,更是培养学生高尚品德、创新精神和实践能力的重要途径。促进学生的学业诚信行为不仅能够帮助他们在学习上取得更好的成绩,更重要的是能够帮助他们发展必备品格和关键能力。

我期望广大读者会喜欢这本书,并和作者一起来讨论感兴趣的问题,相信在家庭、学校和学生自身的共同努力下,一定能够在未来教育中看到诚信、公正和尊重的典范。

是为序。

林崇德

2024 年 12 月 4 日

目　录

第一章

学业作弊的演变与诚信政策的发展

　　学业诚信是学生在进行学业活动时所应遵循的道德规范和行为准则。学业作弊行为,顾名思义,指违反学业诚信的行为。迄今为止,学界对这一行为尚未有统一定义。早期的学者认为,学业作弊行为特指考试作弊行为(Cizek,1999;Ikupa,1997)。如 Ikupa(1997)曾将学业作弊行为定义为学生或其他参与考试的人员在考试时做出替考、作弊、泄题等不符合考场规定的行为;Pino 和 Smith(2003)也将学业作弊行为定义为发生在考试中的作弊行为,如抄袭、买答案、带小抄等。而后,随着学业任务的复杂和多样化以及研究的不断深入,研究者们对于学业作弊行为的定义变得更加宽泛。Harding 等(2007)及 Hard 等(2006)认为学业作弊行为可能存在于一切需要学业评价的创造性工作(如考试、课程作业或项目、论文等)中,除了传统的抄袭行为外,还包括接受他人帮助或协助他人作弊、伪造或篡改学业资料或档案、抄袭或剽窃他人作品等行为。McCabe 等(2012)进一步将学业作弊行为定义为一系列违反学术诚信准则的行为,包括抄袭、隐瞒、剽窃、伪造、篡改、协助他人等常见的违规行为。Cuadrodo 等(2020)认为学业作弊行为可以被定义为一种学生故意违反学术组织及其成员(如教师、学术管理部门、其他学生)的合法利益和既定目标的行为。赵立等(2024)则认为学业作弊行为是学生为获得理想的学业成绩或排名而采取的秘密且有意破坏学业诚信准则的行为。

由上述定义的变迁可见,大部分学者倾向于认为学业作弊行为是一种违反社会规范和诚信准则的行为,且该行为往往是有意的且带有一定的目的性。综上,本书将学业作弊行为定义为:学生在完成需要评价的学业任务(如考试、作业和论文)时,为获得理想的评价结果而采取的秘密且有意破坏学业诚信准则的行为。

在我国,学业作弊行为已有近2000年的历史,并呈现较为完整的发展脉络,这主要源自我国考试制度独特的历史传承性和时代特征。无论古代科举考试还是现代高考,学业作弊行为都在不同时期的文化语境和社会压力下,呈现出独特的时代特点。总的来说,我国两大标准化考试制度以其高竞争性和严格选拔性著称,不仅影响着亚洲国家乃至全球众多国家的人才选拔机制,也推动了人们对学业诚信、诚信教育和教育公平性的认知。在此背景下,学业作弊行为在我国的历史演变过程尤为复杂和有代表性。

因此,本章将以我国为例,详细介绍学业作弊行为及其相关诚信政策的演变历史,旨在通过追踪学业作弊行为的发展历史和脉络,了解该行为如何随着教育和考试模式的变化而变化,以及国家和社会如何通过制定和完善相关政策来应对这一挑战,力求为推动我国诚信教育事业的发展提供可资借鉴的经验。

第一节　我国学业作弊行为的演变史

一、东汉与魏晋南北朝时期

东汉与魏晋南北朝时期主要依赖察举和荐举制度选拔人才,尚未有全国统一的考试制度。但在太学等学府和地方官署依然存在一些小范围的学业考核,这些考核形式较为多变,包括口试、笔试等不同类型,其间也出现了关于学业作弊行为的零星记载。其中,关于我国学业作弊具体事件的记载最早可追溯至东汉。

在汉武帝实行"罢黜百家,独尊儒术"的政策后,儒学成为东汉时期的官学,传统的《周易》《春秋》和《论语》等儒家经典被纳为"官方指定教材"。这些教材在皇家藏书阁内均有一本"兰台漆书"(标准版教材),作为评定学生答案对错的"标准答案"。议郎蔡邕在一次巡查藏书阁时,发现漆书上有一些涂改的痕迹,十分惊异,经追查后发现,竟有考生通过贿赂官员或宦官,不止一次篡改了皇家藏书阁内的漆书。如此一来,除了这些篡改"标准答案"的考生们,其余考生都无法"答对"。这一行为不仅破坏了考试公平,也严重危害了文字的统一。东汉时期还未有印刷术,考生手中的书本皆为手抄版,反复抄写后错漏越来越多,坊间流传的版本一时间五花八门,真假难辨。蔡邕等人甚至发现,被篡改前的漆书也并非完全正确的版本。为了维护文字统一、杜绝作弊,东汉灵帝熹平四年,蔡邕请奏汉灵帝"正定六经文字",获许后,历时八年,于光和六年将《周易》等七本书的内容刻在了 46 块石碑上,并立于洛阳城南开阳门外的太学讲堂外,供天下读书人抄录,史称《熹平石经》。《熹平石经》也是我国活字印刷术的启蒙之作。

此外,东汉和魏晋南北朝时期还流行着一种名为"剿说"的学业作弊方式。剿说是剽窃行为的早期表现形式,简言之,就是将他人的言论当作自己的言论。隋唐以前,文学界有做文章不署名的风气,这种风气一直延续至魏晋南北朝。例如,我国首部诗歌总集《诗经》内的诗篇大多署名为"佚名",诗篇通过口口相传的方式保留,难溯其主。这给当时的抄袭者提供了方便,从而衍生出了诸多如今我们称为"剽窃""冒名顶替"等的学业作弊行为。剿说在东汉时期较为猖獗,导致选拔出来的官员质量堪忧。根据《史通》的记载,东汉时期有一位连奏记(向上级呈报的公文)都写不好的官员,在听闻梁国有位非常擅长写奏记的葛龚先生后,想方设法求得了葛龚的奏记,并以之为模板大肆"借鉴"。不料葛龚在奏记上署了名,这位官员一不小心将葛龚的名字也一并誊抄了上去。

　　而后,魏晋南北朝时期又兴起了一种流传至今的学业作弊方式——代答/替考(后又称代笔)。其中最为著名的当数太子司马衷代答事件。咸宁四年,晋武帝司马炎为了测试太子司马衷的才能,出了一份论政的"试题",命司马衷在家中开卷考试。为了帮助"不堪政事"的太子顺利通过此次考试,太子妃为其寻来了几位大家代答,代答的答卷引经据典,非常优秀。太子妃将答卷交给司马炎的心腹张泓阅览后,张泓却表示,晋武帝对太子的学识深浅非常了解,因此太子递上的答卷应以大白话就事论事,而不可引经据典、卖弄文采。于是张泓又重新拟了一份简单的答卷,由司马衷誊抄后交给晋武帝。武帝见答卷虽用词简陋却见解独到,甚是高兴,笃定太子司马衷只是藏拙而非真的愚笨,便打消了废黜太子的念头。太熙元年,晋武帝病逝,司马衷继位为晋惠帝,成为了历史上著名的"愚鲁皇帝"。晋惠帝在位期间碌碌无为、难以服众,短暂统一的晋朝在经历八王之乱和五胡乱华后再次分崩离析,中国进入了又一个动荡不安的乱世。后世认为此次作弊事件间接导致了晋王朝的覆灭。

　　总的来说,隋唐以前甚少有考试等学业任务,人才的选拔主要依靠世袭、门第或推荐制度,因此关于学业作弊行为的记载也十分有限。

二、隋唐宋元时期

　　隋唐时期,中国历史上出现了第一个大型人才选拔考试制度:科举制度。根据《隋书·宣帝纪》的记载,大业五年,隋炀帝改变了此前仅凭门第和关系选拔官员的方式,转而通过统一考试选拔"进士"以任官,开创了我国长达 1300 余年的科举考试制度。该制度在唐宋时期逐步完善,并在随后的历朝历代中不断发展、变革,成为封建社会选拔人才的主要途径。科举制度的建立,为寒门学子通过个人才学获取仕途、改变命运提供了机会,推动了社会阶层的流动,促进了教育的发展和传统文化的传承。然而,随着科举考试逐渐成为通往官场的唯一通道,考生竞争越发激烈,各种作弊行为也因此滋生,且形式复杂、种类繁多。

科举制度推行初期多为开卷考试,因此隋唐以及五代十国时期的学业作弊行为也以冒籍、请托、行卷和代笔等形式为主。到了宋朝,科举考试完全取消开卷形式,全面实行闭卷考试,夹带等方法便逐渐流行起来。但总体而言,宋朝常见的作弊方式与隋唐基本一致,包括冒籍、夹带、请托、行卷和代笔等,其中以代笔最为常见。下文对隋唐宋元时期最常见的几种作弊方式进行介绍。

(1)冒籍,即古时的"高考移民"。关于这一行为的明确记载最早出现在《旧唐书·薛登传》中。自唐朝开始,科举考试的录取率就已存在地区差异,为了提高"金榜题名"的可能性,不少考生通过疏通关系、冒名顶替、投靠亲戚等方法冒籍。著名诗人王维、李商隐、白居易等都曾冒籍参加科举考试。冒籍就意味着本地考生的录取名额可能会被外地考生占用,因此冒籍者常遭当地人憎恶。南宋时期发生过多起冒籍引发的"斗殴"事件。如绍兴二十六年,镇江考生听闻新上任的知府林大声带着十几名冒籍的福建考生来镇江参加科考,在抗议无果后,于考试当日手持棍棒堵在贡院的大门前,拒绝林大声及其护送的福建考生入场考试。双方一言不合动起了手,林大声一气之下以"结党营私、祸乱朝纲"的罪名逮捕了18名考生。万幸的是,宋高宗得知后遣人调查了实情,最终罢免了林大声并释放了考生。到了明朝,南北方文化水平失衡的现象日益严重,同一场科举考试中上榜的南方考生远多于北方考生。为了激发北方学子的求学热情,明仁宗开始推行科举考试的分区制度改革,实行南北分卷,这一制度延续至清朝,但冒籍问题仍屡禁不止、日益严重。

(2)行卷,指考生在考试前向考官或学界权威人士投递自己的诗词、文章,以期获得他们的赏识。由于唐朝初期阅卷时并不会遮掩考生的姓名,行卷就变得尤为重要,甚至成为一种社会风气。如白居易在参加进士考试前,就以现今家喻户晓的诗作《赋得古原草送别》为"敲门砖",向诗坛前辈顾况行卷。顾况看后对白居易的才学赞不绝口,于是在文坛各处力荐,令白居易声名大噪。白居易也顺利考中了进士。相反,"诗圣"杜甫却终身遭行卷风气所累。唐朝文学界喜爱自由豪迈、浪漫奔放的创作风格,但杜甫因自身际遇,在行卷十年间所作的诗歌多反映社会问题和自抒怀才不遇之情,不为当时的王权贵胄所喜,自然就得不到他人的举荐。后世评价杜甫的性格时甚至形容他"小气急躁且傲慢",认为他"好论天下大事,高而不切也"。可见,行卷看似并未违反科举考试的规定,却大大影响了考试的公平性,使许多不善言辞、不喜交际的文人输在了"起跑线"上。

(3)请托,指通过钱权贿赂主考官等官员以求在考试中获利,后也称"通关节"。这种行为在唐朝中后期十分常见。如《资治通鉴》《旧唐书》中均记载了一起请托作弊案件:天宝二年,吏部侍郎苗晋卿和宋瑶负责科考事务,为巴结风头正盛的御史中丞张倚,他们将张倚的儿子张奭纳入了进士的录取名单内,甚至将其排在了第一位。但张奭是十里八乡远近驰名的纨绔、目不识丁,民间对此事议论纷纷,议论很快便传到了安禄山的耳中。彼时,安禄山正发愁如何取得玄宗皇帝的信任,便立即呈报了此事。玄宗听闻后组织了一场御前考试,结果不考不知,先前录取的 64 名进士中能通过考试的竟然"十无一二",大多数都是靠作弊"混"上榜的关系户。而"状元"张奭更是"手持试纸,竟日不下一字",成了历史上第一位白卷状元。尽管玄宗严惩了一众涉事官员和考生,但这种行为却并未得到有效遏制。天宝十二年,在明经科考试中不及格的权臣杨国忠之子,却被定为了上第(所有考试成绩中的第一等);长庆元年,唐穆宗同样在接到存在舞弊事件的举报后,令当时的 14 名进士重新考试,结果仅三人通过了考试。诸如此类的请托事件数不胜数。请托和行卷都是宋朝开始推行弥封制等匿名评卷方式(详见本章第二节)的主要原因。然而弥封制也未能解决请托现象,只是改变了请托的具体内容,如在试卷上留下特殊痕迹或记号,以此"提醒"考官哪一张是自己的试卷;或收买誊抄试卷的官员,令其直接在誊抄时修改答案等。在宋朝及后世各朝,请托始终是最常见也最难根除的作弊方式之一。

(4)代笔,代笔的形式非常多样,其中最常见的当属替考和换卷。古代没有照片,虽然从宋朝开始每名考生都配有关于自身面容描述的"准考证",但检查并不严格,很难核实应考者是否为考生本人。"入试非正身,十有三四",替考现象一度非常泛滥。换卷是指考生与替考者在答完题后自行交换试卷,或贿赂考官令其在阅卷时进行换卷。由于代笔行迹隐秘,不易被察觉,因此关于此类行为的具体事件记载较少。根据《唐摭言》的记载,唐朝有一位知名的替考者——大诗人温庭筠。温庭筠才华横溢却屡次在科考中落第,对科考心灰意冷后便开始为他人代笔以"证明"自己的实力,也因此闻名京城。唐宣宗大中九年科举考试,为了提防"代笔成瘾"的温庭筠故伎重施,考官们特意为他安排了隔离专座——位于考场的第一排正中间,并于两侧各立有一块一人高的隔板,由主考官礼部侍郎沈询一对一监考。温庭筠在沈询的注视下埋头苦写,很快便交卷离场。沈询见他提前交卷,大松一口气,而后续却发现温庭筠竟在自己的眼皮底下替八名考生完成了考卷。可见,代笔行为具有较高的隐蔽性,这使得代笔成为一种始终困扰唐宋乃至明清科举考试的严重作弊方式。

(5)夹带,即考生携带小抄或资料进入考场。这种作弊方式在唐朝就已出现,在全面取消开卷考试后开始流行。特别是自宋朝起,我国的印刷业已较为成熟,为了满足考生夹带的需求,便出现了巾箱本。巾箱本又称袖珍本,是一种体积极小的缩印书,可以装在随身的巾箱(用于放置头巾等随身物品的箱子)内携带。在宋朝的科举考试中,考生遇到疑问时可以询问考官,一般这种时候也会有其他考生凑上前去一同询问,考场就会变得较为混乱。此时,夹带者通常会趁机摸出小抄翻阅。这种作弊方式在明清时期尤为盛行,但唐宋时期则鲜有对此类夹带事件的记载。

总的来说,唐朝时期的科举制度刚开始步入正轨;宋朝则致力于不断完善科举制度,并逐步将其推向鼎盛;而元朝统治时期,科举制度不受重视,甚至一度陷入停滞。学业作弊行为在上述几个朝代的发展也基本对应科举制度的发展。值得一提的是,科举制度建立和完善之初,各朝(尤其是宋朝)颁布了一系列防止作弊的条例,这对于减少科考作弊行为起到了一定的积极作用。因此,从整体上看,唐宋乃至元朝的科举考试环境相对较好,没有出现大规模、性质恶劣的舞弊事件。

三、明清时期

明清时期,我国的科举制度已进入了相对稳定的成熟期,一些制度本身存在的问题也逐渐显现出来。例如,固定的科考模式催生了相对固定的作弊手段,甚至衍生出了专门提供作弊相关服务的产业链。如清朝出现了"代笔"中介机构,提供"一条龙"服务,可为考生从县试一直代笔至院试;此外,清朝还出现了生产作弊工具的行业,如用于夹带的毛笔、纸张、衣服和鞋子等。这些作弊产业进一步促进了作弊行为的泛滥。《钦定科场条例》记载,乾隆帝在顺天亲自监考乡试时,"竟搜出怀挟二十一人。或藏于衣帽。或藏于器具。且有藏于亵衣裤裤中者",可见夹带之风盛行。

归根结底,作弊"产业链"的出现是为了满足市场需求,即应对庞大的作弊需求;而作弊技术的改进则降低了作弊被抓的可能性,从而进一步导致了作弊行为的增多。这种恶性循环导致明清时期的作弊行为日趋猖獗。并且,一般的作弊行为往往不容易被发现,而被发现的作弊行为大多因涉事人员肆无忌惮。因此,明清时期记载的作弊事件往往牵扯较大。

例如,明朝初期较为著名的"作弊"事件——南北榜案。根据《明朝小史·第二卷》及《双槐岁钞》的记载,洪武三十年,会试高中进士的51人全部为南方籍,其中无一名北方学子(后称南榜)。落榜的北方考生坚信此次考试存在作弊行为,于是联名上书向礼部控告考官偏袒南方人,同时在南京街头随机拦截过往官员的轿子诉冤。一时之间,关于考官受贿和南方考生作弊的谣言迅速传播开来。消息很快通过十几本奏折传到了明太祖朱元璋处。朱元璋非常重视此事,命侍读张信以及新科状元陈䢿等12名官员重新阅卷,并在落榜名单中"择文理长者第之",以补录一批北方学子。但几天过后,调查团并未发现任何考生或考官作弊的证据。论才学,榜上的 51 人确实是本次科考中的佼佼者;反观北方学子的落榜文章,文理不佳,时有禁忌用语。然而,不仅北方学子不愿意接受上述调查结果,连在野的北方籍官员也恼羞成怒,一齐上奏控告考官翰林学士刘三吾等人私下指使调查团的 12 人故意挑选北方学子写得不好的文章给明太祖查看。事情至此已不再是单纯的真假作弊案。为了平息北方人的愤怒,明太祖发配了主考官刘三吾,并处死了副考官白信蹈以及参与阅卷的张信、南榜新科状元陈䢿和探花刘仕谔等人。此外,明太祖还亲自阅卷,从原本落榜的文章中筛选出了一份新的录取名单。名单共有 61 人,皆为北方人,史称北榜。后人普遍认同南北榜案是一起冤案错案,但确是历史上第一起因"作弊"而处死多名涉案人员的事件。

《明史》和《明孝宗实录》等史料中记载了另一起难以定性的作弊事件——唐伯虎科举舞弊案。弘治十二年,唐伯虎和好友徐经赴京赶考。彼时唐伯虎久负盛名,志得意满,会试结束后与其他举人一同去喝酒,酒过三巡后就高调宣称自己此次"必为榜首"。此话传到了专职监督官员言行的言官华昶耳中,华昶在没有任何证据的情况下写了封奏疏,弹劾主考官礼部右侍郎程敏政考前泄题给了唐伯虎和徐经。明孝宗虽不相信程敏政会徇私舞弊,但还是推迟了放榜日期,令人对 3000 余份试卷进行了复审。结果发现包括被录取的 300 份试卷在内,所有考卷的评阅都没有问题,且唐伯虎和徐经也并未上榜。一个月后,此次会试的另一位考官林廷玉再次上疏,指控程敏政泄露题目,故意让唐伯虎和徐经落榜以销毁证据。明孝宗只得继续派人调查此案,在双方漫长的拉锯战后,最终由明孝宗亲自进行"午门对峙",徐经终于道出真相。原来在科举考试前,他与唐伯虎特地拜会了一些曾担任过考官的老师,而程敏政正是他们拜会的老师之一。但当时的程敏政还未被任命为主考官,出于对晚辈的关照,程敏政给唐伯虎和徐经押了几道题。谁知程敏政当上考官后,忘记了押题的事情,将其中一题直接用作了最后一场考试的考题。至此,唐伯虎舞弊案水落石出,虽然程敏政和唐伯虎等人似乎并未主动作弊,但确实损害了科举考试的公平性。事后,程敏政被贬职,在出狱数日后便"愤恨而死";而唐伯虎、徐经二人则被判终身不得再参加科举考试。

另外,在明朝嘉靖年间发生的甲辰科场案,也是一起较为闻名的学业作弊事件。嘉靖二十三年,内阁大学士翟銮之子翟汝孝和翟汝俭,与其恩师崔奇勋的亲戚焦清同时考中了进士。与翟銮不和的严嵩认为其中必有猫腻,于是便令给事中王交和王尧日向嘉靖帝举报翟汝孝等人考试作弊。嘉靖帝立刻令吏部和都察院调查此事。经查后发现,考官江汝璧等人不仅在阅卷时放水,在安排考场座位时还特意将翟汝孝、翟汝俭、焦清及其3人的老师崔奇勋安排在一起,方便他们在考试过程中"交流"。此次调查还意外发现了其他3名作弊考生。而后,翟家父子3人和直接涉事的4名考官一同被贬为民,永不录用,其余作弊考生和考官也根据情节轻重受到了惩处。

到了清朝时期,类似的学业作弊行为愈演愈烈。清朝史上有三起臭名昭著的科举舞弊事件:丁酉科场案、辛卯科场案和戊午科场案。

(1)丁酉科场案。这是科举考试历史上最大的一起集体舞弊案。根据《江苏省通志稿·司法志》的记载,丁酉科场案指的是发生在丁酉年间的两起作弊事件。第一起为顺天乡试案。在顺天乡试期间,考官曹本荣、李振邺等人公然收受贿赂,贿赂的人数甚至超过了录取名额。放榜后,当地三品以上官员的儿子几乎全部榜上有名,引发了落榜考生的强烈不满。此事曝光后,顺治帝将7名考官全部斩首示众,并流放了其家眷108人。但此次事件却未能消除一些官员的贪念。短短半年后,又发生了一起江南乡试案。同样为考官受贿徇私,放榜时上榜的举人大多出身于江南富裕官宦之家。落榜考生十分愤怒,聚集在贡院门前大骂考官,甚至追着主考官方猷等人乘坐的船边骂边朝船上扔砖瓦。更有无名氏将此事写成了一本名为《万金记》的传奇(中国古代的戏曲剧本),讽刺主考官方猷和钱开宗见钱眼开、暗箱操作。剧本最终传到了顺治帝跟前。顺治帝震怒,除了逮捕8名已有作弊证据的举人外,还将江南乡试上榜的其余人全部押解入京,重新考试。顺治十五年,这百余名考生戴着枷锁,在护军营的带刀监考下战战兢兢地重新参加考试。结果这百余名考生中,有 38 人未能通过考试。其中,24 人被禁止参加下一次会试;14 人因文理不通,被革去举人身份。而主考官方猷、钱开宗被处斩首,其余 18 名考官被判绞刑,家产籍没。8 名有作弊实证的考生被杖责,家产籍没、家眷流放宁古塔。其中,富有才子之名的吴兆骞也是本次考试上榜的举人之一,可令人费解的是,他在重考时交了白卷。关于这张白卷,历史上有不同的说法。一说是吴兆骞的心理素质不太好,复试时手抖得连笔也握不住;另一说是吴兆骞突发恶疾,身体欠佳;还有一说是吴兆骞觉得复试是对自己的羞辱,于是赌气交了白卷。但无论原因为何,吴兆骞最终因这张白卷被下了狱,后又因江南文社间的内斗被落井下石,最终也被发配到了宁古塔。

(2)辛卯科场案。根据《江苏省通志稿·司法志》及《清史稿·列传卷》的记载,康熙五十年,江南乡试的上榜人多为江南盐商之子,且出了名不学无术的纨绔子弟吴泌和程光奎也榜上有名,广大考生对此感到不满,便开始聚众抗议。他们在贡院门前张贴讽刺主考官的对联,写打油诗讽刺考试不公,甚至把财神像抬到了孔子像旁暗讽"唯财是举"。两江总督噶礼一气之下逮捕了这些学子,进一步激化了矛盾。康熙命张鹏翮为钦差大臣彻查此事。张鹏翮调查后发现确实存在作弊事实。其中,考生吴泌买通考官将代考之人安排在其隔壁座位,便于在考试过程中抄袭代考者的答卷;而程光奎则买通考官提前获得了试题,并在考前寻人根据试题写好答卷,再由考官将答卷埋在其所在考场的座位下。此外,二人还在试卷上做了标记,以便考官为其判高分,可谓是"多重保险"。然而作弊过程越复杂,所需要"打通"的关卡自然也就越多。因此,若说丁酉科场案是牵连人员最广的作弊事件,那么辛卯科场案就是涉事金额最多的作弊事件。据传,辛卯科场案中相关官员的受贿金额达到了 50 万两白银。最终,主考官赵晋等 3 人被判斩首,考生吴泌和程光奎被判绞刑,其他涉事官员则被革职或革职留任处理。

(3)戊午科场案。根据《清史稿·列传卷》的记载,戊午科场案是有史以来涉事官员官阶最高的一起作弊事件。咸丰八年,一名爱好唱戏、疑为伶人(清朝规定伶人不可参加科举考试)的考生平龄,在顺天府乡试中以第七名的成绩考中了举人。但御史孟传金检查平龄的试卷后,发现其文章水平很差,更为关键的是其抄录本(为防止考官通过笔迹辨认考生,需由专人将所有试卷抄录后再交给考官评阅,详见本章第二节)和原卷并不完全一致,多处错别字被改正。平龄因此被下狱,这揭开了戊午科场案的序幕。咸丰帝认为平龄的作弊事件绝非个例,于是下令彻查其他举人的试卷,结果发现有50余份试卷都有类似的情况。这50余份试卷中,部分抄录本只修改了错别字,部分甚至改变了文风和内容。更为严重的是,肃顺等人继续调查后,发现一名叫作罗鸿祀的考生,其试卷文理不通且有一半都是错别字,却因提前疏通好了关系,取代了原定的其他考生进入录取榜单。事态越查越严重,最后牵扯出91人,5名主考官和考生因直接参与作弊被判斩首,其中包括一品大臣柏葰。

总的来说,由于科举考试的形式相对固定,明清时期的学业作弊方式依然以唐宋时期的代笔、请托等为主。但随着作弊技术的成熟和作弊风气的盛行,这一时期发生的作弊案件规模广、影响深远、后果严重。屡禁不止的作弊行为严重背离了科举考试选拔人才的初衷,也成为科举制度走向衰落的潜在原因之一。

四、近代时期

明清时期,一方面因日本及西班牙等国对我国海上贸易的干扰和威胁,另一方面因儒家文化推崇农本经济、轻视商贸,我国开启了连续两个朝代的"闭关锁国"政策,也因此错过了工业革命带来的进步思想和先进科技。面对资源丰富、市场广阔的中国,虎视眈眈的西方列强于1840年发动了鸦片战争,以炮火强行轰开我国国门,导致了我国近百年的战乱动荡,也冲击了传统教育体系及科举考试制度。

随着西方列强的入侵和国内局势的动荡,清朝统治者逐渐认识到科举制度已无法适应时代需求,传统教育及考试内容(如八股文)与现实严重脱节,导致我国在军事、科技、思想和经济方面均远远落后于西方,教育改革已迫在眉睫。于是在 1862 年,清政府在北京设立了我国第一个新式学堂——京师同文馆,主要教授外语、数学、天文、机械等课程。1895 年甲午战争失败后,清政府开始在全国范围内推广新式学堂,进一步推行和增加一些西方科学技术课程(如数学、物理、化学等)。1902 年和 1904 年,清政府分别颁布了《钦定学堂章程》和《奏定学堂章程》。《钦定学堂章程》作为中国第一部现代学制纲领,引入了现代科学(数学、物理、化学)、地理、历史、外语等学科。《奏定学堂章程》则建立起现代分级教育体系,包括初等学堂、中等学堂和高等学堂,开设语文、算术、历史、地理、物理、化学等课程。这些学堂培养的学生通过学校推荐或考试等方式进入官僚系统或其他专业领域。1905 年,科举制度被正式废除,标志着中国教育体系从传统向现代的正式转变。民国时期沿袭了清末改革的方向,在全国范围内建立了大量的大中小学及专科学校,开设文、理、工、医、法等各类学科。民国时期设立了现代大学考试和学位授予制度,学生在通过大学入学考试(主要由大学自行组织)后可进入高等教育阶段,该制度成为平民跃升到社会精英阶层或加入官僚系统的重要途径。

近代中国长期处于战乱状态,社会剧变和政治动荡严重影响了教育体系和考试制度。这一时期,虽有教育改革和考试模式探索的尝试,但战乱频仍导致考试和人才选拔工作一度停滞,因此几乎未见关于学业作弊行为的具体记载。

五、现当代时期

1949 年,新中国成立后,为实现经济复苏和建设社会主义,迫切需要选拔优秀人才。在民国高校独立招生制度基础上,我国逐步建立了新的全国统一考试制度,即高考,并于 1952 年正式实施。高考 1966 年因特殊原因暂停,于 1977 年恢复,并延续至今。除考试制度变革外,在教育内容和教学模式方面沿用了近代的现代教育体系,设立了大中小学及专科学校,实行分级教育,并逐步形成以语

13

数外为主科、物化生政史地等为副科的现代教学模式。

当代，学生的日常学业主要包括完成练习和巩固性质的作业、各类考试。1978 年开始，研究生招考也逐渐规范，论文写作成为研究生的重要学业任务之一。这些任务本意在于帮助学生更好地掌握所学知识、评估学习效果，也为国家选拔人才，但由于想取得好成绩或厌学等因素，逐渐出现了各种作弊现象。

其中，作业是最常见的学业任务之一，常见的作弊行为包括但不限于抄答案、抄同学作业、找人代写或分工写作业等。此外，在互联网时代，学生通过手机或电脑在网上查答案，使用学习软件（如作业帮 App）作弊也屡见不鲜。近年来，随着人工智能的兴起，学生使用 ChatGPT 等 AI 软件"写"作业的现象也较为常见。总的来说，作业作弊行为隐蔽性强、影响相对较小，相关案例少有记载。

而考试作弊行为则不同，其中不乏一些大型考试作弊事件因影响恶劣而闻名。例如，在恢复高考的第一年（1977 年），就出现了一起轰动一时的高考舞弊案。河北省衡水市故城县委书记马连宝，为了让自己的四女儿考上大学，不仅通过行贿为女儿"争取"了高考资格，还动用权力"精心选择"了一个前后左右皆为优等生的座位，又花钱雇了一名"枪手"在考场内为女儿提供答案。更甚者，马连宝还在考场外直接组织了一个答题团队为女儿答题，并贿赂巡考教师在考场内外传递试题和答案。第二天，这套作弊模式被一些有权势的人争相效仿，导致作弊人数剧增，考场秩序混乱不堪。事后，经人举报，数百名考生、监考和巡考教师与相关官员都受到了处罚。此后，随着高考监管制度的不断完善，此类大规模舞弊事件没有再次出现。

除了高考以外，在诸如研究生入学考试、执业资格考试以及学校自行组织的期中或期末考试等场合，也存在各种考试作弊现象。2011 年，四平市一个研究生考试考点发现 19 名考生作弊，其中有考生采取替考、携带小抄或资料等方式，也有考生使用电子设备接收外部答案，影响极为恶劣。2016 年的执业药师资格考试中，50 余名考生通过无线耳机等电子设备进行了作弊；2010 年，北京广播电视大学期末考试中,数百名学生携带小抄作弊。大体来说,当代的考试作弊行为与古代差别并不大,多为带小抄(夹带)、抄袭同学的答案或直接找人替考(代笔)、贿赂监考人员(请托)等。但是,随着高新科技快速发展,高科技作弊也成为当代考试作弊的一种主要形式。从在普通考试中使用手机搜答案,到在大型考试中使用微型摄像头、无线耳机等设备从考场外获取答案,高科技作弊手段在如今的考试中并不罕见。

随着研究生规模的持续扩大,近年来学生群体中的学术作弊行为也逐渐成为一个新的社会热点。学生的学术不端行为集中体现在论文剽窃、数据造假以及论文代写等方面,其中尤以论文(尤其是学位论文)剽窃最为常见。例如,知名演艺人员翟某,拥有博士学位却对"知网"这一学术资源库所知甚少,因此引发公众热议。随后,翟某的博士毕业论文被质疑存在剽窃嫌疑,相关部门调查后发现其确有剽窃事实,于是撤销了翟某的博士学位。在这起事件发酵之后,学位论文抽检政策也在全国范围内推广开来。中国政法大学曾对 2006 年至 2008 年的 4000 余篇研究生学位论文进行查重,发现其中涉嫌抄袭的共有 252 篇。此类论文的数量呈逐年下降趋势,总体上看形势相对比较乐观。

此外,一些学位论文数据来源的真实性也值得关注。目前关于学生数据造假的相关报道较少,但实际上各大社交平台充斥着"问卷互助"小组、"问卷刷单"小组,某购物网站甚至可以根据买家所需的实验结果为其"定制"数据,而其中的主要受众群体之一就是大学生。研究生因导师责任制的约束,数据造假行为相对较少;而与研究生相比,本科生在数据收集过程中通常缺乏监管,导致部分数据的真实性难以保证。但是由于目前本科生的学位论文还未被知网大规模收录,也鲜有机会在学术期刊上发表,因此较少被深究数据的真实性。但这并不意味着问题不存在,如今科研人员学术失范事件频发,必定存在某些迹象可循。为防止此类作弊行为成为一种学术生态,及时发现、制止和干预各类学业作弊行为并开展相关教育是非常迫切和有必要的。

第二节　我国学业诚信政策的发展史

学业作弊行为的存在促使我国学业诚信政策不断发展和完善。从古至今，无论是在科举制度时期还是高考制度时期，面对作弊现象，制定有效的诚信政策都是维护教育公平性或选拔公正性的重要手段。具体说来，科举制度作为我国古代沿用时间最长的考试制度，不仅设立了非常严格的考试章程，而且衍生出了系统化的考试诚信管理措施和对失信行为的惩处规则。而在高考制度下，随着高考的普及和科技现代化，相关部门不得不通过不断更新学业诚信政策，来约束广大考生的考场行为，并应对多样化的作弊手段。因此，通过回顾科举制度时期和高考制度时期的学业诚信政策，可以深入了解我国历史上是如何通过制度化措施来维护学业诚信的，以及这些措施是如何对教育体系变革产生重要影响的。

一、科举制度背景下的学业诚信政策

为了维护科举考试的公平性，选拔真正可用的人才，各朝各代都制定了一系列促进学业诚信的政策。这些政策大致可分为两类：用于规范考生和考官行为的政策，以及用于惩治考生和考官违规行为的政策。

（一）科举考试行为规范类政策

古时，我国科举制度不断完善，不仅包括对考试内容和形式等的优化，也包括对应考和监考行为规范及其相关政策的优化。部分政策被实践证明能够有效减少科举考试中的作弊行为，因而沿用至今，继续服务于当下的考试监管体系。以下几种是古代具有代表性的科举考试行为规范类政策。

（1）锁院制。为了杜绝请托现象、防止考生通过贿赂考官作弊，被任命为考官的官员需要在考试前进入考试院内接受封闭管理,完成所有考试工作(包括命题、监考、阅卷以及确定名次等)后方可离开考试院,一般持续 50 天左右。在此期间,考试院大门将上锁,无关人员一概不得进入。这在物理空间上切断了考官与外界接触的可能性。关于锁院的最早记载见于唐朝,但其当时尚未成为官方普及的政策。该制度的全面实施始于宋太宗时期。淳化三年,苏易简被任命为主考官后,听说权贵请托现象猖獗,于是在领旨后便带着其他四位考官入住贡院并上锁,拒绝任何人拜访。太宗认为此举可行,于是要求所有省试①均采用此锁院制度,一方面可防止考生在考前与考官接触,另一方面可防止考官泄题。大中祥符七年,宋真宗进一步将锁院制度扩展到了初级考试——解试②。

(2)弥封制。弥封制,又称糊名法。为了防止行卷、请托等作弊行为,武则天在位期间曾尝试在考试结束后,将纸糊在考生姓名、籍贯等个人信息上,再将这些"匿名化"的试卷拿给考官批阅,即弥封制。但直到宋朝,这种制度才得以被自上而下地推广,在全国范围内通用。弥封制最初仅在殿试和省试中实施,明道二年后扩展到解试。这一制度初期效果较好,但很快又出现了诸如考生在试卷上做标记、考官通过字迹识别考生等新的作弊手段。为了弥补弥封制的漏洞,其后出现了誊录制。

(3)誊录制。由专人将所有考生的原始试卷誊抄一份,再将誊抄版试卷交给考官评阅。景德二年,宋真宗首次在殿试中实行誊录制。后见成效显著,于是在景德四年颁布了《亲试进士条例》,将誊录制纳为定制,并于大中祥符八年将其推广至省试,后再由宋仁宗推广到解试等其他考试中。试卷的评定工作也有了更严格、更规范的程序。具体来说,首先,编排官需对试卷进行"糊名"和编号,而后

---

① 省试:明清时称"会试",每三年在京城举行一次,由尚书省礼部主持,及第者称为"进士"。

② 解试:明清时称"乡试",因常于秋季举行,遂又称"秋闱"。解试为地方性考试,由地方官员主持,及第者称为"举人/举子"。

将这些原始考卷(称为"真卷";自元朝起,因考生答题时通常使用黑色墨水,又称为"墨卷")交给封弥官誊写,誊写后的试卷(称为"草卷";自元朝起,因誊录时规定使用红色墨水,又称为"朱卷")由考官评阅后定等(评定考生考卷的等级和排名),再交给覆考官复阅后二次定等,最后交至详定官处开启封条,并对比两次定等结果(如不一致,由详定官决定接受哪一位考官的定等,详定官不另外给出成绩)以确定考生的最终成绩,而后再交还给编排官核对考生信息并拟榜。弥封制和誊录制在一定程度上减少了作弊行为,维护了科举考试的公平性。例如,北宋著名文学家苏轼曾于元祐三年担任省试的主考官,在阅卷时发现了一份文笔与其弟子李廌非常相似的试卷,苏轼断定此卷必为李廌的考卷,大喜之余不仅将这份考卷定为了第一名,还写了几十字的评语。结果启封后发现,这份考卷的主人并非李廌,而是苏轼的政敌章惇之子章援,李廌则并未上榜。但后续又出现了考生贿赂誊抄官员在誊抄时修改试卷的作弊手段(如前述的清朝戊午科场案),因此又设立了专职核对墨卷和朱卷的对读官,以纠正誊抄时一些有意或无意的错误。

(4)别试制。别试制,又称"别头试制",是一种考试回避制度。该制度起源于唐朝省试中的非正式规定,即考官亲故另设考场,并由其他考官监考。后于宋朝的雍熙二年被宋太宗再度用于省试,并在景祐四年由宋仁宗进一步推广至解试。自此,别试制成为除殿试以外所有考试的定制。进行别试制的考生范围也由考官的亲故扩展到了其他相关人员的亲故,范围包括"五服"(五代之内的亲戚),且限制了录取的比例。别试的本意在于减少权贵子弟的作弊行为、维护科举考试公平,但因其对参与别试的考生单独设录取率,反而成为权贵的一种"特权"。例如,根据《宋史·选举志一》及《文献通考·卷三十一·选举考四》的记载,别试早期的录取率在30%左右,而在贡院中进行的普通科考录取率仅1%—10%。在别试制的基础上,南宋时期开始实行"牒试",即一种专门针对中央及地方官员亲戚和门客等的考试。牒试虽继承了别试的避嫌本意,但其高录取率更似特权。一些考生甚至通过冒籍等方式进入牒试考场。为此,南宋制定了严惩和严查政策,防止考生通过作弊参加为减少作弊行为而设立的牒试。但这些政策收效甚微,"冒试"的现象依然屡见不鲜,一些地方官员的"亲戚"数量甚至在三年内翻了六倍。因此,牒试多以其负面影响被诟病,后在嘉熙元年被废除。

(5)殿试。殿试在唐朝武则天时期已有记载,宋朝开宝六年被纳为定制,成为继解试和省试后的第三门最高级别的考试。殿试在宋朝确立,源于一次作弊事件。《续资治通鉴长编·卷一四》中记载,开宝六年三月,宋太祖在召见新科进士时发现武济川等人"应对失次"、名不副实,于是当场削去其功名。后有落榜考生徐士廉等人举报考官翰林学士李昉徇私舞弊,经查证发现"应对失次"的武济川正是李昉的同乡。宋太祖遂令新科进士和部分落榜的考生一同入宫加试,由侍御史李莹和左司员外郎侯陟等监考,太祖亲自阅卷,结果录取了百余名落榜考生。为防止类似作弊事件再次发生,殿试便成为科考的固定环节,一直延续至清朝。在最初的殿试中,约半数考生会落榜,但嘉祐二年后取消淘汰考生。关于其中缘由有两种说法:一种说法是根据《宋史·选举志一》的记载,部分在殿试中落榜的考生常常数十年一蹶不振,过关斩将却止步于最后一关对读书人的打击过大;另一种说法是,部分屡次在殿试中落榜的考生愤而投奔其他国家,其中诸如张元等人,甚至在战场上对故国倒戈相向,在宋朝的劲敌西夏国提刀上马,重创宋廷。综合种种原因,宋仁宗取消殿试的选拔功能,殿试的成绩仅用于排名。自宋朝至清朝,殿试的内容和形式虽在不断变革,但由于大多时候"考官"皆为当朝天子,因此几乎不存在作弊的可能性。

(6)搜检制。搜检制主要用于应对考生"夹带"这一作弊行为,即在考生入场前检查其随身物品,以防其将小抄或资料带入考场(古时的"安检")。搜检制起源于唐朝,初时由士兵于贡院门前对考生进行简单搜查,传入宋朝后,搜检强度不断加强,一度需要考生脱光衣物接受"裸检"("解衣搜阅""搜索遍靴底")。与宋朝同时的金朝最初也实施"裸检",后顾及读书人面子改为"沐浴",即考生需当场沐浴更换朝廷统一提供的衣服方可入场。但唐宋时期的搜检制并不完善,且时有时废,直到明朝才成为定制。明清时期夹带作弊手段层出不穷,从小抄本、小抄裤等常见方式,到考生将小抄塞入肛门带进考场,因此搜检制更为严格。明朝设立专职工作为搜身的搜检官,且为了防止搜检官徇私舞弊,多进行"异地任命",即将彼地的官员任命为此地科举考试的搜检官。此外,配合搜检官进行搜检的士兵选择也有严格规定。明朝初期,仅在乡试中进行严格的搜检,需在"去士子衣巾"后对其进行从头发到脚底的全方位、无死角搜身,但会试时为了保全举子们的"体面",他们并不需要脱衣接受搜检。这便为一些计划作弊的考生提供了便利,从而导致会试夹带风气盛行。因此,自明朝中期开始,会试入场前的搜检也参照了乡试的标准,即举人也需"屏脱衣服、剥露体肤"接受全面搜检,清朝亦然。

除上述长期使用的通用定制外,诸如复试、巡考等,也是我国古时常用于防止科举考试作弊的规范政策。例如,《唐摭言·别头及第》记载,唐朝中末期及五代十国时期,若某次科举考试中疑有考生作弊,则令部分或全部及第者进行复试。复试通常由翰林院或君主主试,未通过者直接取消功名。又如,《钦定大清会典事例》和《礼部志稿》中均记载了明朝时期考生向贡院外抛掷写有试题的砖石,经人代写后再以砖石抛回院内的作弊行为,当朝遂制定了外场巡考政策("增军300余名,严密搜检场外")以杜绝这些作弊现象。此外,为防止替考,宋朝时还实行"点名识认",考生需凭"识认官印结"(古时的"准考证")进入考场;元朝时每名考生配有一名士兵进行一对一监考("每进士一人,差蒙古宿卫士一人监视");等等。可见,为了规范考生和考官的行为、防止科举考试作弊,各朝各代奇招频出,这为我国现今考试行为规范类政策的制定提供了许多参考。

(二)科举考试舞弊惩治类政策

古时关于科举考试舞弊的惩治政策也不断发展。纵观历史,科举考试舞弊惩治政策主要起步于唐朝,发展完善于明清时期。

隋唐时期正处于科举制度的起步和快速发展阶段,作弊事件相对较少且规模通常较小,因此当朝对科举考试舞弊的惩治也相对较轻。如《唐律疏议》中记载了对于"贡举非其人及应贡举而不贡举者"的惩治政策,即若地方官员将名不副实者录为举人,或故意不录取有才能的考生进京科考,则将被处最低 1 年、最高 3 年的"有期徒刑"。但在省试中舞弊的京城官员面临的惩罚却相对更轻。如大中九年,落第考生举报在此次省试中存在考官刻意泄题等作弊行为,唐宣宗于是令御史台严查此事。事后涉事的 4 名考官或仅被降职或罚俸,10 名及第的考生被取消成绩。而拿着泄露的考题"代笔"和"替考"的温庭筠甚至未受到任何惩治。根据《唐才子传·温庭筠传》,温庭筠以在科考中替他人考试为乐,众考官无比苦恼又无可奈何。直到大中十二年,温庭筠"无官受黜",在本身无官职的情况下被贬为随县县令的佐官。大约是宣宗惜才,通过这种方法体面地送走了这名"为祸科场"的"温八叉"(在晚唐时期的科考中,八韵为一篇文章,民间传闻温庭筠双手一叉便能作出一韵,而八叉就成八韵,故有"温八叉"这一绰号)。

此外,唐朝时期就已出现了考生"结保"的规定。"保举连坐制"是一种闻名于宋朝的作弊惩治政策,即若查实考生信息作假(冒籍或替考)或在科考中存在其他作弊行为,则担保人及相关官员将被连坐问责。但实际上,唐五代已有结保连坐的相关规定。如唐朝规定每五名考生相互作保,若一人作弊或冒籍,则全员三年内均不可再参加解试。但在殿试开创前,请托、冒籍等作弊事件多因弹劾或举报败露,朝廷缺乏处理此类事件的经验,因此唐朝乃至五代十国的保举连坐制几乎只是一纸文书,很少付诸实践。

实际上,针对日渐猖獗的请托行为,五代十国时期各国制定了更为完善且严厉的惩治政策。具体来说,凡是在考试中因受贿或人情关系将原本不能及第的考生"抬"上榜的考官都将被问罪,责任越大则罪责越大。其中,主考官或副考官一律被流放,其他考官根据情节轻重被判处流放或降职等。而行贿的考生轻则被削去功名遣返回乡,终身不得再参加科考,情节严重者还会被判处流放、充军或没收家产等刑罚。此外,各地还开通了举报途径,如有人举报作弊,一经查实,行贿考生被褫夺的录取名额将直接奖励给举报者。此举大大激发了落第考生及其亲友对作弊行为的举报热情,每名考生都成了"监考官"。这些政策在一定程度上有效遏制了五代十国时期的请托现象。

其后,对于科举考试作弊的惩治政策在重文轻武的宋朝得到了全面升级,针对冒籍、代笔、请托等作弊行为均有严厉的处罚规定。就惩治范围而言,宋朝在唐五代的基础上,完善了保举连坐制,对作弊事件的追责不仅限于涉事考官和考生,还扩大到考生的担保人及部分负责核验考生信息或推荐考生为举人的地方官员等。考生之间互为担保人,为彼此在考试期间的行为负责。《宋史·选举志》记载,同乡考生中每 10 人互相作保,一旦其中有 1 人作弊,那么另外 9 人也会因连坐而终身不得参加科举考试。这种考生间相互作保的人数限制经常变化,或 5 人或 3 人,但均要求为熟悉彼此德行的同乡。此外,为考生籍贯信息和品性德行提供担保的还不仅限于其他考生。考生家状(类似于户口本,内含考生三代亲属信息等)的真实性需由地方官员担保,若发现作假,担保官及亲属将被连坐问罪。这种冒籍的连坐范围一度扩大至担保官、地方官员、邻居,甚至书铺(宋朝时由书铺对考生的信息进行初审),知情不报者也将按同罪论处。就惩治力度而言,宋朝因有"不杀大臣"的祖训,对于涉事官员的处罚多为流放、降职或罚款等,对考生的处罚则多为取消功名和终身禁考等。但宋朝对于作弊的处理似乎并不绝对公平。如同样是因请托作弊(且皆为在试卷上作记号)被问罪的官员,地方考官何周才被撤职且流放、考生刘济流放充军,而京城官员陈尧咨仅被降职、考生刘几道也只被判终身禁考。总的来说,宋朝之所以能成为科举史上作弊最少的朝代之一,这些严厉且严密的作弊惩治政策功不可没。

元朝因科举考试一度停滞,关于科举考试的相关政策均未有明显的发展。直至明朝,科举考试重新成为国家选拔人才的主要途径,作弊行为不断出现,相关的防治政策也得以继续发展。尤其值得一提的是,明朝完善了对夹带这一作弊行为的惩治政策。《礼部志稿·卷二十三》记载,明朝初期对于夹带考生的惩罚多为"罚科",即取消考试成绩且不得再参加后续考试;但自成化年间开始,夹带的考生和帮助夹带的相关人员都将被定罪,而面临的惩罚往往是杖刑。但夹带行为依然屡禁不止,因此自嘉靖四十四年起,夹带考生在定罪前会先头戴枷锁被拘留一个月,之后再定罪,通常为"打一顿再发配",即杖刑后削去功名发配回原籍。从整体惩罚力度看,明朝对作弊行为更为深恶痛绝,惩罚力度远强于宋朝。明初,朱元璋就因一场可能动摇国家稳定的作弊事件将主考官流放、副考官等官员斩首,将往届状元张信凌迟处死,新科状元陈䢿则车裂而死,整个事件被惩处的涉事人员达600余人。这是科举制度诞生以来牵涉最广的案件之一,也是史料记载中首次因科举考试作弊而发生的血案。

最后,清朝时期对作弊考生和官员的惩治政策更为全面且严厉,轻则"罚款",重则"入狱""杖责"以及"发配"。不同于明朝常用的一个月刑事拘留,清朝对于作弊者的"拘留"时间最长可达八年。如鲁迅的祖父正是因请托作弊,被下狱了八年之久。此外,"死刑"也更频繁地出现在清朝的一些作弊案件中。如清朝的三大著名作弊事件,均有涉事考官或考生被斩首。历史上最后一位被腰斩的官员俞鸿图,也是因为泄露考题而遭处决。由此可见,清朝对作弊行为的惩治相当严厉。但奇怪的是,这些"血案"发生后,科举考试作弊行为虽然在短期内有所收敛,但很快又故态复萌。这意味着科举制度本身存在一定的弊端,选拔渠道单一,考试形式僵化,导致考生作弊难除,值得反思。

二、高考制度背景下的学业诚信政策

在高考制度背景下,学业诚信政策同样可以分为学业作弊行为规范类政策和学业作弊行为惩治类政策。其中,学业作弊行为规范类政策旨在引导考生保持学业诚信、遵守考场纪律;而学业作弊行为惩治类政策则旨在通过严厉的政策法规,防止和打击各种形式的学业作弊行为,维护教育公平性和选拔公正性。

（一）学业作弊行为规范类政策

自高考制度确立以来,我国在应对各种作弊行为中,逐步探索并不断完善了学业作弊行为规范类政策。这些政策主要用于约束学生在考试和论文中的不当行为,对于日常作业中的作弊,除教师口头警告以外,尚无明确规定。

具体来说,我国现行的《国家教育考试违规处理办法》明确指出考试作弊包括考生、教育机构及考试工作人员的作弊行为。其中,考生作弊是指所有"违背考试公平、公正原则,以不正当手段获取或试图获取试题答案、考试成绩"的行为,包括以下内容。

(1)携带与考试内容相关的材料或者存储有与考试内容相关资料的电子设备参加考试。

(2)抄袭或者协助他人抄袭试题答案或者与考试内容相关的资料。

(3)抢夺、窃取他人试卷、答卷或者胁迫他人为自己抄袭提供方便。

(4)携带具有发送或者接收信息功能的设备。

(5)由他人冒名代替参加考试。

(6)故意销毁试卷、答卷或者考试材料。

(7)在答卷上填写与本人身份不符的姓名、考号等信息。

(8)传、接物品或者交换试卷、答卷、草稿纸。

(9)其他以不正当手段获得或者试图获得试题答案、考试成绩的行为。

教育考试机构或考试工作人员的作弊行为如下。

(1)通过伪造证件、证明、档案及其他材料获得考试资格、加分资格和考试成绩。

(2)评卷过程中被认定为答案雷同。

(3)考场纪律混乱、考试秩序失控,出现大面积考试作弊现象。

(4)考试工作人员协助实施作弊行为,事后查实。

(5)其他应认定为作弊的行为。

在上述作弊行为中,有些是科举考试时期就已存在的方式,如夹带、替考等,也有一些是伴随时代发展而新兴的方式,如高科技作弊。对此,我国制定了一系列学业作弊行为规范类政策,这些政策中同样有部分沿袭科举考试时期,也有部分是根据时代需求制定的新政策。常见的政策和制度包括以下3个。

(1)防替考政策。受科举考试时期"识认官印结"的启发,我国在各大统一考试中均通过准考证和身份证核验考生信息,以防替考和身份冒用等作弊行为。准考证由考试部门统一发放,是考生进入考场的必要凭证。考生在领取准考证后需妥善保管,不得涂改或转让,若不慎丢失或损坏也需及时向相关部门申请补办,并在考前重新领取,否则将无法正常参加考试。准考证中的考生照片和个人信息是防止替考的重要依据。考试开始前,监考人员核对考生的准考证、身份证上的照片、姓名、考号等,确认考生本人参加考试。部分考试要求准考证全程放在指定位置,以便监考人员随时核查。除了准考证和身份证以外,近年来一些考场还引入了生物识别技术,如指纹识别和人脸识别等,可以快速准确验证考生身份,彻底防止替考。

(2)考务安全与保密制度。为了防止考卷泄露,从普通学校的期中期末考试,到各类全国统一考试,均需对试卷进行密封处理,并于开考前由监考人员当场拆封后分发给考生。诸如高考等全国统一考试,出题人员及阅卷人员均需接受不同时长的封闭式管理,直至考试或阅卷结束(类似科举考试时期的锁院制)。这类考试的试题不仅要密封,其印制、运输和存放也有严格的保密制度。如高考考卷通常由公安人员护送,部分省份还会在运输过程中使用全球定位系统和视频监控系统进行全程监控,以确保试卷在运输中的安全性和保密性。此外,为保证阅卷的公平性,考生姓名等个人信息需要填写在装订线内,在阅卷时做"糊名"处理,答题卡上不可有任何与答案无关的标记(类似于科举考试时期的弥封制)。不仅如此,试卷评阅程序更严格,每张试卷随机分配给两名阅卷人员评分,若其评分存在分歧,则由第三名阅卷人员决定最终得分。

(3)监考与巡考制度。较为正规的考试通常在封闭场地进行,并在考场内安装监控摄像头,考生按照准考证对号入座,全程由监考人员巡视和录像监控,以防止考生作弊。像高考等重要考试,教育部门还会安排专人通过视频监控系统进行远程巡考。此外,为了防止考生利用高科技设备作弊,监考人员还会在考生入场时使用金属探测器检查其是否携带电子设备;在考试期间,也会在考场内使用屏蔽器或干扰器阻止信号传输。一些考场甚至会在考试期间使用无线电移动监测车在考场周围巡逻,监测并干扰可疑的无线信号,避免考生与外界通信。这些措施大大降低了作弊可能性,维护了考试公平。

教育部在2016年颁布的《高等学校预防与处理学术不端行为办法》中,也明确规定学术作弊行为的认定条目,包括以下内容。

(1)剽窃、抄袭、侵占他人学术成果。

(2)篡改他人研究成果。

(3)伪造科研数据、资料、文献、注释,或者捏造事实、编造虚假研究成果。

(4)未参加研究或创作而在研究成果、学术论文上署名,未经他人许可而不当使用他人署名,虚构合作者共同署名,或者多人共同完成研究而在成果中未注明他人工作、贡献。

(5)在申报课题、成果、奖励和职务评审评定、申请学位等过程中提供虚假学术信息。

(6)买卖论文、由他人代写或者为他人代写论文。

(7)其他根据高等学校或者有关学术组织、相关科研管理机构制定的规则,属于学术不端的行为。

随着学术作弊问题越来越受到社会各界的关注,有关部门也制定了一些针对学术作弊行为的规范类政策,旨在确保学生学术成果与学位质量的可靠性,维护学术研究的科学性和严谨性。

（1）论文查重政策。据悉，从 2007 年开始，部分高校就已开展研究生毕业论文的查重工作。学位申请人需在论文答辩前在中国知网进行重复性检查，查重率过高将被视为存在剽窃，不予通过。申请人需要修改论文，只有重复率低于相应标准才可进入后续的论文答辩环节。2010 年，该政策扩展到本科生毕业论文。不同学校、不同专业的重复率标准存在差异，但一般而言，研究生学位论文的重复率通常不可高于 20％，而本科生学位论文的重复率通常不可高于 30％。

（2）论文抽检政策。2014 年，教育部出台了《关于加强学位与研究生教育质量保证和监督体系建设的意见》，明确提出针对博士、硕士学位论文开展抽检工作。随后，国务院学位委员会和教育部据此进一步发布了《博士硕士学位论文抽检办法》，规定每年进行一次学位论文抽检，抽检范围为上一学年度授予的研究生学位论文，博士、硕士学位论文的抽检比例分别为 10％左右和 5％左右。被抽检的论文经二次查重后送由 3 位专家评审，若查重不通过或有 2 名及以上专家评定为不合格，则可能面临被撤销已授学位的处罚。2019 年，教育部发布了《关于进一步规范和加强研究生培养管理的通知》，进一步规范了学位论文抽检工作，要求各高校建立健全自查和抽检机制。该文件还规定，多次或连续抽检不合格的高校可能面临减招、暂停直至撤销相关学位授予权等惩罚措施。从 2021 年起，随着教育部印发的《本科毕业论文（设计）抽检办法（试行）》的实施，本科生学位论文也被纳入了抽检范围，抽检比例原则上不低于 2％。

总的来说，上述论文查重和抽检政策，在制度上加强了高校或教育部门对学术诚信的监管，有效预防了论文剽窃等学术作弊行为的发生，是我国高等教育体系中维护学业和学术诚信的重要防线。

此外，除了上述学业作弊行为规范类政策以外，现行的还有诸如教育或考试部门开通作弊举报电话接受社会监督，要求考生签署《诚信考试承诺书》，学校加强诚信教育（如通过张贴宣传标语、召开主题班会，或将诚信纳入必修课程等方式强化学生诚信意识）等措施。这些方法虽不是自上而下制定的，但具有科学依据(详见本书后续章节),能有效减少学业作弊行为,皆为我国高考制度背景下预防学业作弊行为的规范性举措。

(二)学业作弊行为惩治类政策

我国关于学业作弊行为的政策法规经历了一个从松散到严格的发展过程。我国对学业作弊行为的惩治早期主要依靠教育部发布的文件和通知,但执行并不严格,且大多仅针对考试作弊,惩罚的措施也仅限于取消考试成绩等处罚。进入 21 世纪以来,随着高科技作弊手段的出现,我国开始制定更加规范和严厉的政策法规,以应对日益频繁的学业作弊行为。

例如,2004 年颁布的中华人民共和国教育部令第 18 号《国家教育考试违规处理办法》明确规定,对在国家级教育考试(如中考、高考、研究生考试等)中作弊的考生,将取消其本次考试成绩。而对参加高等教育自学考试作弊的考生,根据情节轻重给予停考 1 年至 3 年,或者延迟毕业 1 年至 3 年的处罚。

2012 年,教育部修改了《国家教育考试违规处理办法》。该办法规定,除了原定的处理办法外,针对组织作弊、向场外传递试题、使用设备接收场外信息、伪造考试证明材料替考或找他人替考等行为,将视情节轻重禁止考生在未来 1 年至 3 年内参加该项或所有国家教育考试。例如,2020 年全国硕士研究生考试结束后,内蒙古及浙江共查处了 100 余名作弊考生,其中部分考生因携带能接收外界信息的设备作弊,被取消成绩并禁考 1 年至 3 年不等。

2015 年,《中华人民共和国刑法修正案(九)》(以下简称《刑法修正案(九)》)首次在法律层面将考试作弊行为定为刑事犯罪,惩治对象主要为协助或组织作弊者。《刑法修正案(九)》第二百八十四条明确规定了对在法律规定的国家考试中出售或提供试题/答案、替考、组织作弊等行为的刑罚。其中,情节较轻者处 3 年以下有期徒刑或拘役,并处或单处罚金;情节严重者处 3 年以上 7 年以下有期徒刑,并处罚金。该修正案是新中国成立以来打击学业作弊行为最严厉的法律,标志着我国开始从法律层面积极应对作弊问题。根据有关部门的统计,截至2024 年 4 月 30 日,人民法院依据《刑法修正案(九)》审结考试作弊案件共 4007件,判处罪犯 11146 人。该修正案发挥了规范考试秩序的作用,有效减少了国家考试中的作弊行为。

除了国家考试中的作弊行为以外,我国对其他学业作弊行为的处罚也有相关的政策法规。例如,1981 年起实施的《中国高等教育学位条例》规定,发现毕业生存在舞弊行为,可经复议后撤销其学位。该条例将于 2025 年变更为《中国高等教育学位法》,并进一步明确,学位申请人或获得者在攻读学位过程中若出现"学位论文或者实践成果被认定为存在代写、剽窃等学术不端行为"的情况,经评议可不授予或撤销其学位。2012 年发布的《学位论文作假行为处理办法》还规定,学生若存在学位论文买卖、剽窃、代写、数据伪造等作弊行为,其指导老师因失察也将受到警告、记过、降低岗位甚至开除的处分。2016 年《高等学校预防与处理学术不端行为办法》规定,学生如有论文剽窃、抄袭、买卖、数据造假等行为,应依规给予相应的学籍处分。2017 年教育部颁布的《普通高等学校学生管理规定》明确了对考生在课程考核中作弊的处罚办法:"该课程考核成绩记为无效,并根据其作弊情节的严重程度,给予警告、严重警告、记过或留校察看处分。"但到目前为止,作业作弊行为因其被抓可能性低、影响范围小等因素,尚未被列入国家政策法规重点打击的范围。

此外,随着学业诚信问题的日益突出,各学校也在加强内部管理,以国家政策法规为蓝本制定校规校纪,约束学业作弊行为,提高学习质量。许多高校制定了详细的学生管理条例和学业诚信规定,不仅在考试、论文、科研等多个方面规定了行为准则,也明确了对考试作弊、论文抄袭、数据造假等行为的处罚。例如,杭州师范大学制定了《学生违纪处分规定》,明确对考试作弊、论文抄袭/伪造、买卖或代写论文等作弊行为视情节轻重给予警告、严重警告、记过、留校察看甚至开除学籍处分。

通过回顾我国学业作弊行为和学业诚信政策的发展历程,可以看出学业作弊行为普遍、多样、严重且难以根除。它不仅影响学生的道德发展和学习质量,也歪曲了教育意义,破坏社会公平,是亟待解决的问题。而且,学业作弊绝非我国特有的问题,全球许多国家也面临着类似的困境。例如,美国的 SAT 考试①、英国的 A-Level 考试②,以及其他国家学生的种种学业任务中,都存在着类似的学业作弊现象。因此,如何预防和干预学业作弊行为是一项全球性挑战。

综上,深入研究学业作弊行为具有重要的意义。它不仅能够帮助教育工作者、家长及学生了解其普遍性和危害,而且能根据科学研究制定有效的预防或干预措施和政策。在接下来的章节中,本书将基于笔者团队近年来关于学业作弊行为的系列研究成果,并结合国内外相关研究,深入探讨幼儿、小学、中学、大学等不同学龄段学业作弊行为的发展特点、影响因素等,以及基于科学研究结果就如何改善学业作弊问题,为学校、家长和学生提供有针对性的建议和对策。

---

① SAT 考试,即 Scholastic Assessment Test,为美国的"高考",通常于每年的 3 月、5 月、6 月、8 月、10 月、11 月和 12 月在全球范围内举行(外国人可通过参加 SAT 考试申请美国大学)。不同大学及专业具有不同的录取标准。

② A-Level 为英国的"高考",通常于每年的 5—6 月及 10—11 月在全球范围内举行(外国人可通过参加 A-Level 考试申请英国大学)。A-Level 考试的成绩以等级的形式公布(分为 A、B、C、D、E、U 六个等级),不同大学及专业具有不同的录取标准。

第二章
学业作弊行为的演变周期

经过上一章的回顾,我国学业作弊行为及诚信政策的发展历程跃然纸上。然而,历史的镜鉴不仅在于回顾过去,更在于启迪未来。尽管当代教育制度下已有诸多用以应对学业作弊行为的政策和措施,但随着科技的进步和社会的发展,教育形式和内容仍在不断变革,学业诚信问题依旧层出不穷,不断出现新挑战。历史经验告诫我们,需要以发展视角看待问题。学业作弊行为的持续演变不仅反映了当前教育存在的问题,也揭示了学生心理健康发展、道德观乃至价值观变迁的一角。因此,全面了解当前学生的学业作弊行为,不仅有利于促进教育公平和学业诚信,也有利于学生健康成长、教育制度完善,以及社会稳定发展。

为了对当代学业作弊行为进行详尽介绍,本书创新性地提出"学业作弊行为演变周期"这一概念,将学业作弊行为的演变阶段划分为幼儿阶段、小学阶段、中学阶段和大学阶段。

选择上述划分方式的原因主要有两点:其一,基于笔者团队前期的研究发现,我们认为,幼儿阶段、小学阶段、中学阶段和大学阶段的学业作弊率存在显著差异,如图 2-1 所示;其二,上述四个阶段的学生在心理发展、学业压力、作弊方式和作弊动机上也存在较大差异。

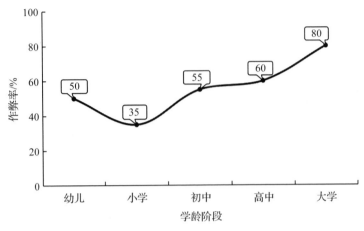

图 2-1　不同学龄阶段学生学业作弊行为的发展

注:作弊率指该学龄阶段学生平均作弊百分比。

首先,幼儿阶段是个体道德观念和规则意识形成的起步阶段。这一时期的幼儿抵制诱惑能力较差,对规则概念不明确,倾向于"随心所欲",但对权威(成人)较为服从。尽管他们对学业任务的认识还非常有限,但学业作弊行为似乎在这一时期已经出现,在无其他干预的情况下,为获得好成绩而作弊的人数比例基本稳定在50%上下。

其次,小学阶段儿童的认知发展进入了一个新的阶段,具备了基本的自我控制和抵制诱惑能力。此外,小学生开始接受系统性的学业教育,在日常学习和生活中接触到了各种规则和规范并逐渐将其内化,因此这一时期作弊率有所下降,平均在35%。

再次,进入中学后,学生的道德观念已逐渐成熟,对规则的内化也基本完成。但随着抽象思维能力的发展,中学生开始寻求建立自身的道德标准,打破常规。此外,与小学生相比,中学生的学业负担明显增加,面对繁重的学业任务,部分学生可能感到力不从心,进而选择通过考试作弊、抄作业等方式缓解学业压力。因此,相较于小学阶段,中学阶段的学业作弊行为明显增加,其中,初中生的作弊率约在 55％,高中生约在 60％。考虑到初中生和高中生在学业作弊率和作弊动机上高度相似,故未将该阶段进一步细分。

最后,大学阶段学生的规则意识、道德观念和认知能力已较为成熟。但学习环境相对复杂,相较过去,他们拥有更多"自由",可以独立学习和科研,与父母和教师接触减少。此外,大学学业任务更加多元化,不仅有考试,还需频繁写论文、做科研收集数据等。在监管不足、教学质量参差不齐、同伴竞争和社会压力增加等因素影响下,大学生作弊率达到了四个阶段的最高点,约为 80％。

本章将详细介绍学业作弊行为在以上四个阶段的发展特点、表现形式和发生动机等内容。通过总结现有研究成果,全面揭示学业作弊行为在不同学龄阶段的演变规律,并深入剖析这一行为在不同时期的成因。

第一节 幼儿阶段

在当代教育体系中,系统的学业任务始于小学。因此,学界和教育界过去普遍认为学业作弊行为萌芽于小学阶段。但近年来,笔者团队的一系列研究表明,学业作弊行为的研究应追溯至幼儿阶段。换言之,幼儿阶段才是学业作弊行为真正的萌芽期。

幼儿阶段是身心发展的关键期,道德观念、人格特质和行为习惯等具有高度可塑性,因此这一时期的教育对个体身心健康发展具有深远影响。笔者团队研究表明,从 4—5 岁开始,幼儿的学业作弊行为便进入了萌芽阶段,表现为部分幼儿已会在模拟的考试情境中通过"抄答案"完成自身无法解答的学业难题(Zhao et al.,2020,2021,2022,详见本书第三章)。相关研究成果最初于 2020 年发表在《美国国家科学院院刊》(*Proceedings of the National Academy of Sciences of the United States of America*,PNAS)上,首次将学业作弊行为的研究对象扩大至幼儿,受到国内外学者广泛关注。经过随后几年反复验证,明确幼儿的确存在学业作弊行为,且这种行为在 4 岁幼儿中较罕见,但在 5 岁幼儿中已较为普遍(约在 50%)。

从发展心理学的视角来看,幼儿的这种学业作弊行为由复杂的内部动因和外部动因共同驱动。内部动因主要包括以下几个方面:①认知发展不成熟,执行功能和心理理论发展尚未完善,抵制诱惑能力较差(Ding et al.,2014;Talwar & Lee,2008),缺乏内化规则和自我控制所需具备的认知水平(Anderson,2002;Zelazo et al.,2008)。因此,当遇到困难或奖励诱惑时,幼儿往往难以抑制立即获得成功或赢得奖励的冲动,进而选择做出违规行为。②3—5 岁幼儿处于前道德阶段,几乎不会主动关注或了解规则,直至 5—6 岁,幼儿进入他律道德阶段,道德观念和规则意识开始萌芽,但服从规则主要源自对父母、教师等权威的服从,而非内化规则。因此,虽然学前儿童尚未系统接触过学业任务,但当其遇到无法解决的难题时,仍然会选择打破规则、以"作弊"的方式来解决问题。③幼儿已经能够有意识地维护自己在他人心中的形象,如通过作弊维持自己"聪明"的形象(Zhao et al.,2017),通过遵守规则以维持自己"好孩子"的形象(Fu et al.,2016)。"我是诚信的人"这一自我概念的维持能够为其带来心理上的满足(Mazar et al.,2008)。

幼儿作弊的外部动因主要在于观察模仿。幼儿通过观察和模仿探索外部世界,观察和模仿的对象除同伴外,更为常见的是家长、教师等权威。家庭和幼儿园是幼儿主要的社会经验来源场所,幼儿对权威的高度服从和模仿意味着家长和教师的言传身教是幼儿行为判断的主要依据。当观察到模仿对象存在作弊等违规行为时,由于缺乏对社会常规的认识,幼儿可能会认为此类行为可以接受,在面临相似情境时选择使用相似手段解决问题。例如,已有研究表明,2—4 岁幼儿可以接受违反社会常规(如饭前应洗手)的行为,却不能接受对他人造成伤害的道德违规(如偷窃、攻击或欺骗他人等;Smetana,1981,1985,2003)。正是由于在日常生活中,父母和教师更倾向于重视和遵守道德规则,所以这一现象才会出现。所以,尽管幼儿尚未内化社会规则,但通过权威和榜样的作用,其规则意识得以初步形成。

鉴于幼儿对权威的高度服从和模仿,在幼儿阶段开展诚信教育显得尤为重要。这是培养幼儿诚信行为习惯乃至塑造诚信品质的关键时期。若家长、教师或教育工作者未能及时对幼儿作弊行为进行正确引导或纠正,可能会对幼儿身心健康发展造成负面影响。

例如,长期忽视幼儿的作弊行为可能导致其对这类行为形成道德判断偏差,不利于正确规则意识和道德观念的塑造,即认为作弊行为可以被接受和容忍,进而降低作弊的心理成本,甚至养成轻视规则的认知惯性。另外,放任作弊可能会影响幼儿未来的学习质量和坚持性。5—6岁的中大班是培养兴趣、建立良好学习习惯的黄金期,也是幼小衔接的关键阶段。如果幼儿养成通过作弊解决问题的习惯,未来面对复杂问题和学习瓶颈时,极有可能继续采用作弊的方式应对学习中的困境,而放弃钻研和探索。

因此,减少与预防幼儿学业作弊行为和培养学业诚信品质非常重要,这不仅有助于帮助幼儿养成诚信行为习惯、建立健康的道德观念,也能在一定程度上为幼儿未来学习质量和学业成绩奠定基础。

第二节　小学阶段

尽管研究表明,面对有挑战性的学业任务时,幼儿已出现作弊倾向,但总体而言他们尚未接受系统知识教学,所需要完成的学业任务也较少。因此,我们往往通过创设情境(如模拟考试)观察幼儿的潜在作弊倾向,以尽早进行预防和干预。学业作弊行为的正式起步阶段仍是小学阶段。

小学阶段学生正式接触学业任务,学业作弊行为也随之发生。小学生的主要学业任务是作业和考试,因此作弊行为类型也以作业抄袭和考试作弊为主,且大多为个体作弊,少有"团体作弊"(张玮,2014)。笔者团队曾对来自不同类型小学的 39 名学生及 9 名教师进行半结构访谈,发现当前小学生常见的作业作弊行为包括:抄袭同学作业、与同学对答案、抄袭正确答案、上网搜答案、利用答题软件做题,以及请父母帮忙做作业等;而常见的考试作弊行为有:偷看同学的答案、与同学对答案、翻阅课本/资料/小抄找答案、用智能手表或手机搜答案等(张芮,2019)。

由于小学生的认知水平和社会化水平有所提高,具有一定的自我控制能力和是非判断能力,能够认识学业作弊行为的性质和后果,且该阶段学校、教师和家长对于学业诚信的监管较强,相较于学前儿童,小学生实际作弊行为有所改善。研究表明,20%—40%的小学生自我报告曾在做作业或考试时作过弊,且作弊率随着年级增长呈上升趋势(赵立等,2024;Williams et al.,2024)。此外,现场实验研究也发现,30%—40%的小学生在诸如考试或体育测试等学校任务中选择了作弊(Hartshorne & May,1928;Fischer,1970)。总体而言,综合现有研究发现,小学生平均作弊率约为 35%,低于学前儿童的 50%。

尽管小学生对学业诚信准则有了充分的理解和内化,但仍有部分学生在规则约束和监管压力下选择作弊。造成这一现象的原因同样可以分为内部动因和外部动因两个方面。

其中,内部动因主要包括:①心理社会发展需要。根据埃里克森发展理论,小学生处于"勤奋对自卑"这一阶段,需要花费大量精力掌握知识技能并完成各类学业任务,在其运用知识技能解决问题的能力得到发展的同时,争取家长、教师及其他同龄人的认可(Murdock & Anderman,2006)。为了获得成就感和"被认可"的心理满足感,部分学生可能会在自身能力发展不足时选择作弊(Boyd & Bee,2016;Feldman,2024)。②入学适应困难。小学生入学准备存在个体差异,影响其适应能力。入学准备包括个性特征准备和技能准备(不仅限于学业方面,也包括艺术等其他方面的技能)两个方面。步入小学阶段,儿童大多已具有一些稳定的性格特征,这些特征的形成主要源于其在婴幼儿期的社会交互以及家庭和学校教育。研究表明,小学生的个性特征和入学时的技能水平对其在小学初期的学业成绩具有重要的影响。其中,相较于入学时技能水平良好、开朗、宜人、探索欲和好奇心较强的儿童,入学准备不足、技能较差、回避社交、情绪化、对新事物缺乏兴趣的儿童更容易出现适应困难,初期学业表现也较差。而入学初期的适应困难往往对儿童在小学中后期,乃至更高学龄阶段的学业成绩具有较大影响,表现为学习成绩持续较差(Boyd & Bee,2016)。研究发现,相较于学习成绩好的学生,成绩差的学生更易作弊(Newstead et al.,1996;Özcan et al.,2019)。对于小学生而言,经历适度失败是必要的,但经历过多失败极有可能影响其学习兴趣,进而导致作弊。

外部动因主要包括:①社会比较。小学生能够通过社会比较形成自我评价。其中,向上比较(将自身与比自己更优秀或更出色的他人进行比较)一方面可以为自己提供榜样,但另一方面也可能影响自尊水平。如在教学质量较低的学校,部分学生的学业自尊反而更高(Feldman,2024)。低自尊学生对自身学业成绩的预期较低,更易焦虑,若在学业任务中表现不佳,则会进一步打击自信,影响学习的主动性,促进作弊行为的发生。②分数至上论。正如前述,小学生社会性发展的特点决定了他们格外重视外界对其能力的肯定。若家长、教师或学校过分强调高分,则会影响小学生的学习兴趣和成就动机,导致其更倾向于借助作弊等不正当手段以达到高分预期。但随着“双减”政策的出台和实施,小学生的学业负担得以缓解,禁止排名等举措也在一定程度上遏制了学业作弊行为。

总的来说,小学生正处于学业作弊行为的起步阶段,而该阶段是培养良好诚信行为习惯的关键期。相比稳定的身体发育,这一时期心理发展迅速且复杂,社会化程度进一步加强,人格特征逐渐趋于稳定。我们应抓住这最后一个事半功倍的诚信教育黄金期,若不加干预地放任小学生作弊,很可能会导致长远的负面影响。

例如,如果作弊没有即时的负面后果,那么小学生可能会更频繁地利用作弊解决学业难题,其作弊行为甚至可能会发展为一种习惯(Bernardi et al.,2015)。未来即使在面对并不复杂的学业任务时,也会倾向于通过作弊应付了事。此外,频繁且成功的作弊经验会使学生在决定作弊时更加肆无忌惮。正如道德滑坡理论(moral slippery slope)所指出的,个体一旦做出不道德行为,就容易做出更不道德的行为(Haswell et al.,1999;Gino & Bazerman,2009;Tenbrunsel & Messick,2004)。小学阶段学生可能会选择在随堂测试或家庭作业中作弊,若放任此类行为自由发展,今后他们在期末考试、升学考试等更重要的考试中作弊的可能性就更大。

综上,持续关注和研究小学生的学业作弊行为,不仅有助于在小学阶段开展早期诚信教育和学业作弊行为干预,也可以确保基础教育初期的教学质量,提高学生素质,为他们应对中学阶段更繁重的学业任务做好准备。

第三节　中学阶段

在我国九年义务教育的环境下,小学生基本没有直接的升学压力,作业和考试更多被视为评估学习效果和能力的手段,而非决定性的选拔工具。这种相对宽松的环境,使小学生可以更专注于学习过程,所以学业作弊行为相对较少。进入初中后,中学生面临中考和高考的升学压力,残酷的升学比例导致学业负担重、任务多、压力大,学业作弊行为也进入了快速发展阶段。由于初中生和高中生皆处于青少年期,在身心发展、作弊行为发生率、作弊动机和方法上具有高度相似性,因此将其统称为中学阶段,即学业作弊行为的快速蔓延阶段。

青少年期是个体身心发展的重要转折期。这一时期的学生进入了继婴儿期之后的第二个快速成长期。生理的变化、大脑的发育对心理、认知和社会性等方面的发展都具有重要的影响。与学前和小学阶段相比,中学生的学业负担持续增加,不仅学科内容更加丰富、课业难度逐步提高,他们还需要面对来自家庭、学校和社会等方面的巨大学业成就压力。因此,中学阶段的学业作弊现象时有发生,且作弊率随着年级增长呈现逐步上升的趋势。

以往研究表明,中学生自我报告的学业作弊行为的发生率为 35%—70% (Anderman et al.,1998;Brandes,1986;McCabe & Trevino,1996;Murdock et al.,2001;Schab,1991)。现场实验研究也发现,初中生在真实考试情境中表现出的作弊行为的发生率为 35%—60%(Feldman & Feldman,1967;Keehn,1956;Zhao et al.,2022),高中生则平均在 60%(Cizek,1999)。因此,初中生和高中生的作弊率平均值分别为 55% 和 60%,明显高于小学阶段。由于中小学的学业任务和考核形式基本一致,中学生的作弊行为也依然主要表现为作业作弊和考试作弊两种形式,且多为独立作弊(张玮,2014),常用的作弊方法也与小学类似。但中学生使用电子设备等高科技产品更为娴熟,因此借助高科技产品作弊的情况也更多。

中学生的作弊动因复杂多样。除了与小学生类似的入学适应、社会比较等动因外,还可能涉及以下几种内部或外部动因。

中学生作弊的内部动因主要包括:①自我中心主义。随着认知发展和生理成熟,中学生逐渐形成一种新的自我中心主义倾向。在这种自我中心主义驱使下,他们时常怀疑自己是他人关注的焦点,可能产生"假象观众"(认为自己是他人注意和关心的焦点)或"个人神话"(认为自己的经历独一无二、无可比拟)等扭曲的认知。其中,"个人神话"还会加剧中学生的冒险行为倾向,增加中学生做出违规甚至违法行为的可能性。此外,中学生的自我中心主义与幼儿不同,主要源自观点采择能力的发展。因此,中学生格外在意他人的看法,更有可能因避免表现得不好而作弊。②抽象思维能力的发展。一方面,中学生开始进入形式运算阶段,随着抽象思维能力的显著提升,他们开始质疑父母或教师等权威,有了更多不同于权威的独立见解,也变得更加善辩且能辩。若此时他们无法在追求独立自主的过程中获得足够的认同或尊重,则可能会产生逆反心理,从而故意违反某些规则来"挑战"权威,如逃课、抄作业等。另一方面,抽象思维能力的发展也促进了中学生的道德发展。他们对社会常规或道德规则的理解不再是"对即是对,错即为错",而会更多思考"违规"背后的原因,因此也更容易接受甚至做出一些他们认为"情有可原"的违规行为,如因作业太多无法完成而抄作业等。

中学生作弊的外部动因主要包括:①从众心理。研究表明,学业作弊行为在同伴之间具有高度的"传染性",即观察到同伴作弊能够显著提高学生自身作弊的可能性(Carrell et al.,2008;McCabe & Trevino,1997;Zhao et al.,2021;舒首立,2017)。虽然这种同伴作弊效应并非在中学阶段才开始出现,却在该阶段表现得尤为明显。中学生既渴望独立又害怕不合群,在质疑权威的同时,也更倾向于接受同伴的观点、效仿同伴的行为(即使这种观点或行为是错误的、违规的),实现风险分担和责任分散。因此,在未加干预或惩罚的情况下,某一小部分中学生的学业作弊行为极有可能促使更多同学效仿,导致学业作弊行为如滚雪球般越滚越大,严重危害教学秩序和教学质量。②学业压力。中学生的学业压力不同于小学生的分数压力。其一,由于小学生没有升学压力,在学业中力求表现优异(甚至不惜作弊)主要是为了满足权威期待以及自身形象管理的需求。但对于中学生而言,接收到的外界信息使其早早便感知到未来的升学压力,随之而来的还有家长、教师的期望和同伴竞争的压力。其二,为了应对升学这一现实问题,中学生的学业任务往往非常繁重,一些学校甚至采取不合理的"题海战术"。其三,中考和高考均为选拔性质的考试,决定了学生下一阶段的去向。在这种选拔性质的考试中,作弊风险极大,但收益也极高。中学生正处于倾向冒险的年纪,因此也更有可能铤而走险,在重要考试中作弊。无论是上述哪一方面的压力,都有可能会导致学业焦虑,造成学习倦怠,进而促使中学生采用作弊等不正当手段来应对。

综上,中学生在生理、心理、认知和社会性等方面都经历着复杂且快速的转变,正在形成独立的世界观和对规则的理解。在这一阶段开展诚信教育和学业作弊行为干预,虽见效的速度不及学前阶段和小学阶段,但仍可以有效促进学生树立独立和正确的道德观念,养成良好的道德习惯。相反,如果不对中学生的作弊行为进行有效干预,可能导致一些更严重的后果。例如,正如前文所述,同伴作弊对中学生影响很大,如果不及时制止,可能会在班级乃至全校范围内蔓延开来。另外,中学生正在建立独立的规则意识和道德观念,如果在这个时期没有正确引导,而是放任自流或强制灌输,学生可能会形成一些"离经叛道"的思想。

因此,培养中学生的诚信观念,不仅可以帮助他们在青少年时期形成正确的道德标准,也可以帮助他们建立健康的学习观和人生观。

第四节　大学阶段

在经历了紧张激烈的高考后,部分学生进入了高等教育阶段。大学不仅是知识的殿堂,也是学生初探社会的舞台。在这一阶段,学生从依靠教师指导向自主学习转变,在时间管理和学习安排上获得了更大的自主性。尽管大学阶段个体普遍具有较高的道德认知能力,能够明辨是非,但在这一阶段学业作弊行为却十分猖獗。

大量研究表明,全球多个国家大学生的作弊率普遍较高:70%—97%的大学生自我报告曾有过学业作弊行为(Baird,1980;Bowers,1964;Curtis & Popal,2011;McCabe,2005,2006,2012;Taradi et al.,2012;Whitley,1998;Williams et al.,2014;夏景贤等,2021)。总的来说,大学生的学业作弊率平均为80%,较中学生有显著攀升,达到整个学龄阶段的最高点。

就作弊类型而言,除了传统的作业作弊和考试作弊外,大学生论文剽窃、数据造假等学术作弊行为也很常见。与基础教育不同,大学阶段的教育模式发生了根本性变化,强调知识的专业性、应用性,以及学生的自学、研究和创新能力。

在学好基本的公共课和专业课之外,大学生(尤其是研究生)还需进行科学研究、参与科研项目、收集研究数据以及撰写研究报告/论文等。在此过程中,学术作弊行为也进一步滋生。大学生群体中常见的学业作弊包括论文抄袭、考试作弊、伪造数据、篡改研究结果以及论文和项目虚假署名等。

在大学复杂的学业环境和多元评价体系中,学业作弊达到了顶峰(Alan et al.,2020)。这些学业作弊行为背后的动因除了传统的获得好成绩、应对学业压力和同伴作弊效应之外,还包括一些大学阶段特有的动因。

其中,内部动因包括:①行为习惯化。若学生的作弊行为未能在更早的学龄阶段得到有效干预和及时制止,很有可能成为一种行为习惯。研究表明,有过作弊经历的大学生未来继续作弊的可能性更高(Bernardi et al.,2012),毕业后更有可能在工作场合中做出违规或不道德行为(Lucas & Friedrich,2005;Nonis & Swift,2001;Williams & Williams,2012)。②趋避倾向。与中小学生"获得高分""在选拔中胜出"等趋利目的不同,大学生作弊更多是为了趋避,即避免不合格。研究表明,成绩较差的学生往往更容易作弊(Newstead et al.,1996;Özcan et al.,2019)。为了避免因反复挂科而留级甚至退学,部分成绩差的学生会采用作弊来通过考试,进而获得学位。

大学生作弊的外部动因包括:①作弊成本低。大学重视培养学生独立自主的学习、生活及社交能力,家长和教师与学生的接触远不如中小学阶段频繁,对学生学业的监管往往较弱,导致学生作弊被抓的可能性下降、作弊成本降低。②教学质量堪忧。大学课堂多为启发式和讨论式,教师难以兼顾每名学生的实际学习质量。另外,部分高校存在课程设置不合理、教师教学质量参差不齐、任务过于形式化等问题,导致学生感受不到学习意义,容易产生厌学心理,进而选择作弊。

总的来说,大学阶段是塑造大学生职业道德观和学术伦理的关键期,学业作弊会对个人、学校和社会产生负面影响。首先,在这种行为的作用下,高校的教学质量大打折扣,难以输出真正能够满足各行各业需要的高质量、专业型人才,进而影响社会各行各业的良性发展。其次,学生在学校形成的作弊习惯可能泛化到职场(Mulisa & Ebessa,2021),增加诸如生产安全、产品质量、财务管理、科研诚信等方面的风险,危害社会稳定。最后,上述后果还会损害大学和学生的公信力(Norris,2019),引发大众对现有教育体系的质疑。因此,探讨如何有效遏制大学生作弊,是保证教学质量、培养人才以及稳定社会的重要举措。

本章提出了"学业作弊行为演变周期"这一概念,以幼儿、小学、中学和大学四个阶段为序,系统梳理了不同学龄阶段学业作弊行为的现状、类型及其动因等,并提出开展学业诚信教育与学业作弊行为干预的迫切性和重要性。为了深入了解学业作弊行为的影响因素,找到有针对性的干预方法,本书第三章至第六章分别归纳了不同学龄阶段学业作弊行为的研究进展。在此基础上,第七章分别为学生、家长、教师和学校提供了针对幼儿、小学、中学及大学各阶段学业作弊行为的干预策略和诚信教育方法,以推动诚信教育,改善作弊现状,营造公平诚信的学习环境。

第三章

幼儿作弊行为

　　学前期是个体性格塑造、认知发展、道德观念和规则意识萌芽的关键时期。在这一时期,幼儿逐渐开始在社会生活中接触到各类规则,并努力在社会化过程中学习和理解这些规则。然而在此过程中,幼儿很快就发现了遵守规则常常意味着需要做出一些违背自身意愿或约束自身行为的选择(Bayrak,2021)。这对于认知发展尚不完全的幼儿而言是较大的挑战。如果诚信教育相对薄弱,一些幼儿可能基于避免失败、获得成功或赢得认可等诱因选择作弊。此时,他们虽然能够意识到作弊带来的即时收益,却未能完全理解这一行为对自己乃至他人的负面影响。

　　过去一个世纪,世界各地的学者针对幼儿的作弊行为进行了广泛的研究,但关注的主要是幼儿在认知任务(通常以游戏的方式进行)中的作弊(Ding et al.,2014;Zelazo et al.,2008;Zhao et al.,2017,2018)。在这些任务中,幼儿通常会面临各种外在诱惑或挑战(如获得奖品),这为观察和研究其在真实、自然的情境中自发做出的作弊行为提供了理想环境。赵立等(2022)在《儿童早期作弊行为发展与诚信教育》一书中曾详细介绍了探索幼儿在猜声音、猜数字等游戏任务中的作弊行为研究,以及诸如抵制诱惑范式、不可能完成任务范式等常用的实验研究范式。研究发现,在步入学前期前(2—3岁),幼儿已经会在有物质奖励的游戏任务中作弊,作弊率达 80%(Evans & Lee,2013;Talwar & Lee,2002)。

更令人担忧的是,幼儿的作弊行为似乎不仅存在于游戏任务中。近年来,我们通过模拟真实考试情境来考察幼儿在学业任务中的诚信表现,结果发现,学前阶段的幼儿已开始显现学业作弊倾向(Zhao et al.,2020,2021,2022,2023)。这一发现不仅打破了过去对学业作弊行为研究始于小学阶段的局限性,也提升了我们对开展儿童早期诚信教育与规则意识培养的重要性的认识。

为此,本章将通过两个小节的内容深入探讨幼儿作弊行为及其影响因素:①依托我们近年来在幼儿作弊行为领域的系列研究成果,回顾幼儿作弊行为的研究历程及主要研究结果;②基于以往实证研究,分析影响幼儿作弊行为的各种复杂因素,以期为找到儿童早期诚信教育及学业作弊行为干预的有效方法提供科学依据。

第一节　幼儿作弊行为的研究进展

由于幼儿阶段的教育往往围绕着游戏活动展开,缺少传统意义上的标准化考试或作业,因此以往研究大多仅关注幼儿在游戏中的作弊。幼儿的高作弊率引发了另一个值得思考的问题:幼儿在游戏任务中的作弊行为倾向(Zhao et al.,2017,2018)是否也会转移至未来的学业中? 如果答案是肯定的,是否有途径能够将这种行为及时且有效地扼杀在学前期? 为此,笔者团队自 2020 年起开展了一系列研究,旨在探究幼儿在模拟的考试情境中的作弊行为。

具体来说,我们依据幼儿可能接触的数学任务自创了一种数数测试范式(Zhao et al.,2020):在一个安静的房间内放置两张间隔一定距离的桌子,幼儿坐在一张桌子前进行无人监考的数数测试。该测试通常有 5 道数数题,如图 3-1所示,幼儿需在 5 分钟内完成。其中,前 4 道题为简单题,绝大多数幼儿均可在规定时间内正确作答;最后一道题为超难题,幼儿通常无法通过自身努力在规定时间内完成。测试开始前,实验者会告知幼儿,本次测试的目的是检查幼儿能否全部回答正确。随后,实验者借故离开房间,并在离开前将正确答案放置在另一张桌子上,同时叮嘱幼儿不可偷看答案。实验者不在场时幼儿的所有行为将由事先安装在房间内的隐藏摄像机记录下来。实验结束后,通过视频录像判断幼儿是否做出偷看并抄袭答案的作弊行为。值得注意的是,传统的抵制诱惑范式多在有物质奖励情境下考察个体的作弊行为,而数数测试范式并不涉及任何物质奖励,更接近真实的考试情境。该范式简单易行,且经过多年实证研究检验,其具有较强的科学性和适用性,能够很好地应用于学前儿童(Zhao et al.,2020,2021,2022,2023;Zheng et al.,2024)。

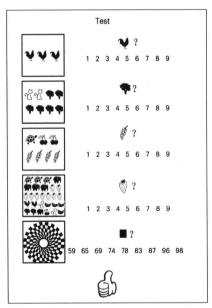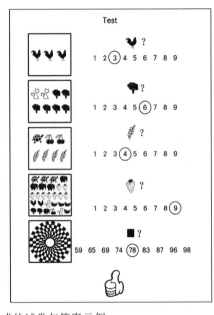

图 3-1　数数测试范式的试卷与答案示例

采用数数测试范式,笔者团队通过多年研究发现,幼儿已经会在此类模拟的考试情境中作弊,且作弊行为发生发展的第一个关键期在 4—5 岁:绝大多数 4

岁幼儿(尤其是 4.5 岁以下的幼儿)不会在上述模拟考试中作弊(Zheng et al.，2024)，但 5—6 岁幼儿的作弊率则稳定在 50％左右(Zhao et al.，2020，2021，2022；Zheng et al.，2024)。此外，笔者团队还进一步探究了幼儿学业作弊行为的影响因素和发展轨迹，旨在寻找其发生发展的机制，以期将作弊行为扼杀在摇篮中。

具体来说，笔者团队在 2020 年发表的一项实证研究中首次发现，幼儿在模拟的考试情境下作弊率高达 54％。值得庆幸的是，这种行为并非不可干预。当在幼儿和答案之间正确放置"障碍物"(又称"屏障")，对幼儿与"答案"之间的空间进行划分，可以有效减少作弊。例如，在幼儿与放置答案的桌子间放置中空金属框架，幼儿的作弊率下降至 28％；若进一步在中空金属框架上覆盖一层透明薄膜，尽管薄膜并不会对视线产生任何影响，但幼儿的作弊率下降至 16％。此外还发现，除实体框架外，想象的屏障也能减少作弊：使用玩具"魔法棒"在幼儿与放置答案的桌子间"画"一个"隐形"框架，作弊率同样降低至 26％。可见，无论是真实还是想象的屏障，只要能起到空间划分的作用，都能明显减少幼儿的作弊行为(详见本章第二节)。

随后，笔者团队于 2021 年及 2022 年再次验证 5—6 岁幼儿会在模拟的考试情境中作弊。但通过在答案上放置遮挡物(如纸巾盒或其照片)以改变答案的可及性，或通过改变幼儿与答案间的距离和视角以改变其可见性，都能有效减少幼儿的作弊行为(详见本章第二节)。

近期，笔者团队通过一项研究进一步探究了这种作弊行为在 4—5 岁幼儿中的发生和发展特点。研究招募了 60 名 4 岁幼儿(平均年龄为 4.20 岁，男女各半)及 60 名 5 岁幼儿(平均年龄为 5.27 岁，男女各半)参加数数测试任务。与之前每名幼儿仅需完成一次测试不同，该研究中每名幼儿需要完成连续三次相似的数数测试，即先后完成三张类似的试卷。每次测试的流程与上述相同。每次测试结束后，实验者返回房间为幼儿提供下一张试卷，并在另一张桌子上放置对应的答案,重新启动计时器,宣布下一场考试开始后再次离开教室。幼儿在无人监考环境中独自完成测试,直至三张试卷全部完成。

结果发现,60名4岁幼儿中,仅有2人(3%)在第一次测试中出现了作弊行为,其余58人(97%)在第一次测试中均未作弊。这两名作弊的幼儿中,一人在后续两次测试中依然选择了作弊,另一人则在随后的测试中停止了作弊。另外,第一次测试没有作弊的58名幼儿中,仅1人(2%)在第二次、三次测试中作弊,其余57人(98%)在三次测试中始终保持诚实,未出现作弊行为。

可见,在没有明显外在奖励的学业任务中,4岁幼儿几乎不会作弊,这与以往在游戏情境中探索幼儿作弊行为的研究结果形成了鲜明对比。以往研究发现,当提供物质奖励时,大多数4岁甚至更小的幼儿均会在游戏任务中作弊(Ding et al.,2014;Evans & Lee,2010;Talwar & Lee,2008)。造成这一差异的关键因素可能在于任务本身的特点和奖励机制。4岁幼儿对考试环境还很陌生,可能还未形成通过取得好成绩来提升个人声誉的认知(Heyman et al.,2015;Zhao et al.,2018),因此在没有明确的物质奖励时,他们可能缺乏通过作弊取得好成绩的动机。

然而,5岁幼儿的作弊情况却不尽相同。在60名5岁幼儿中,第一次测试时34人(57%)保持诚实,其余26人(43%)选择了作弊。为进一步考察幼儿诚信和作弊行为的一致性,我们根据第一次测试表现将5岁幼儿分为诚实组和作弊组,考察诚实组幼儿能否在随后的两次测试中继续保持诚实,作弊组幼儿是否会在随后的测试中继续作弊。具体的分组情况如下。

诚实组:在第一次测试中保持诚实的幼儿,共34人。

作弊组:在第一次测试中选择作弊的幼儿,共26人。

结果如图3-2所示。作弊组的所有幼儿(100%)在第二次测试和第三次测试中选择了继续作弊。相比之下,诚实组有6%的幼儿在第二次测试时选择作弊,21%的幼儿在第三次测试时选择了作弊(其中包括所有第二次测试作弊的幼儿,即第二次测试作弊的幼儿在第三次测试中全部作弊)。

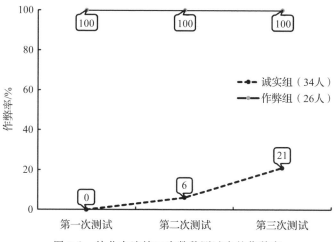

图 3-2　幼儿在连续三次数数测试中的作弊率

随后,采用广义估计方程(generalized estimating equations,GEE)检验了诚实组幼儿在后续两次测试中是否能够维持其诚信行为的一致性。具体来说,以作弊行为为结果变量("0"为未作弊,"1"为作弊),测试次数为预测变量("1"为第一次测试,"2"为第二次测试,"3"为第三次测试)进行分析。结果发现,测试次数的主效应显著(0% vs 6% vs 21%,$\beta=1.42$,SE $\beta=0.64$,Wald $\chi^2=4.97$,df$=1$,$p=0.03$)。以第一次测试作为参照组进行事前比较,结果显示:第二次测试与第一次测试的作弊率不存在显著差异(6% vs 0%,$p=0.15$);而第三次测试与第一次测试的作弊率存在显著差异(21% vs 0%,$p=0.003$)。此外,事后比较还发现,第二次测试与第三次测试的作弊率同样存在显著差异(6% vs 21%,$p=0.02$)。这意味着幼儿在三次测试中的作弊率显著增加了,且其主要发生在第三次测试中。上述结果表明,尽管大多数幼儿在诚信/作弊行为上展现出了高度的一致性,但随着测试次数的增加,一部分幼儿可能在多次遭遇失败后开始尝试使用非正当手段(作弊)来获得成功(将超难题做对)。

鉴于作弊组幼儿在连续三次测试中均作弊,故进一步分析这些幼儿在每次测试中作弊的潜伏期[1](如图 3-3 所示),以考察其作弊决策过程所花费的时间及其变化。以作弊潜伏期为结果变量,测试次数为预测变量("1"为第一次测试,"2"为第二次测试,"3"为第三次测试),进行广义线性混合模型(generalized linear mixed models, GLMM)分析。结果显示,测试次数的主效应显著[$F(2,66)=46.48, p<0.001, \eta_p^2=0.59$]。以第一次测试作为参照组进行事前比较发现,作弊组幼儿在第一次测试中的作弊潜伏期显著长于第二次测试的作弊潜伏期(第一次和第二次测试潜伏期的平均值分别为 59.09s、16.83s,标准差分别为 35.45s、29.17s;$t=9.22$, df$=66$, $p<0.001$, Cohen's $d=2.27$),以及第三次测试的作弊潜伏期(第一次和第三次测试潜伏期的平均值分别为 59.09s、10.91s;标准差分别为 35.45s、26.31s;$t=8.12$, df$=66$, $p<0.001$, Cohen's $d=2.00$)。进一步事后比较分析发现,幼儿在第二次和第三次测试中的作弊潜伏期不存在显著差异($t=1.29$, df$=66$, $p=0.20$, Cohen's $d=0.32$)。以上结果表明,一旦幼儿在第一次测试中选择了作弊,那么不仅其在后续的两次测试会继续作弊,而且做出作弊这一行为决策的时间也将大大缩短,这反映出幼儿作弊的心理成本很可能在降低。

道德滑坡理论为上述结果提供了一种合理的解释(Mazar et al.,2008;Welsh et al.,2015):个体在初次违背道德规范且未受到任何惩罚后,其道德敏感性会减弱,对不道德行为可能带来不良后果的担忧也会减少,甚至在判断当前行为是否违反了道德规范时,原本清晰分明的道德界限也可能会变得模糊不清,进而导致其更易在随后的任务中继续做出不道德行为(Baack et al.,2000;Haswell et al.,1999;Tenbrunsel & Messick,2004)。可见,一旦幼儿越过了"道

---

[1] 作弊潜伏期:从幼儿开始做最后一道超难题到其做出偷看答案这一行为之间的时间间隔(单位:秒)。

德界限",他们再次跨越这道界限的心理负担便会减轻,作弊似乎就成为一种无须过多斟酌的选择。

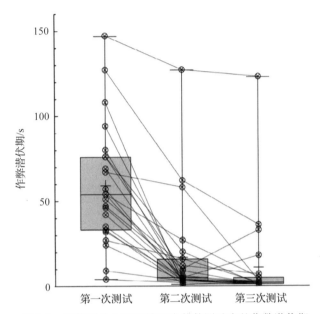

图 3-3　作弊组幼儿在连续三次数数测试中的作弊潜伏期

因此,如何帮助幼儿保持稳定的诚信行为或遏制其持续的作弊行为,已成为一个值得深入探讨的问题。为了解决这一问题,笔者团队根据以往研究设计了一套"诚信干预措施",旨在考察该措施是否能够巩固首次测试中未作弊幼儿的诚信行为,同时减少那些已经有过作弊行为的幼儿在后续测试中再次作弊的可能性。

以往在游戏任务中考察幼儿作弊行为的研究发现,强调幼儿拥有"好孩子"的声誉信息(Fu et al.,2016)、减轻幼儿的作答压力,如告知幼儿不需要完成所有题目,可以根据自己的意愿选择是否作答(Zhao et al.,2018;Anderman & Murdock,2007),以及让幼儿做出"不作弊"的承诺(Heyman et al.,2015)等,均能够减少幼儿的作弊行为。基于上述研究成果,笔者团队设计了"诚信干预措施",即由实验者在连续测试过程中给予幼儿一系列事先设计好的关键指导语,告知幼儿"我从老师和同学那里听说你是一个很乖、很听话的好孩子",并告诉幼儿即使不能在接下来的测试中完成所有题目也没关系,最后让幼儿做出不会偷看答案的承诺。实验者进行上述口头干预的时间在第二次测试和第三次测试开始之前。

具体的研究程序如下。一方面,笔者团队重新招募了约130名同龄幼儿进行数数测试,并通过隐藏摄像机观察他们在测试中的作弊行为。之后,仅邀请在第一次测试中保持诚实的幼儿(共60人)进行后续的第二次和第三次测试,并将这些幼儿随机分配到以下两个条件中(每个条件各30人)。

诚实—控制组:在前后三次测试中均未对幼儿实施诚信干预措施。

诚实—干预组:在第二次、第三次测试开始前分别对幼儿实施诚信干预措施。

另一方面,笔者团队另行招募了约130名同龄幼儿进行数数测试,并将第一次测试中作弊的幼儿(共60人)随机分配到以下两个条件中(每个条件各30人),继续进行第二次和第三次测试。

作弊—控制组:在前后三次测试中均未对幼儿实施诚信干预措施。

作弊—干预组:在第二次、第三次测试开始前分别对幼儿实施诚信干预措施。

图3-4描述了诚实—控制组、诚实—干预组、作弊—控制组以及作弊—干预组的幼儿在三次测试中的作弊情况。

如图3-4所示,从第一次测试中表现诚实的幼儿来看,在诚实—控制组中,有17%的幼儿在第二次测试中作弊,27%(包括前述的所有第二次测试作弊的幼儿)在第三次测试中作弊。相比之下,在诚实—干预组中,仅有3%和7%的幼儿分别在第二次和第三次测试中作弊,绝大多数(93%)幼儿在后续两次测试中均保持了诚实。

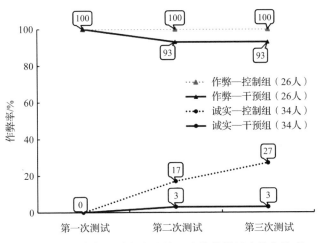

图 3-4　不同条件下幼儿在连续三次数数测试中的作弊率

　　为了进一步检验诚信干预措施是否能够促使在首轮测试中诚实的幼儿在后续测试中继续保持诚实,研究者以作弊行为("1"为作弊,"0"为未作弊)为结果变量,条件("1"为诚实—控制组,"2"为诚实—干预组)和测试次数("1"为第一次测试,"2"为第二次测试,"3"为第三次测试)为预测变量,进行了广义估计方程分析。结果发现,条件的主效应显著($\beta = -2.16$,SE $\beta = 0.84$,Wald $\chi^2 = 6.64$,df$=1$,$p=0.01$),而测试次数的主效应则不显著($\beta=0.50$,SE $\beta=0.37$,Wald $\chi^2 = 1.84$,df$=1$,$p=0.18$)。这表明,上述诚信干预措施能够促使原本诚实的幼儿在后续相似的任务中继续保持诚实。换言之,这种干预措施有效防止了作弊行为的发生。

　　另外,从第一次测试作弊的幼儿来看,在作弊—控制组中,所有幼儿(100%)依然在后续两次测试中作弊(见图 3-4),这一结果重复了上文所述研究的结果。与之相似,作弊—干预组中,依然有 93% 的幼儿在第二次测试和第三次测试中继续作弊。采用生存分析(survival analysis)的方法考察诚信干预措施是否有效降低了首轮测试中作弊的幼儿在后续测试中继续作弊的倾向。[①] 其中,条件为

———————

① 因广义估计方程分析回归模型未能收敛,遂此处采用了生存分析法。

预测因子("1"为作弊—控制组,"2"为作弊—干预组),作弊行为("1"为作弊,"0"为未作弊)为预测生存变量。结果发现,条件的主效应不显著($\chi^2=2.03$,df=1,$p=0.15$,Cohen's $d=0.54$)。这表明,诚信干预措施并没有减少首轮测试作弊的幼儿持续作弊的倾向,即对作弊幼儿进行诚信干预并没有明显减少其在后续相似任务中的作弊行为。

此外,对作弊—控制组和作弊—干预组幼儿在第一次、第二次、第三次测试中的作弊潜伏期进行差异分析,结果如图 3-5 所示。

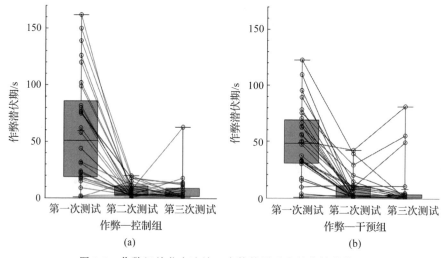

图 3-5　作弊组幼儿在连续三次数数测试中的作弊潜伏期

为检验幼儿的作弊潜伏期随着测试次数的变化情况,以作弊潜伏期作为结果变量,条件("1"为作弊—控制组,"2"为作弊—干预组)、测试次数("1"为第一次测试,"2"为第二次测试,"3"为第三次测试)及其交互作用为预测变量,进行广义线性混合模型分析。结果发现,最佳拟合模型只包含主效应。其中,条件的主效应不显著[$F(1,168)=0.21$,$p=0.65$,$\eta_p^2=0.001$],但测试次数的主效应显著[$F(2,168)=76.44$,$p<0.001$,$\eta_p^2=0.48$]。以第一次测试为参照组,事前比较显示,幼儿在第一次测试中的作弊潜伏期显著长于第二次(第一次和第二次测试

的平均值分别为 54.72s、7.40s；标准差分别为 40.55s、9.20s；$t=11.37$，df＝168，$p<0.001$，Cohen's $d=2.94$）和第三次测试的作弊潜伏期（第一次和第三次测试的平均值分别为 54.72s、7.55s；标准差分别为 40.55s、15.96s；$t=10.31$，df＝168，$p<0.001$，Cohen's $d=2.66$）。而事后检验并未发现第二次测试和第三次测试的作弊潜伏期存在显著差异（$t=-0.04$，df＝168，$p=0.97$，Cohen's $d=0.01$）。上述结果验证了笔者团队最初的发现：幼儿在做出首次作弊决策后，会在相似任务中更加迅速地做出作弊决策。更为重要的是，上述诚信干预措施似乎并未能减缓这些幼儿在后续测试中做出作弊决策的速度。这表明，诚信干预措施对于作弊的幼儿来说效果非常有限。

综上所述，4 岁幼儿几乎不会在没有奖励的学业任务中作弊，5 岁幼儿已经开始在模拟的考试情境（认知测试）中单纯为"做对"而作弊。若不施加任何干预措施，则幼儿的作弊行为会呈现自然增长趋势：一开始诚实的幼儿，在经历了多次挑战超难题失败的挫败后，会在随后的测试中逐渐开始作弊；而一开始作弊的幼儿则会持续作弊。若采用根据以往研究成果设计的诚信干预措施，则作弊的自然增长趋势能够得到有效缓解——一开始诚实的幼儿，在接受了诚信干预后，能在后续测试中继续保持诚实。然而，这种诚信干预措施并不能阻止一开始作弊的幼儿继续作弊。可见，对于诚实的幼儿而言，一个简单的口头诚信提醒或许就足以帮助其持续保持诚实，而对于已经有过作弊经验的幼儿来说，简单的干预远远不够，需要更深入、持久且个性化的诚信教育和引导，以帮助他们树立良好的诚信规则意识，减少乃至消除作弊行为。

值得注意的是，上述研究还强调了"防作弊于未然"的重要性，即与其在作弊发生后纠正行为，不如通过加强对幼儿的诚信教育，在作弊行为发生前遏制其萌芽，这或许能取得更为显著和长远的效果。

上述研究结果不仅丰富了我们对学业作弊行为发生发展的理解，同时也为诚信教育敲响了警钟，即在尚未正式接触学业的学前儿童中已显现出学业作弊行为萌芽的迹象。而更令人担忧的是,一旦幼儿开始作弊,这一不良行为就很有可能在后续相似的情境中持续发生,甚至发展成一种不良行为习惯。为此,我们倡导将学业作弊行为的研究范围扩展至学前儿童群体,采用科学的方法尽早预防、及时干预,进而从源头上阻止这一不良行为的滋生和蔓延。

为此,我们展开了对影响幼儿学业作弊行为诸多因素的探索。在第二节中,我们将逐一介绍社会环境因素、物理环境因素以及个体因素对幼儿学业作弊行为的影响。

第二节　幼儿作弊行为的影响因素

近年来,不少研究者致力于探究可能影响个体学业作弊行为的因素。一方面,为更好地把握学业作弊行为的成因及其发展机制从而完善诚信行为发展的相关理论提供实证依据;另一方面,为找到科学和有针对性的学业诚信教育和学业作弊行为干预的方法提供科学支撑。早在《儿童早期作弊行为发展与诚信教育》一书中,笔者团队就对部分可能影响幼儿早期作弊行为(不限于学业作弊行为)的因素进行了梳理,并将这些影响因素系统性地划分为社会环境因素、物理环境因素及个体因素等类型。本书将延续这一分类框架,对上述三大类影响因素进行补充,对幼儿及更广年龄段学生学业作弊行为影响因素进行概述。

一、社会环境因素

社会环境是个体习得社会经验的主要场所,对个体的道德发展和规则意识的建立具有至关重要的影响。社会环境因素不仅包括社区和学校的教学硬件设施、教育资源等,也涵盖了人际交往、学校氛围、社会规范等。这些因素常常看似微不足道,但却能潜移默化地影响个体的行为模式。

例如,对幼儿而言,自身的口头承诺、来自成人的表扬以及有关自己或同伴的言语评价或声誉信息等,都能够影响幼儿的诚信行为。具体来说,研究发现,要求幼儿做出"我保证不会偷看"的承诺能够显著减少其在猜声音测试中违规偷看答案的作弊行为(Heyman et al.,2015);而告知幼儿"班上的同学们都认为你是个好孩子"这一声誉信息,同样能够显著减少5岁幼儿在猜声音测试中的作弊行为(Fu et al.,2016)。另外,无论是直接表扬幼儿"你是个聪明的孩子"还是告知幼儿其在他人眼中是一个"聪明的孩子",都会导致幼儿为了维持自己的"聪明"形象而在游戏中更多作弊(Zhao et al.,2017,2018;赵立等,2022)。

除在游戏任务中的作弊行为外,笔者团队于近期发表在《自然》系列子刊《自然—人类行为》(*Nature Human Behaviour*)上的一项研究发现,给予幼儿"信任"也能够显著减少其在后续认知测试中的作弊行为(Zhao et al.,2024)。

自古以来,孔子、柏拉图和亚里士多德等东西方哲学家都认为"诚实"是建立和维系人际信任的必要条件。个体适时的诚信行为在一定程度上能帮助其获得或巩固他人的信任。后来,许多研究者通过实证研究证实了这一理念,即个体的诚信行为能够增加他人对其的信任感,这不仅体现在成人(Levine & Schweitzer,2015;Schweitzer et al.,2006),也体现在幼儿甚至婴儿中(Lane et al.,2013;Li et al.,2014;Poulin-Dubois & Chow,2009;Poulin-Dubois et al.,2011)。那么,信任反过来是否会促进个体的诚信行为呢?社会交换理论中的"互惠假说"(Cropanzano et al.,2017)认为,当感知到他人的信任时,个体会倾向于通过诚信行为回报这种信任。这源于人们内心普遍渴望获得他人认可,主观上不愿做出辜负他人期望或让人失望的行为。这种心理状态可能使个体在获得积极情绪体验后(被信任),努力以同样积极、正面的行动(诚信行为)回报。

为此,笔者团队进行了一项实验研究,旨在探究信任是否会影响幼儿的学业作弊行为。具体来说,我们招募了328名5—6岁幼儿(平均年龄为5.94岁,其中女孩160名,男孩168名),要求他们完成前述的数数测试任务(采用传统的数数测试范式,即每名幼儿仅需完成一次测试),以考察其是否能全部做对。这些幼儿被随机分配至 8 种不同的实验条件,每个条件下各有 41 名幼儿①(其中女孩 21 名,男孩 20 名)。

首先,我们设置了两个实验条件,通过让幼儿做出帮助行为并使他们感受到自己因这一行为获得了信任,考察基于帮助行为表达出的信任信息是否会影响其后续在认知测试中的作弊行为。

(1)保管答案实验组(有帮助行为—有双重信任信息):在前往测试教室途中,实验者将装有测试答案的信封交给幼儿,请其帮忙暂时保管(帮助行为)。与此同时,实验者明确表示"我相信你会保管好"(表达对幼儿帮助行为的信任)。在幼儿提供帮助后,实验者对其表示感谢并告知"下次有重要的东西我还找你帮忙保管"(再次表达对幼儿帮助行为的信任)。随后,实验者带着幼儿进入教室进行数数测试。在向幼儿介绍了数数测试的内容和规则(要求幼儿自己数,不可看答案)后,实验者表示"我相信你在接下来的数数测试中不会去看答案"(表达对幼儿不会作弊的信任),然后借故离开教室。在离开教室前,实验者将答案放在幼儿一侧的桌上,并再次强调了在自己不在场时不允许偷看答案这一规则。

(2)无保管控制组(无帮助行为—无信任信息):在前往测试教室途中,实验者并未向幼儿寻求帮助,在整个实验过程中也并未向幼儿表达任何与信任有关的信息。

由于答案既是幼儿被要求保管的对象,也是幼儿在认知测试中可能作弊的对象,两者存在一定混淆性。因此,在后续的实验条件中,实验者改为要求幼儿保管家门钥匙。同时,为进一步区分幼儿作弊行为改变的原因是自己做出了帮助这种亲社会行为,还是实验者基于帮助行为表达的信任信息,我们增加了以下两个条件。

---

① 研究所需样本量由 G* Power 计算后获得。

（3）保管钥匙实验组1（有帮助行为—有双重信任信息）：在前往测试教室途中,实验者将装有其家门钥匙的信封交给幼儿,请其帮忙暂时保管（帮助行为）。与此同时,实验者明确表示"我相信你会保管好"（表达对幼儿帮助行为的信任）。在幼儿提供帮助后,实验者对其表示感谢并告知"下次有重要的东西我还找你帮忙保管"（再次表达对幼儿帮助行为的信任）。随后,实验者带着幼儿进入教室进行数数测试。在向幼儿介绍了数数测试的内容和规则（要求幼儿自己数,不可看答案）后,实验者表示"我相信你在接下来的数数测试中不会去看答案"（表达对幼儿不会作弊的信任）,然后借故离开教室。在离开教室前,实验者将答案放在幼儿一侧的桌上,并再次强调了在自己不在场时不允许偷看答案这一规则。

（4）保管钥匙控制组1（有帮助行为—无信任信息）：在前往测试教室途中,实验者将装有其家门钥匙的信封交给幼儿,请其帮忙暂时保管（帮助行为）。但在整个测试过程中并未向幼儿表达任何与信任有关的信息。

在保管答案实验组（有帮助行为—有双重信任信息）、保管钥匙实验组1（有帮助行为—有双重信任信息）两个组中,实验者向幼儿表达的信任信息均包含两个方面：一是对幼儿帮助行为的信任,二是对幼儿能在测试中保持诚信（不作弊）的信任。为了探究究竟哪一部分信任信息会导致幼儿作弊行为发生改变,我们进一步设计了以下3个条件。

（5）保管钥匙实验组2（有帮助行为—基于帮助行为的信任信息）：在前往测试教室途中,实验者将装有其家门钥匙的信封交给幼儿,请其帮忙暂时保管（帮助行为）。与此同时,实验者明确表示"我相信你会保管好"（表达对幼儿帮助行为的信任）。在幼儿提供帮助后,实验者对其表示感谢并告知"下次有重要的东西我还找你帮忙保管"（再次表达对幼儿帮助行为的信任）。但在后续数数测试中,实验者不再表达基于幼儿不会作弊的信任信息。

（6）保管钥匙实验组3（有帮助行为—基于不作弊的信任信息）：在前往测试教室途中,实验者将装有其家门钥匙的信封交给幼儿,请其帮忙暂时保管（帮助行为),但并未表达对其帮助行为的信任。随后,实验者带着幼儿进入教室进行数数测试。在介绍完数数测试的内容和规则后,实验者表示"我相信你在接下来的数数测试中不会去看答案"(表达对幼儿不会作弊的信任)。

(7)保管钥匙控制组 2(有帮助行为—无信任信息)与保管钥匙控制组 1(有帮助行为—无信任信息)相同。该控制组一方面与保管钥匙实验组 2(有帮助行为—有基于帮助行为的信息)、保管钥匙组 3(有帮助行为—基于不作弊的信任信息)同时进行,作为它们的对照,另一方面可以重复保管钥匙控制组 1(有帮助行为—无信任信息)条件,以检验本研究结果的可重复性。

最后,为了检验"信任减少作弊"这一效应是否仅针对向幼儿表达信任的特定个体,我们再次设计了以下实验条件:实验者 1 基于幼儿的帮助行为表达对其的信任,实验者 2 对幼儿进行认知测试。如果幼儿在认知测试中作弊行为减少,则说明信任效应不限于特定的信任表达者;如果幼儿的作弊行为未受影响,则说明信任效应是基于互惠原则,即幼儿仅会在获得信任的特定个体面前减少自身作弊行为。

(8)保管钥匙实验组 4(有帮助行为—基于帮助行为的信任信息—两名实验者):在前往测试教室途中,实验者 1 将装有其家门钥匙的信封交给幼儿,请其帮忙暂时保管(帮助行为)。同时,实验者 1 明确表示"我相信你会保管好"(表达对幼儿帮助行为的信任)。在幼儿提供帮助后,实验者 1 对其表示感谢并告知"下次有重要的东西我还找你帮忙保管"(再次表达对幼儿帮助行为的信任)。之后,实验者 1 离开,看似"不认识"实验者 1 的另一名实验者 2 带着幼儿进入教室完成数数测试。在测试过程中,实验者 2 未提及任何信任相关信息。

对上述 8 个实验条件进行了分步比较分析。首先,为了考察幼儿接收到的信任信息是否会影响其在后续测试中的作弊行为,我们比较了保管答案实验组(有帮助行为—有双重信任信息)和无保管控制组(无帮助行为—无信任信息)幼儿的作弊率。如图 3-6 所示,幼儿在这两个条件中的作弊率分别为 34.1% 和

61%。以作弊与否("0"为未作弊,"1"为作弊)为结果变量,条件("0"为无保管控制组,"1"为保管答案实验组)为预测变量,进行二元逻辑回归分析。结果显示,该模型拟合且显著($\chi^2=5.99,df=1,p=0.014$,Nagelkerke $R^2=0.09$)。其中,条件的主效应显著,保管答案实验组幼儿的作弊率显著低于无保管控制组(34.1% vs 61%,$\beta=-1.10$,SE $\beta=0.46$,Wald $\chi^2=5.77,df=1,p=0.016$,OR$=0.33$,95% CI$=[0.13,0.80]$,Cohen's $d=-0.61$)。这一结果初步表明,基于幼儿帮助行为表达对其的信任可以显著降低幼儿的作弊率。

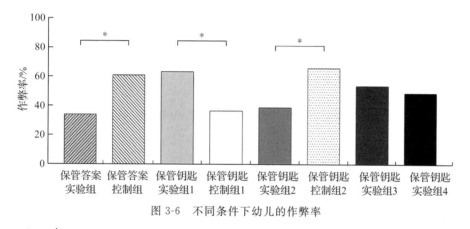

图 3-6　不同条件下幼儿的作弊率

注：* 表示 $p<0.05$。

其次,通过比较保管钥匙实验组 1(有帮助行为—有双重信任信息)和保管钥匙控制组 1(有帮助行为—无信任信息)两个条件,在排除保管对象(答案 vs 钥匙)这一混淆因素后,进一步考察信任信息本身是否能够减少幼儿的作弊行为。幼儿在两个条件中的作弊率分别为 36.6% 和 63.4%。以作弊与否("0"为未作弊,"1"为作弊)为结果变量,条件("0"为保管钥匙控制组 1,"1"为保管钥匙实验组 1)为预测变量,进行二元逻辑回归分析。结果显示,该模型拟合且显著($\chi^2=5.98,df=1,p=0.015$,Nagelkerke $R^2=0.09$)。其中,条件的主效应显著,表现为保管钥匙实验组 1 的作弊率显著低于保管钥匙控制组 1(36.6% vs 63.4%,

$\beta = -1.10$,SE $\beta = 0.46$,Wald $\chi^2 = 5.76$,df=1,$p = 0.016$,OR=0.33,95% CI=$[0.13,0.81]$,Cohen's $d = -0.61$)。此外,比较保管钥匙控制组 1 和无保管控制组的作弊率后发现,两者差异不显著(63.4% vs 61%,$\beta = 0.10$,SE $\beta = 0.46$,Wald $\chi^2 = 0.05$,df=1,$p = 0.820$,OR=1.11,95% CI=$[0.45,2.73]$,Cohen's $d = 0.05$),即幼儿做出的帮助行为本身并不能减少其作弊。因此,上述表明,实验者在幼儿做出帮助行为的基础上表达的信任是减少其作弊行为的关键因素,而仅有帮助行为(但不表达信任)并不能减少幼儿作弊。

之后,我们对保管钥匙实验组 2(有帮助行为—基于帮助行为的信任信息)和保管钥匙控制组 2(有帮助行为—无信任信息)两个条件的作弊率进行了比较,以检验单纯表达基于帮助行为的信任信息是否能够减少幼儿作弊行为。幼儿在两个条件中的作弊率分别为 39% 和 65.9%。以作弊与否("0"为未作弊,"1"为作弊)为结果变量,以条件("0"为保管钥匙控制组 2,"1"为保管钥匙实验组 2)为预测变量,进行二元逻辑回归分析。结果显示,该模型拟合且显著($\chi^2 = 5.99$,df=1,$p = 0.014$,Nagelkerke $R^2 = 0.09$)。其中,条件的主效应显著,表现为保管钥匙实验组 2 的作弊率显著低于保管钥匙控制组 2(39% vs 65.9%,$\beta = -1.10$,SE $\beta = 0.46$,Wald $\chi^2 = 5.77$,df=1,$p = 0.016$,OR=0.33,95% CI=$[0.13,0.80]$,Cohen's $d = -0.61$)。上述结果进一步证明,仅仅表达基于幼儿帮助行为的信任信息就可以减少幼儿的作弊行为。

那么,仅仅表达对于幼儿不会作弊的信任是否同样可以减少其作弊行为呢?为此,我们对保管钥匙实验组 3(有帮助行为—基于不作弊的信任信息)、无保管控制组(无帮助行为—无信任信息)、保管钥匙控制组 1(有帮助行为—无信任信息)和保管钥匙控制组 2(有帮助行为—无信任信息)的作弊率进行了比较(各组作弊率分别为 53.7%、61.0%、63.4% 和 65.9%)。以作弊与否("0"为未作弊,"1"为作弊)为结果变量,以条件("0"为保管钥匙实验组 3,"1"为无保管控制组,"2"为保管钥匙控制组 1,"3"为保管钥匙控制组 2)为预测变量,进行二元逻辑回归分析。结果发现，该模型拟合但不显著（$\chi^2 = 1.43$, df $= 3$, $p = 0.699$，Nagelkerke $R^2 = 0.01$），条件的主效应不显著（Wald $\chi^2 = 1.43$, df $= 3$, $p = 0.699$），上述条件的作弊率不存在显著差异。这表明，仅仅表达信任幼儿不会作弊并不能减少其作弊行为。这一结果进一步反映出，针对幼儿帮助行为所表达的信任才是减少其作弊的关键。

最后，为了检验"信任减少作弊"的效应是否仅针对向幼儿表达信任的特定个体，我们比较了保管钥匙实验组4（有帮助行为—基于帮助行为的信任信息—两名实验者）、无保管控制组（无帮助行为—无信任信息）、保管钥匙控制组1（有帮助行为—无信任信息）和保管钥匙控制组2（有帮助行为—无信任信息）的作弊率（各组作弊率分别为48.8%、61.0%、63.4%和65.9%）。以作弊与否（"0"为未作弊，"1"为作弊）为结果变量，以条件（"0"为保管钥匙实验组4，"1"为无保管控制组，"2"为保管钥匙控制组1，"3"为保管钥匙控制组2）为预测变量，进行二元逻辑回归分析。结果发现，该模型不显著（$\chi^2 = 2.91$, df $= 3$, $p = 0.405$，Nagelkerke $R^2 = 0.02$），条件的主效应不显著（Wald $\chi^2 = 2.90$, df $= 3$, $p = 0.407$），上述条件的作弊率不存在显著差异。由此可见，上述"信任效应"是基于互惠原则存在的，即幼儿仅会针对那些对自己的帮助行为表达过信任的特定个体减少后续的作弊行为。

总的来说，当成人在表达对幼儿能够协助完成简单任务的信任后（哪怕只是帮忙保管家门钥匙等细枝末节之事），可以有效减少幼儿在随后的学业任务中作弊的可能性。但这种效应仅限于表达信任的成人在场时才会发生。该研究结果为互惠假说提供了有力的实证支持：感受到他人信任的幼儿，倾向于以诚实的行为积极回应对方的信任。可见，在幼儿社会化的过程中，为其营造一个充满信任与尊重的社会环境，不仅能让幼儿在信任氛围中学会信任他人，还能促进信任与诚实的正向循环，使幼儿在潜移默化中养成诚信的行为习惯，培养良好的道德品质。

关于社会环境因素如何影响幼儿学业作弊行为的探究尚处于起始阶段，研究之路漫长、充满未知与挑战,但也蕴含丰富的理论和实践价值。例如,以往研究中揭示了许多可能影响幼儿在游戏情境中作弊的因素,这些因素在幼儿的学业作弊行为中也发挥着类似作用。例如,笔者团队最近的研究发现,强调幼儿的"好孩子"形象、让幼儿做"不作弊"的承诺等能够在游戏任务中减少幼儿作弊的方法,也能减缓幼儿学业作弊行为的发展(Zheng et al. ,2024)。因此,未来研究可以先前的研究为基础,探索其他社会环境因素对幼儿作弊行为的影响,关注日常社会信息的作用,推动幼儿诚信教育的生活化和社会化。

二、物理环境因素

物理环境包括个体日常生活和学习的空间特点,从一块指示牌的摆放、一条分界线的划分,到一座城市的规划、一个气候带的分布,都有可能对个体的行为习惯产生重大影响,但又常常是最容易被忽视的一类因素。笔者团队于 2020 年开始考察一些微小、看似不起眼的物理环境线索,是否会影响幼儿的学业作弊行为。在过去的四年中,我们通过一系列行为实验发现了道德边界、答案可见性、答案可及性等因素对幼儿学业作弊行为的影响,首次证实物理环境因素可以促进幼儿学业诚信行为、减少作弊,并在《儿童早期作弊行为发展与诚信教育》一书的第三章中对该系列研究进行了详细介绍。在此,本书将简单概述这几项研究。

(一)真实或想象的屏障

在这项发表在《美国国家科学院院刊》的研究中,笔者团队以 5—6 岁幼儿(共 350 名幼儿,每个条件各 50 名幼儿)为研究对象,采用数数测试范式(Zhao et al. ,2020),通过在幼儿测试的桌子与放置答案的桌子之间放置"屏障"(金属框架),实现空间的"划分",然后观察幼儿学业作弊行为的变化。根据"屏障"放置的位置方向的不同,设计了 7 个不同的实验条件,如图 3-7 所示,分别为无框架组(控制组,没有放置金属框架)、透明薄膜框架组(在金属框架外覆一层透明塑料薄膜)、框架组(仅放置金属框架,无透明薄膜)、平行框架组(平移中空金属框架,使幼儿与答案位于框架的同侧)、旋转 90 度框架组(框架相对其他组转了 90度,幼儿与答案分别位于框架两侧)、旋转 90 度平行框架组(框架相对其他组转了90 度,幼儿与答案位于框架同侧),以及想象框架组(实验开始前,实验者用魔法棒在幼儿与答案之间画出一个"隐形"的框架,但不提及任何有关框架用途的信息)。

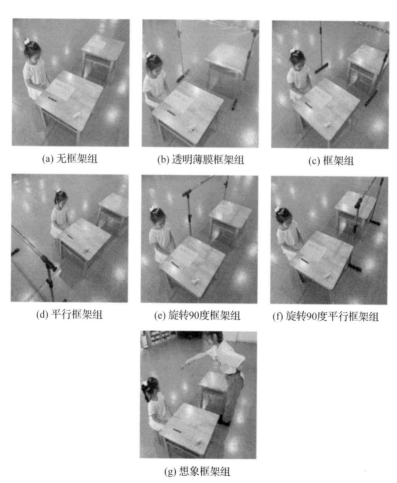

(a) 无框架组　　　　　(b) 透明薄膜框架组　　　　(c) 框架组

(d) 平行框架组　　　(e) 旋转90度框架组　　　(f) 旋转90度平行框架组

(g) 想象框架组

图 3-7　不同条件中框架放置位置

结果发现,在无框架组、透明薄膜框架组、框架组、平行框架组、旋转 90 度框架组、旋转 90 度平行框架组,以及想象框架组中,幼儿的作弊率分别为 54％、16％、28％、50％、22％、46％及 26％,如图 3-8 所示。

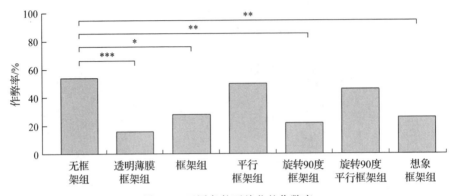

图 3-8 不同条件下幼儿的作弊率

注: * 表示 $p<0.05$;** 表示 $p<0.01$;*** 表示 $p<0.001$。

二元逻辑回归分析结果显示,透明薄膜框架组、框架组、旋转 90 度框架组、想象框架组中幼儿的作弊率均显著低于无框架组(16％ vs 54％,$\beta=1.69$,SE $\beta=0.41$,Wald $\chi^2=17.05$,df=1,$p<0.001$,OR=5.42,95％ CI=[2.43,12.101],Cohen's $d=0.91$;28％ vs 54％,$\beta=-1.04$,SE $\beta=0.43$,Wald $\chi^2=5.72$,df=1,$p=0.017$,OR=0.35,95％ CI=[0.15,0.83],Cohen's $d=-0.56$;22％ vs 54％,$\beta=-1.43$,SE $\beta=0.45$,Wald $\chi^2=9.96$,df=1,$p=0.002$,OR=0.24,95％ CI=[0.10,0.58],Cohen's $d=-0.77$;26％ vs 54％,$\beta=-1.21$,SE $\beta=0.44$,Wald $\chi^2=7.57$,df=1,$p=0.006$,OR=0.30,95％ CI=[0.13,0.71],Cohen's $d=-0.65$)。这表明,在幼儿与答案之间设置真实或想象屏障能够有效减少幼儿的作弊行为。

然而,幼儿在平行框架组和旋转 90 度平行框架组中的作弊率与其在无框架组中的作弊率并不存在显著差异(50％ vs 54％,$\beta=0.16$,SE $\beta=0.41$,

Wald $\chi^2=0.15$, df $=1$, $p=0.700$, OR $=1.17$, 95% CI $=[0.52, 2.63]$, Cohen's $d=0.09$; 46% vs 54%, $\beta=0.16$, SE $\beta=0.46$, Wald $\chi^2=0.12$, df $=1$, $p=0.733$, OR $=1.17$, 95% CI $=[0.48, 2.86]$, Cohen's $d=0.09$）。这表明，如果放置的屏障无法对幼儿及答案所构成的空间起到划分作用，就不能达到减少幼儿作弊行为的效果。

由此可见，在幼儿与答案之间巧妙设置"障碍物"或"分界线"，实现空间划分，就能有效减少幼儿的作弊行为，即使障碍物或分界线不会真正阻碍幼儿的作弊行为。上述结果验证了"道德边界假说"（moral barrier hypothesis），即通过巧妙的环境设计对幼儿及其作弊对象（答案）所处空间进行划分，能在一定程度上提醒幼儿不要"跨越道德边界"，从而减少作弊行为。

（二）答案的可见性

在另一项研究中，笔者团队对传统的数数测试范式的环境布置进行了简单改变：将测试答案直接放置于幼儿测试的桌子上。在测试过程中，通过使用不同的日常物品对答案进行遮挡，从而改变答案的可见性，以考察幼儿作弊行为的变化。根据采用的遮挡物（包括透明塑料膜、不透明纸张、纸巾盒、纸巾盒彩照及纸巾盒简笔画）不同，幼儿被随机分配到 5 个实验条件：透明塑料膜组、不透明纸组、纸巾盒组、纸巾盒彩照组，以及纸巾盒简笔画组（见图 3-9）。

(a) 透明塑料膜组　　　　　　　　　(b) 不透明纸组

(c) 纸巾盒组

(d) 纸巾盒彩照组

(e) 纸巾盒简笔画组

图 3-9　不同条件中的遮挡物

　　我们同样以 5—6 岁幼儿（共 300 名幼儿，每个条件各 60 名幼儿）为研究对象，结果发现，答案的可见性对幼儿的作弊行为有着显著影响。具体来说，在使用透明塑料膜覆盖答案时，幼儿的作弊率最高，达 78.3%；在使用不透明纸张、纸巾盒、纸巾盒简笔画覆盖答案时，幼儿的作弊率分别为 60%、40%、51.7%；而在使用纸巾盒彩色照片覆盖答案时，幼儿的作弊率为 30%，如图 3-10 所示。

　　首先比较透明塑料膜组和不透明纸组幼儿的作弊率，卡方分析显示，前者显著高于后者（78.3% vs 60%，$\chi^2 = 4.73$，$df = 1$，$p = 0.03$）。这一结果初步表明，答案的可见性能够影响幼儿的作弊行为，即当采用不透明纸张来遮挡答案使其不可见时，幼儿的作弊行为显著减少。

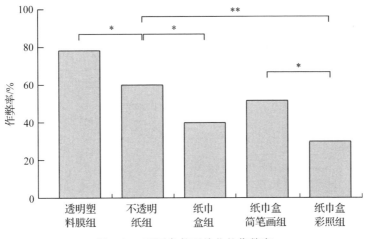

图 3-10 不同条件下幼儿的作弊率

注：* 表示 $p<0.05$；** 表示 $p<0.01$。

进一步将纸巾盒组的作弊率与上述两组进行比较。二元逻辑回归分析显示，纸巾盒组的作弊率显著低于透明塑料膜组（40% vs 78.3%，$\beta=1.69$，SE $\beta=0.41$，Wald $\chi^2=17.05$，df$=1$，$p<0.001$，OR$=5.42$，95% CI$=[2.43,$ $12.101]$，Cohen's $d=0.91$）及不透明纸组（40% vs 60%，$\beta=0.81$，SE $\beta=0.37$，Wald $\chi^2=4.74$，df$=1$，$p=0.03$，OR$=2.25$，95% CI$=[1.08,4.67]$，Cohen's $d=0.44$）。可见，相较于在答案上放置不透明纸张，放置立体的纸巾盒能够进一步减少幼儿的作弊行为。

在此基础上，将纸巾盒彩照组和纸巾盒简笔画组的作弊率与上述各组进行比较。二元逻辑回归分析表明，纸巾盒彩照组的作弊率显著低于不透明纸组（30% vs 60%，$\beta=-1.25$，SE $\beta=0.39$，Wald $\chi^2=10.55$，df$=1$，$p=0.001$，OR$=0.29$，95% CI$=[0.13,0.61]$，Cohen's $d=-0.67$），但纸巾盒简笔画组与不透明纸组的作弊率并无显著差异（51.7% vs 60%，$\beta=-0.34$，SE $\beta=0.37$，Wald $\chi^2=0.84$，df$=1$，$p=0.359$，OR$=0.71$，95% CI$=[0.35,1.47]$，Cohen's $d=-0.18$）。此外，纸巾盒彩照组的作弊率与纸巾盒组不存在显著差

异 $(30\% \text{ vs } 40\%, \chi^2 = 1.32, df = 1, p = 0.251)$ 。这表明,在减少幼儿作弊方面,纸巾盒的彩色照片与纸巾盒实物具有相似的效果。

总的来说,上述结果表明,答案可见性这一物理环境因素会影响幼儿的作弊行为。与放置透明塑料薄膜相比,放置不透明的纸张和纸巾盒等遮挡答案的物品,降低了答案的可见性,从而有效减少幼儿作弊的可能性。

(三)答案的可及性

可及性是指个体感知在特定环境中获得某物或实现某目标的难易程度。该项研究使用了传统的数数测试范式,通过操纵幼儿测试的桌子与放置答案的桌子之间的距离(分别为 0.6 米、1 米、2 米、3 米),改变答案的可及性。同时,考虑到随距离改变,答案对于幼儿的可见性也会发生变化,我们设置了答案放大组和缩小组,以区分距离和可见性对幼儿作弊的影响。

具体来说,首先设置了 0.6 米放大组和 1 米放大组。在这两组中,答案由原来的 A4 大小放大了 200%。预实验表明,200% 倍大小的答案使得幼儿即使在 1 米距离也能在座位上清楚看到答案,因此在两个组别中答案对幼儿都是高度可见的。

其次设置了 0.6 米缩小组和 1 米缩小组,将答案由 A4 大小缩小 75%。预实验发现,25% 倍大小的答案导致幼儿即使在 0.6 米距离也无法在座位上看清答案,因此在两个组别中答案对幼儿都是低可见性的。

最后还设置了 2 米放大桌面组和 2 米放大地面组。在这两组中,答案被放大了 800%,并放置在距离幼儿 2 米远的位置,使得放在地面时幼儿可以清楚看到答案,而放在桌面时幼儿在座位上无法看见答案(通过预实验确定)。

上述 0.6 米放大组、0.6 米缩小组、1 米放大组、1 米缩小组、2 米放大桌面组和 2 米放大地面组这六个条件的示意图如图 3-11 所示。

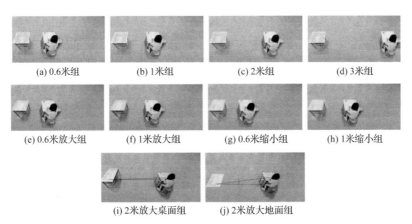

(a) 0.6米组 　　(b) 1米组 　　(c) 2米组 　　(d) 3米组

(e) 0.6米放大组 　(f) 1米放大组 　(g) 0.6米缩小组 　(h) 1米缩小组

(i) 2米放大桌面组 　　(j) 2米放大地面组

图 3-11 不同条件中的答案大小及其放置位置

结果发现,在采用标准 A4 大小答案的四个条件的作弊率分别为:0.6 米组 52%,1 米组 30%,2 米组 18%,3 米组 28%,如图 3-12 所示。0.6 米放大组和 1 米放大组的作弊率分别为 54% 和 52%。0.6 米缩小组、1 米缩小组的作弊率分别为 34% 和 26%。2 米放大桌面组和 2 米放大地面组作弊率分别为 22% 和 54%,如图 3-13 所示。

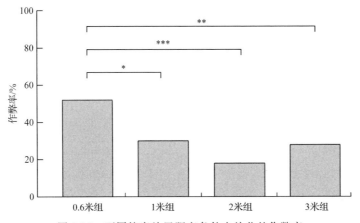

图 3-12 不同答案放置距离条件中幼儿的作弊率

注:* 表示 $p < 0.05$;** 表示 $p < 0.01$;*** 表示 $p < 0.001$。

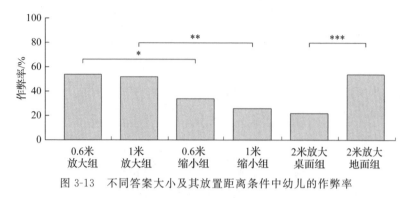

图 3-13　不同答案大小及其放置距离条件中幼儿的作弊率

注：* 表示 $p<0.05$；** 表示 $p<0.01$；*** 表示 $p<0.001$。

二元逻辑回归分析显示，0.6 米组的作弊率显著高于 1 米组（52% vs 30%，$\beta=-0.93$，SE $\beta=0.42$，Wald $\chi^2=4.90$，df$=1$，$p=0.027$，OR$=0.40$，95% CI$=[0.17,0.90]$，Cohen's $d=-0.50$）、2 米组（52% vs 18%，$\beta=-1.60$，SE $\beta=0.46$，Wald $\chi^2=11.82$，df$=1$，$p=0.001$，OR$=0.20$，95% CI$=[0.08,0.50]$，Cohen's $d=-0.86$）和 3 米组（52% vs 28%，$\beta=-1.03$，SE $\beta=0.42$，Wald $\chi^2=5.85$，df$=1$，$p=0.016$，OR$=0.36$，95% CI$=[0.16,0.82]$，Cohen's $d=-0.55$）。而 1 米组、2 米组、3 米组的作弊率两两之间均不存在显著差异（$ps>0.05$）。可见，通过增加幼儿与答案之间的距离（从 0.6 米到 1 米及以上）来降低答案的可及性能够有效减少幼儿的作弊行为。

与此同时，卡方分析①显示，0.6 米放大组与 1 米放大组的作弊率无显著差异（54% vs 52%，$\chi^2=0.04$，df$=1$，$p=0.841$），0.6 米缩小组与 1 米缩小组的作弊率亦无显著差异（34% vs 26%，$\chi^2=0.76$，df$=1$，$p=0.383$）。这表明当答案的可见性均很高或均很低的情况下，幼儿与答案之间的距离（0.6 米或 1 米）并不影响幼儿的作弊行为。

① 由于二元逻辑回归模型未拟合，故此处采用卡方分析。

此外,二元逻辑回归分析发现,2 米放大地面组的作弊率显著高于 2 米放大桌面组($\beta=1.43$,SE $\beta=0.44$,Wald $\chi^2=10.32$,df$=1$,$p=0.001$,OR$=4.16$,95% CI$=[1.74,9.94]$,Cohen's $d=0.77$),即在幼儿和答案之间的距离保持不变(2 米)的情况下,答案放在地面上(可见性很高)较答案放在桌面上(可见性很低)时幼儿的作弊率更高。这表明,答案的可见性,而非幼儿与答案之间的距离,是导致幼儿的作弊行为发生改变的根本原因,即可及性通过可见性这一因素影响幼儿的作弊行为。

综上所述,物理环境的微小改变可以对幼儿的行为选择产生重要影响。合理利用幼儿园或家庭的布局和环境设置,如设置道德屏障、扩大考场座位间距等,均能够有效减少幼儿的作弊行为。除此之外,还有许多物理环境因素有待探索,如笔者团队最近的研究发现"默认设置"(default setting)也会影响幼儿的作弊行为。具体来说,处于默认作弊设置(需要幼儿主动做出特定行为来防止作弊)的幼儿作弊率高达 70%;而默认诚实设置(需要幼儿主动做出特定行为来作弊)仅 6.7%(Zhao et al.,2023)。尽管该研究关注的是幼儿在游戏情境中的作弊行为,但"默认设置"效应很有可能并不局限于游戏情境,也会影响学业作弊行为,这有待进一步研究。

三、个体因素

个体因素是个体成长与发展过程中不可忽视的内在驱动力,包括个体人格特征、心理特质、认知发展水平等。探讨个体差异对学业作弊行为的影响,有助于深入理解作弊行为的成因和心理机制,这不仅可以从源头预防作弊行为的发生,也可以根据个体特点提供更有针对性的诚信培养建议。

幼儿正处于身心发展的关键期,某些个体特质与早期作弊行为密切相关。例如,有研究者考察了 3—8 岁幼儿心理理论的发展与其作弊行为间的关系,结果发现心理理论水平越高的幼儿,抵制诱惑范式中作弊的可能性越低

(O'Connor & Evans,2019)。此外,还有研究者针对幼儿规则内化与其抑制控制能力之间的关系进行了纵向研究,发现抑制控制能力越强的幼儿更善于内化并遵守规则,也更少作弊(Kochanska et al.,1996)。但上述研究均探讨的是游戏情境下的作弊。近期研究开始关注幼儿的自我效能感是否会影响其面对学业挑战时的应对策略,如采取作弊等不当手段应对挑战。

自我效能感源自班杜拉的社会认知理论,指个体对自己成功完成任务的能力信念。自我效能感可分为一般自我效能感和特殊自我效能感两类。一般自我效能感是个体对自己成功完成各种任务的能力的总体信念(Eden,2001),较为稳定,不易随时间和经验而发生较大的变化(Bandura,1997)。特殊自我效能感则针对特定任务,是个体对自己成功完成某一项或某一类特定任务的能力信念,具有较强的情境性,可能随任务类型和情境变化(Schwoerer et al.,2005;Woodruff & Cashman,1993)。理解并区分这两类自我效能感对幼儿作弊行为的影响,有助于更全面地把握幼儿道德发展的复杂机制。

（一）一般自我效能感

Yee 等(2024)采用行为实验法对 4—12 岁儿童的一般自我效能感和学业作弊行为的关系进行了研究,结果发现二者之间不存在关联。具体来说,该研究招募了 388 名 4—12 岁儿童,通过六项模拟学业测试任务考察了儿童的学业作弊行为。这些测试共分为三类:数学测试、一般知识测试和运动技能测试。每类测试各有两项任务。

数学测试的第一项任务为数学推理测试。在测试开始后,儿童会在屏幕上看见一行按照特定规律排列的图案,儿童需根据现有排列规律推断出下一个图案是哪一个。该项测试共有五轮,前四轮呈现的图案排列规律非常简单,儿童均能轻易推断出最后一个图案。但最后一轮图案的排列规律极其复杂,儿童几乎不可能靠自身能力推理得出正确答案。正确答案在屏幕下方中央位置呈现,并被家庭日用品(如卷纸,见图 3-14)遮挡。在最后一轮游戏开始前,实验者借故离开并告知儿童不可偷看正确答案,若儿童拿开遮挡正确答案的物品(如卷纸)偷看答案则被视为作弊。数学测试的第二项内容为数量比较。在测试开始后,屏幕上会呈现四种水果的图案,儿童需数出哪一种水果图案的数量最多,如图 3-14 所示。该项测试同样有五轮,前四轮的四种水果数量均不多,儿童能轻易判断出哪一种水果的数量最多。但在第五轮测试中,每种水果的数量都超过了 100,儿童很难靠数数来正确识别出数量最多的水果。在最后一轮测试开始前,实验者会同样用物品遮挡正确答案并借故离开。若儿童在实验者离开房间后拿开遮挡物偷看正确答案,则被视为作弊。

(a) 推理测试示意   (b) 数量比较示意

图 3-14 数学测试中的遮挡物放置

一般知识测试的第一项任务为猜声音游戏,即要求儿童根据音频片段猜测该声音由哪一种动物发出。与数学测试相似,猜声音游戏的前四轮同样非常简单,而最后一轮却非常难,在不偷看答案的情况下,儿童几乎不可能依靠自己的判断正确作答。第二项测试任务为根据局部放大的某件物体的照片识别物体。该项测试依然共有五轮,前四轮相对简单,最后一轮非常难(如识别一张胡萝卜的特写照片),儿童很难在不偷看答案的情况下正确作答。在这两项任务中,正确答案同样被实验者用家庭日用品遮挡,以考察在其离开后儿童是否会做出移动遮挡物偷看正确答案的作弊行为。

运动技能测试的第一项任务要求儿童单腿站立,不能令抬起的脚落地或者抓住其他物体作为站立的支撑。在正式测试中,儿童需闭上眼睛保持单腿站立1分钟。与前两类测试相似,实验者会在测试开始前离开,如果儿童在双脚落地后试图再次抬起一只脚继续测试,或者抓住其他物体作为站立的支撑,则被视为作弊。第二项测试要求儿童站在线外将纸团投入远处的碗内。实验者规定每个纸团只能投掷一次,并且儿童全程不可越线进行投掷。该项测试共有五轮,儿童与碗的距离会逐轮递增,在最后一轮时,儿童与碗的距离最远、投中的难度也最高。在最后一轮测试开始前,实验者借故离开。儿童在投掷第一个纸团未投中的情况下再次捡起纸团进行投掷,或者越线投掷,均被视为作弊。

与此同时,研究者使用量表测量了每名儿童的一般自我效能感水平(Gaumer & Noonan,2018)和大五人格特质,并记录其年龄、性别及种族等人口统计学信息。随后,采用分层线性回归,以学业作弊行为(在六次测试中作弊的总次数,分数分布范围为 0—6)为结果变量,年龄、性别、种族、大五人格、自我效能感为预测变量,并逐步将年龄、性别、种族、自我效能感、大五人格分层放入模型。结果发现,4—6 岁儿童作弊次数最多,随着年龄增加,作弊次数逐渐减少[$\Delta R^2 = 0.19$, $F(1,386) = 92.92$, $p < 0.001$]。然而,儿童一般自我效能感与作弊行为无显著相关[$\Delta R^2 = 0.001$, $F(2,376) = 0.33$, $p = 0.722$]。

综上所述,已有的研究证据并未发现幼儿的一般自我效能感与学业作弊行为存在关联,这一结论与在大学生群体中得到的结论相反(Lee et al.,2020)。这可能是因为幼儿与大学生自我效能感处于不同的发展阶段。幼儿一般自我效能感正处于逐步构建阶段,稳定性和影响力可能尚未达到改变复杂行为决策的程度(Bandura,1997;Usher & Pajares,2008)。因此,幼儿可能难以将一般自我效能感转化为特定情境下(如学业考试)坚持诚信原则的内在动力。

（二）特殊自我效能感

笔者团队最近一项实证研究验证了 Yee 等（2024）的结论，即一般自我效能感不影响幼儿的学业作弊行为。除此之外，我们还重点关注了特殊自我效能感的作用，发现提升幼儿特殊自我效能感能够有效减少学业作弊行为。

具体来说，我们招募了 50 名 5—6 岁幼儿（平均年龄为 5.27 岁，其中女孩 24 名，男孩 26 名）完成两个阶段的任务。第一阶段为一般自我效能感的测量任务，第二阶段为作弊行为的测量任务（数数测试）。考虑到 5—6 岁幼儿在识字和阅读等方面的能力水平较弱，因此第一阶段的一般自我效能感测量采用了木偶剧的形式进行（Farmer，2004；Parette et al.，2009；Gaumer & Noonan，2018）。木偶剧中共有两位主角——小绿和小红，它们轮流"表达"了 13 组截然相反的观点，如图 3-15 所示。

(a) 小绿："这一年里，老师教给我的东西　　　　(b) 小红："这一年里，老师教给我的东西
　　　我都学会了。"　　　　　　　　　　　　　　　　我都没学会。"

图 3-15　木偶剧示例

（1）小绿："这一年里，老师教给我的东西我都学会了。"

小红："这一年里，老师教给我的东西我都没学会。"

（以下仅列出正面观点；小绿和小红将轮流陈述反面观点）

（2）我非常努力，我觉得我可以把所有事情都做好。

（3）我每天都在练习，我觉得我会进步。

（4）假如我决定去做一件很重要的事，它很难，我会努力做好它。

（5）我有目标，我一定可以完成。

（6）当我遇到很难的事情，我会想，如果做好这件事，我会变得更厉害更棒。

（7）不管我以后做什么工作，我都会做得很好。

（8）以后我长大了，不管我学什么，我都会学得很好。

（9）我觉得只要我努力，最终一定会有回报。

（10）我努力的话，我的能力会变强。

（11）只要我用脑袋思考，我的脑袋就会更聪明。

（12）我觉得不管是谁，都可以提高自己的能力。

（13）我能提高自己的能力，让自己变得更棒。

每一轮小红和小绿依次陈述完后，幼儿报告自己更像小红还是小绿，抑或两者都像。若幼儿回答了其更像某一方，实验者则进一步询问：是"一点点像"，还是"非常像"。根据幼儿的回答进行计分。其中，"非常像"表达消极观点的玩偶计 1 分，"一点点像"表达消极观点的玩偶计 2 分，两者都像计 3 分，"一点点像"表达积极观点的玩偶计 4 分，"非常像"表达积极观点的玩偶计 5 分。幼儿在 13 道题上的总得分即为一般自我效能感得分，分数越高代表一般自我效能感越强。该量表的克隆巴赫 α 系数（Cronbach's α）为 0.88。第一阶段结束后，进行数数测试，测量幼儿在模拟考试情境中的作弊行为。

结果发现，幼儿一般自我效能的平均得分为 53.9（标准差为 9.84），12% 的幼儿在数数测试中作弊。通过计算幼儿一般自我效能感得分与其作弊行为间的相关性，发现二者之间的相关系数并未达到统计学上的显著水平（$r = 0.06$，$p = 0.70$）。该结果与 Yee 等（2024）的研究结果一致，即幼儿的一般自我效能感水平不影响其作弊行为。这一结果的可能解释在于：幼儿的一般自我效能感主要反映了其对自身整体能力的评估，而非针对特定的数数能力的评估。在面对具体数数测试时，幼儿可能更依赖该领域的实践经验来决策。

为此,笔者团队又招募了 50 名 5—6 岁幼儿(平均年龄为 5.73 岁,其中女孩 20 名,男孩 30 名)考察其在特定任务中的特殊自我效能感与其作弊行为的关系。我们采用与数数测试相似的自编特殊自我效能感任务测量幼儿的特殊自我效能感。具体来说,实验者向幼儿展示了同一系列的 15 张卡片,每张卡片上均有不同数量的木马图案。其中,第一张卡片上有 5 个,第二张卡片上有 15 个,第三张卡片有 25 个……以此类推,每张卡片上的木马数量以 10 个为单位递增(见图 3-16)。

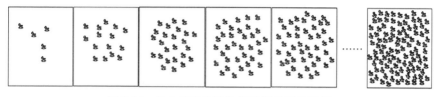

图 3-16　幼儿特殊自我效能感测量材料示例

在第一次特殊自我效能感测量中(特殊自我效能感前测),实验者首先向幼儿展示第一张卡片,并询问其是否相信自己能够数出该卡片上的木马数量。如果幼儿回答"能",实验者则进一步询问幼儿:"你觉得是'一点点能''比较能',还是'非常能'?"幼儿在三者中选择其一,实验者根据幼儿的回答记录分数("一点点能"计 1 分,"比较能"计 2 分,"非常能"计 3 分)。随后,实验者向幼儿展示第二张卡片。重复上述操作,直到幼儿表示自己不能数出卡片上木马的数量为止。幼儿在该测试阶段中所有能数出的卡片总张数即为其特殊自我效能感的前测分数(分值介于 0—15 分)。由于该特殊自我效能感的测量是笔者团队自创的,故为检验测量的信度,实验者在幼儿完成前测并进行短暂休息后以同样的方式再次进行了测量(特殊自我效能感后测)。后测与前测的流程与计分方式完全相同,唯一不同的是,卡片中的图案不同(如奶瓶图案)。在休息阶段,实验者让幼儿自由画画,以消除前测记忆可能带来的影响。完成两次特殊自我效能感测量后,采用数数测试范式进行作弊行为的测量。

我们发现,幼儿特殊自我效能感的前测平均得分和后测平均得分分别为 4.08 和 6.08(标准差分别为 3.43 和 5.54),有 24% 的幼儿在数数测试中作弊。特殊自我效能感前测和后测得分的相关系数为 0.80,表明该测量具有较好的重测信度。但与前测相比,幼儿的后测得分有一定的提升($t = 3.79$, df $= 49$, $p < 0.001$),表明幼儿的特殊自我效能感可能并不稳定。随后,分别计算幼儿前测和后测特殊自我效能感与其学业作弊行为之间的相关性。结果发现,相关性均未达到显著水平($r = 0.11$, $p = 0.44$; $r = 0.07$, $p = 0.61$)。此外,特殊自我效能感前后测分数的变化(前测得分减去后测得分)与其作弊行为也无显著相关($r = 0.04$, $p = 0.79$)。

上述结果表明,幼儿的特殊自我效能感与其作弊行为之间不存在直接的相关关系。这可能在于幼儿对自身能力的认知并不准确(Xia et al.,2022)。由于缺乏经验,幼儿的自我认知与其实际能力之间往往存在一定的偏差,有时表现为过于自信,有时则低估自己。在本研究中,缺乏数数测试经验的幼儿对自己能否准确数出图形数量的判断均来自主观推测,这一推测在后续也并未得到任何形式的验证,即幼儿从始至终并不知道自己是否真地能正确数出某一张卡片上图案的数量。因此,幼儿特殊自我效能感的前后测分数出现了明显波动,可见幼儿在评估其自身数数能力时的确面临困难,难以较为准确地进行自我判断。

为此,我们进一步引导幼儿通过实践来验证其真实的数数能力,使幼儿认识到低估自己的情况。这样可能在短期内快速提高经实践检验的特殊自我效能感,并进一步影响后续数数测试中的作弊行为。为了检验这一假设,笔者团队另外招募了 100 名 5—6 岁幼儿(其中女孩 45 名,男孩 55 名),将其随机分配到以下两个条件中(每个条件 50 人)。

实验组:流程与上文介绍的研究大致相同。不同之处在于,在进行特殊自我效能感前测时,若幼儿表示自己无法数出当前卡片中图案的数量,实验者会要求幼儿尝试数一数这些图案("验证"自我效能感)。待幼儿数完后,再进行特殊自我效能感的后测和数数测试。

控制组:流程同前一项研究,在对幼儿进行特殊自我效能感前测时,若幼儿表示自己无法数出当前卡片中图案的数量,则前测结束(无验证过程)。在请幼儿稍作休息后,进行特殊自我效能感后测和数数测试。

表 3-1 显示了两个条件下幼儿特殊自我效能感前测和后测的平均得分、标准差、前后测分数的变化,以及数数测试的作弊率。相关分析显示,特殊自我效能感前后测分数相关系数为 0.84,再次表明特殊自我效能感测量具有良好的信度。

表 3-1　不同条件下幼儿特殊自我效能感前测和后测的平均得分、

标准差以及前后测分数的变化

组别/人	特殊自我效能感			作弊率/%
	前测/分 $[M_{前}(SD_{前})]$	后测/分 $[M_{后}(SD_{后})]$	变化分数/分 $[M_{后-前}(SD_{后-前})]$	
实验组 ($n=50$)	3.06 (2.99)	6.06 (4.98)	3.00 (3.74)	16
控制组 ($n=50$)	3.52 (3.18)	4.72 (4.85)	1.20 (2.81)	34

随后,对实验组和控制组幼儿特殊自我效能感的变化分数进行比较。以特殊自我效能感得分为结果变量,条件(实验组、控制组)为被试间因素,两次测试(前测、后测)为被试内因素,进行重复测量方差分析(ANOVA)。结果发现,测试的主效应显著[$F(1,98)=40.39,p<0.001$,Cohen's $d=1.28$],测试时间与条件的交互作用显著[$F(1,98)=7.42,p=0.008$,Cohen's $d=0.55$],如图 3-17 所示。具体来说,与控制组相比,实验组幼儿的特殊自我效能感得分提升更大。这表明,当幼儿通过实践操作验证某项任务的真实水平时,其在该项任务上的自我效能感也会随之提高。

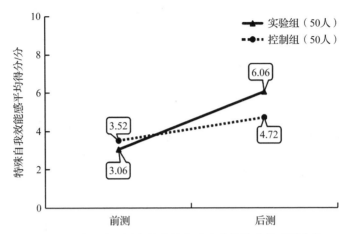

图 3-17　幼儿在不同条件中的特殊自我效能感前后测分数

　　最后进行二元逻辑回归分析,以考察特殊自我效能感的提升能否减少作弊行为。以作弊与否("0"为未作弊,"1"为作弊)为结果变量,条件("0"为控制组,"1"为实验组)为预测变量。结果显示,该模型拟合且显著($\chi^2 = 4.40$, df $= 1$, $p = 0.036$, -2loglikelihood $= 108.07$, Nagelkerke $R^2 = 0.07$)。其中,条件的主效应显著,实验组作弊率显著低于控制组(16% vs 34%, $\beta = -0.995$, Wald $\chi^2 = 4.16$, df $= 1$, $p = 0.041$, OR $= 37.95\%$, 95% CI $= [0.14, 0.96]$, Cohen's $d = 0.55$)。这表明,基于正确认识自身能力的特殊自我效能感的提升,能够显著减少幼儿的作弊行为。

　　综上所述,虽然幼儿的一般自我效能感和特殊自我效能感未直接影响其学业作弊行为,但通过实践校正使其特殊自我效能感显著提升后,幼儿的作弊行为会显著减少。这可能有以下两个方面的原因。一方面,直接经验可降低幼儿对任务难度的主观感知。例如,幼儿在动手数过图案后发现,数数并不困难。这种对任务难度感知的改变,可能促使幼儿更愿意努力解决问题,而非作弊。以往研究发现,初中生对考试难度的感知与其考试作弊行为间存在显著的正相关,学生感知到考试的难度越大就越有可能作弊(Zhao et al.,2022)。另一方面,幼儿在完成特定任务时(如数木马的数量)获得的成功经验,能够增强其对自身完成该项任务的能力的信心(特殊自我效能感)。已有研究表明,自我效能感较高的幼儿往往也更自信(Blanco et al.,2020),这可能使他们更相信能依靠自己解决问题。

　　总的来说,5—6岁是幼儿自我效能感初步形成的关键阶段。尽管目前的两项研究皆发现,一般自我效能感和特殊自我效能感尚未对幼儿作弊行为产生显著影响。但心理发展是一个动态且连续的过程,随着年龄的增长和经验的累积,个体对于自身能力的认知会越来越准确,自我效能感在其诸如学业作弊等行为决策中的作用也会更明显。例如,以往研究发现,大学生的一般自我效能感与其自我报告的学业作弊行为存在显著的负相关,即一般自我效能感越高的大学生自我报告的学业作弊行为越少(Loi et al.,2021)。本研究通过提供实践机会提高幼儿对数数能力的认知和特殊自我效能感,减少其作弊行为(Zhao et al.,2022)。可见,自我效能感在幼儿期具有高度的可塑性,且提高特殊自我效能感能够降低幼儿作弊的可能性。因此,家长和教育工作者应在日常教育和生活中为幼儿提供更多学习机会,鼓励其探索新事物并及时给予正面反馈,帮助幼儿建立或保持特殊自我效能感,从而促进学业诚信(详见本书第七章第一节)。

　　本章详细探讨了幼儿学业作弊行为的研究进展及其影响因素。截至目前,关于幼儿学业作弊行为的研究尚处于起步阶段,仍有众多未知领域亟待探索。

　　在第一节中,笔者依据团队近五年的研究成果,阐述了将学业作弊行为研究扩展至幼儿阶段的必要性、紧迫性以及可能性。我们的研究表明,学业作弊行为在幼儿中就已出现,4—5岁是这一行为发展的关键期,且在这一阶段对学业作弊行为进行预防的效果远优于干预。这说明,在儿童早期开展学业诚信教育和引导至关重要。

　　在第二节中,我们从三个方面(社会环境因素、物理环境因素及个体因素)综述了当前探究幼儿作弊行为影响因素的研究。在社会环境因素方面,强调了"信任"对幼儿学业诚信行为的促进作用。在物理环境方面,揭示了巧妙设置"道德"边界以及降低作弊对象的可见性和可及性均能减少幼儿作弊。在个体因素方面,提出提升特殊自我效能感能够有效降低幼儿的作弊倾向。

通过全面梳理当前有关幼儿作弊行为的研究成果,本章内容旨在帮助家长、教育工作者以及相关研究者了解作弊行为的早期发展及影响因素,也为开展早期预防和干预提供了理论依据,有助于促进幼儿健康成长,为构建更加公平、诚信的早期教育环境贡献力量。

第四章

小学生学业作弊行为

进入小学后,儿童的心理和社会性发展变得复杂,人格逐渐趋于稳定,这是诚信品质塑造的第二个关键阶段。在这一阶段,儿童不仅需要系统地学习学科知识,也需要培养良好的学业诚信习惯。虽然,因认知发展和规则意识建立,小学生的学业作弊率较幼儿已有所下降,但学业作弊问题在小学阶段仍然存在,且随着年级的增加变得越发严重(Anderman & Murdock,2007)。这不仅会损害儿童的诚信观念,也可能滋生其他不良行为(吴明奇,2011)。相关研究表明,高中生甚至大学生的学术造假和考试作弊与其小学时期的不良习惯(如说谎、抄作业等)存在显著的正相关,即通过个体年幼时的不良行为习惯能够预测其更高学龄段的学业作弊行为(姚晓丹,2020;张玮,2014)。因此,深入研究小学阶段学业作弊行为的现状、影响因素及教育干预对纠正不良倾向,促进身心健康发展以及维护教育的公平与质量,均具有重要的现实意义和紧迫性。

关于小学生学业作弊行为的研究早期主要集中在西方。Hartshorne 和 May(1928)曾通过不同类型的行为实验范式,对美国小学生的学业作弊行为进行了大规模的调查研究。结果发现,相较于个体因素,情境因素是影响小学生学业作弊行为的主要因素,即小学生是否会作弊主要取决于情境(如对考场环境是否熟悉,是否有监考教师,监考方式是否严格,教师的教学方法如何,考试成绩是否会被他人得知,成绩好坏是否会影响他人等)。但 Cizek(1999)通过对小学生学业作弊行为及其影响因素进行系统梳理后发现,尽管情境因素对小学生学业作弊行为的影响不容忽视,但个体因素的作用也非常重要。例如,年龄、学业成绩等均为影响小学生学业作弊行为的重要因素。具体而言,高年级学生的作弊率显著高于低年级学生;学习成绩较差的学生更倾向于作弊;等等。"情境论"和"个体论"的争论在一定程度上推动了这一领域的研究。但后来西方国家一度取消了小学阶段的考试与作业,因此以小学生为对象的实证研究并不多见。

我国关于小学生学业作弊行为的研究也较少。现有研究主要是基于教师经验的理论探讨(姚晓丹,2020;何唱,2024),较少有实证研究(罗洁云,2014;张芮,2019;赵立等,2024)。其原因可能在于:①国内研究者跟随西方的研究热点,以大学生为主要研究对象;②小学生阅读理解能力有限,不易进行问卷调查。但近年来,通过开展相关实证研究,小学阶段学业作弊行为的普遍性和危害性开始受到重视。越来越多的研究者、教育工作者及家长意识到关注这一问题的重要性。

为此,本章将通过两小节内容详细剖析小学生学业作弊行为的研究现状:①分析近年来小学生学业作弊行为的研究热点,进而探寻该研究领域的发展态势及未来趋势;②梳理影响小学生学业作弊行为的因素,以期为预防和干预学业作弊行为提供教育建议。

第一节　小学生学业作弊行为的研究热点及特点

为了区别国内外小学生学业作弊行为的研究热点和特点,我们分别基于中国知网和 Web of Science(WOS)核心合集数据库的文献检索结果(经人工筛选后共有中文文献 56 篇、外文文献 10 篇),①利用 CiteSpace 软件②进行了数据可视化分析。

CiteSpace 是一款由大连理工大学陈超美教授及其合作团队开发的文献计量工具,是目前应用最为广泛的数据可视化分析软件之一。该软件可以通过对关键词等信息进行词频、聚类和突现等分析,并对分析结果进行可视化处理(绘制相关图谱),从而直观地揭示某个学科或领域在某一段时间内的研究热点和发展趋势。简单来说,CiteSpace 不仅能够梳理某一领域在过去的研究轨迹,也能帮助研究者探索其未来的研究方向(Chen,2006;陈超美,2009)。

本节主要使用 CiteSpace 对过去 2004—2024 年有关小学生学业作弊行为的文献进行以下几种分析。

(1)年发文量分析:对给定时间段内发表的小学生学业作弊行为相关文献数量进行逐年统计,反映研究领域的发展阶段,如增长期、鼎盛期和衰退期等,以揭示该领域研究热度的发展历程。

(2)关键词热点分析:通过统计给定时间段内各个关键词出现的频次和共现网络中的中心性,识别研究领域的核心话题与关注焦点。关键词能精准反映论文的主题或要点,即出现频次越高表示在以往研究中越热门;中心性越高意味着连接了越多其他关键词,是网络中的重要节点。该分析可以揭示小学生作弊行为研究的热点与发展方向。

(3)关键词聚类分析:采用聚类算法对关键词共现网络进行分析,将具有相似模式的关键词归为一类,从而简化共现网络的结构,揭示研究主题之间的

---

①　基于 CiteSpace 的可视化分析,通常需纳入 200 篇以上的文献以确保分析结果具有代表性。本书对小学生及中学生(第五章第一节)学业作弊行为中外文文献的 CiteSpace 分析结果均仅供参考,旨在帮助读者快速且直观地了解相关领域近年来的研究热点和大致发展趋势。

②　全书 CiteSpace 相关数据分析均使用了 CiteSpace 6.3.R2 高级版。

内在联系。其中,常以聚类模块值 Q 和平均轮廓值 S 评估关键词聚类结果的有效性和质量($Q>0.3$ 表明聚类结构良好,$S>0.7$ 表明聚类具有较高的内部一致性)。

(4)关键词时间线分析:通过绘制关键词时间序列图谱,并在图谱中标记出每个时间段的关键词,最后连接相邻时间段内相同的关键词,形成关键词时间线,展示关键词在小学生学业作弊行为研究中的演变过程,我们可以通过它了解研究主题的变化特点和发展趋势。此外,关键词时间线分析常与关键词聚类分析共同出现,我们可通过它们识别并追踪学业作弊行为研究的主要方向及发展趋势。

(5)关键词突现分析:识别在短时间内显著增加的关键词,并标记其在文献中突现的时间段。通过统计这些突现期,可以反映特定时期内新兴的研究前沿和热点话题,结合对应时期的教育背景,探索小学生学业作弊行为研究发展的规律。关键词的突现表示其出现频次在短期内快速增加,反映该领域的新兴趋势和关注重点。

一、小学生学业作弊行为研究的 CiteSpace 分析——中文文献

采用 CiteSpace 进行数据可视化分析,首先需要对相关文献进行检索和筛选。具体来说,我们以"诚信(主题)或作弊(主题)或剽窃(主题)或抄袭(主题)并学业(全文)并小学(全文)"为检索条件,以 2004 年 1 月 1 日至 2024 年 7 月 1 日为检索时间范围,在中国知网数据库内进行文献检索。初步检索后共获得 1605 篇相关文献。而后,对检索到的文献进行人工筛查,排除研究对象未涉及小学生或实际研究内容与学业作弊行为无关的文献。最终共有 56 篇中文文献符合要求,将它们纳入 CiteSpace 分析,文献检索及筛选过程如图 4-1 所示。之后,我们使用 CiteSpace 6.3.R2 对文献的关键词数据进行了相关分析。

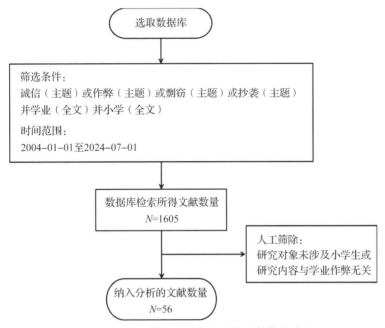

图 4-1　小学生学业作弊行为中文文献筛选流程

（一）年发文量分析

依据现有文献检索结果，我们对 2004—2024 年研究小学生学业作弊行为的中文文献进行了年发文量分析，如图 4-2 所示。从整体趋势来看，该领域的研究热度呈抛物线形态，即最初非常冷门，一度相对较热，之后开始回落。但总体文献数量较少，峰值出现在 2014 年（共 10 篇文献）。所以，各年份发文量的实际差异并不大，但依然可大致分为四个时期：2004—2013 年为初探期，2014 年为鼎盛期，2015—2020 年为平缓期，2021—2024 年为衰退期。

（1）初探期（2004—2013 年）。在这一阶段，关于小学生学业作弊行为的研究年发文量有限且起伏不断，呈现初步摸索的态势。在形式上，文章以理论研究型论文为主，研究者多为一线教育工作者，相关研究常基于其教学经验展开论述。例如陈艳丽和李化树（2007）以过往研究和自身教学经验为依据，对小学生考试作弊等不诚信行为进行了论述，并指出影响小学生考试作弊行为最关键的因素为过度重视考试成绩以及过于轻视作弊的影响力。此外，徐群伟（2010）则基于自身经验提出，若相较于评价行为本身的正当性，教师更倾向于评价学生的行为结果，则可能会滋生学生作弊等不诚信现象。

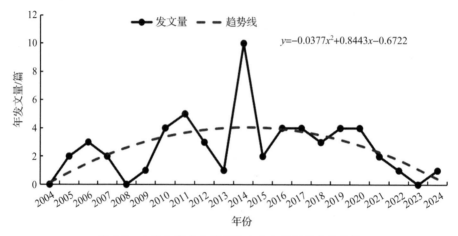

图 4-2　小学生学业作弊行为中文文献年发文量趋势

（2）鼎盛期（2014 年）。有关小学生学业作弊行为的中文文献于 2014 年达到鼎峰，当年发文量激增至 10 篇，但依然多为一线教育工作者撰写的教育理论类研究。例如，谢建文（2014）和于辰（2014）分别基于自身教学经验，并结合对当下社会发展状况的分析，提出了市场经济环境下监督机制的不完善、家庭教育的欠缺、学校教育的偏差、教师师德的失范、学生诚信意识的欠缺以及认知发展的不足等皆为导致小学生诚信缺失的重要因素。这一年此类研究之所以能够显著增加，离不开国家政策的引导。2013 年，中共中央办公厅印发了《关于培育和践行社会主义核心价值观的意见》；2014 年，教育部迅速响应这一意见，发布了《关于培育和践行社会主义核心价值观　进一步加强中小学德育工作的意见》。这一系列强调诚信等核心价值观的政策，增强了公众对于这一话题的关注，促使教育工作者和科研人员关注学生诚信问题,掀起了小学生学业作弊行为的研究热潮。

(3)平缓期(2015—2020年)。小学生学业作弊行为的中文文献年发文量在这一时期进入了缓慢发展阶段,尽管期间存在轻微波动,但年发文量总体上保持稳定,反映出研究者对小学生学业作弊行为的持续关注。但总的来说,这一时期的研究仍以理论研究型论文为主,且在研究方法和研究内容上并未有太多创新。

(4)衰退期(2021—2024年)。自2021年起,小学生学业作弊行为的中文文献年发文量开始逐年递减,2022—2023年因受新冠疫情影响几近停滞。但这一阶段发表的论文不再局限于理论型研究,开始引入定性和定量研究方法。如程鹏和韩子平(2021)通过观察法与问卷调查法发现,小学生会使用"拍照搜题App"应付家庭作业;顾巍(2021)则通过问卷调查法和个案分析法发现家长和教师不重视家校合作、学校资金不足,以及家长教育知识匮乏等问题会对小学生诚信教育质量造成负面影响。2024年,笔者团队也对小学生作业作弊行为进行了实证研究,创新性地使用了机器学习方法对大样本问卷数据进行深入挖掘,发现对作业作弊的态度、感知到的同伴作弊行为及其自身的学习成绩是小学生作业作弊行为较为关键的预测因素(赵立等,2024)。这一研究开启了小学生作弊行为研究的新视角。

总体而言,我国关于小学生学业作弊行为的研究呈现出从初步探索到快速增长,后趋于平稳,又在短暂回落后开始复苏的发展态势。在当下快节奏、高效率导向的社会环境中,未来的研究可能会更加关注实践价值,且大数据时代背景也会持续促进研究者探索新的研究方法和数据分析手段。

(二)关键词热点分析

通过对56篇中文文献的关键词进行热点分析,我们获得了关键词共现图谱,如图 4-3 所示。该图谱中共有 93 个节点($N=93$),194 条连接线($E=194$),密度为 0.0453($D=0.053$)。其中,不同的节点(图 4-3 内的圆圈)代表不同的关键词,节点的面积越大,则该关键词出现的频次越高;节点之间的连线代表了关键词间存在的共现关系,连线的粗细程度可反映该共现关系的强度,连线越粗则共现强度越大(关键词间的联系越紧密),而连线越密集则该研究群的整体关联度越大。总的来说,2004—2024 年关于小学生学业作弊行为的中文文献彼此间关联并不强,即节点之间的连线较为稀疏,研究焦点相对分散,尚未形成紧密的网络结构。

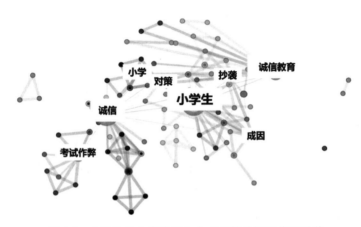

图 4-3　小学生学业作弊行为中文文献关键词共现图谱

我们在表 4-1 中进一步罗列了图谱内出现频次最高的 10 个关键词,以及与其他关键词关联强度(中心性数值)最大的 10 个关键词。其中,"小学生"(频次:15 次,中心性:0.71)、"诚信"(频次:13 次,中心性:0.85)、"诚信教育"(频次:9 次,中心性:0.35)、"考试作弊"(频次:4 次,中心性:0.20)四个词,同时位居关键词频次及中心性的前四位,可视为该研究领域的核心主题与研究热点。但由于纳入分析的文献总数有限,表 4-1 所列的其他关键词在出现频次或中心性上的区分度都不大,难以判断它们是否为过去或当前的研究热点。

表 4-1　小学生学业作弊行为中文文献关键词频次和中心性(前十位)

关键词	频次	关键词	中心性
小学生	15	诚信	0.85
诚信	13	小学生	0.71
诚信教育	9	诚信教育	0.35
考试作弊	4	考试作弊	0.20
对策	3	青少年	0.11
抄袭	3	对策	0.09
成因	3	抄袭	0.06
小学	3	成因	0.04
青少年	2	作业	0.04
作业	2	诚信行为	0.04

"小学生"这一关键词出现频次最高反映了文献检索工作的可靠性,即在此节中纳入可视化分析的文献的确以小学生为主要研究对象。在这些文献中,大部分研究仅关注了小学生的作弊行为(谢建文,2014;王丹,2009;赵帅,2016),但也有小部分研究的对象涵盖了小学生以外的其他学龄段学生。如吴明奇(2011)对不同学龄段学生考试作弊的方法、趋势、特征、危害和成因进行了全方位分析,发现自小学阶段开始缺乏诚信教育可能会使学生对作弊产生错误的认知,进而促进考试作弊事件的发生。因此,加强各个学龄段的诚信教育显得尤为重要。此外,张乐(2012)对小学至大学阶段的考试作弊现状、考试监管机制及效果进行了考察,发现学生诚信意识淡薄、考试作弊成本低以及学校监管机制不健全等因素都是作弊行为层出不穷的根本原因。

同时,"诚信"和"诚信教育"的出现频次较高反映出国内学者普遍将诚信及诚信教育视为探讨作弊行为及其危害性的切入点。这一趋势不仅体现了国家和社会对学生诚信品质的关注,也反映出当前教育体系对培养学生诚信态度的需求。如王国洪(2011)通过文献综述指出,诚信教育对于构建和谐社会具有重大意义,需家庭、学校和社会三方共同努力,从娃娃抓起。江申(2015)采用问卷调查法探究了小学生日常生活①和制度生活②中的诚信现状,发现脱离实际的诚信教育和教师墨守成规的处事方式可能导致学生产生错误的诚信认知,进而影响诚信行为。江申(2015)认为,诚信教育应将诚信视为一种生活方式,在校园生活中培养学生的诚信品质。

另外,"考试作弊"作为学业作弊行为最常见的类型之一,在近年针对小学生学业作弊行为的研究中尤为热门。出现这一趋势的原因在于,相较于作业作弊,考试作弊的负面影响往往更大,也更容易被发现。因此,考试作弊长期以来一直是学业作弊行为研究的重点领域之一(不仅限于小学阶段)。如张玮(2014)通过梳理发现,考试作弊在从小学到大学的各个学龄段均较为常见,层出不穷,已成为困扰教育界的顽疾。伍文献和程翠萍(2018)在理论研究中也指出,考试作弊现象频发,已严重影响了考试的真实性、公正性与可信度。可见,持续开展考试作弊相关研究依然迫切必要。

(三)关键词聚类分析

我们进一步对所有关键词进行了聚类分析,并生成了 6 个聚类主题。如图 4-4 所示,聚类模块值 $Q=0.6699$,平均轮廓值 $S=0.9134$,表明聚类结构良好,且结果可靠。图谱中的 6 个聚类主题分别为:"小学生"(标记为"0")、"诚信教育"(标记为"1")、"诚信"(标记为"2")、"现行"(标记为"3")、"考试作弊"(标记为"4")和"机器学习"(标记为"5")。其中,"小学生"为研究对象,再次证实纳入分析的文献符合小学生学业作弊行为的主题;"诚信教育""现行""诚信"及"考试作弊"则为研究内容,表明近年来的热门话题可能与当前的诚信教育以及考试作弊行为有关;"机器学习"为研究方法,反映该领域正在寻求研究方法上的突破。

---

① 包括消费购物和与他人交往两个方面。
② 包括考试、作业、掌握学校规章制度和竞赛活动四个方面。

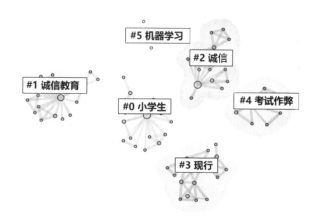

图 4-4　小学生学业作弊行为中文文献关键词聚类图谱

（四）关键词时间线分析

为了进一步了解每一个聚类主题的演变过程，我们进行了关键词时间线分析。如图 4-5 所示，每一行代表一个聚类主题在时间线上的发展情况，顺序与聚类分析结果一致，即由上至下分别为"小学生""诚信教育""诚实""现行""考试作弊"和"机器学习"。

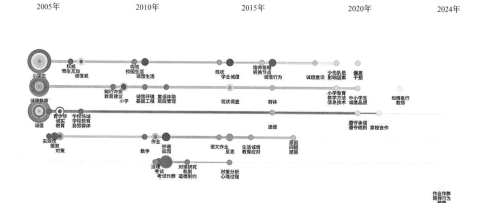

图 4-5　小学生学业作弊行为中文文献关键词时间线图谱

　　具体来说,"小学生""诚信教育"及"诚信"这三个主题成为研究热点的时间较早,均在 2004 年前后开始流行,持续时间较长,直到近几年(2020—2023 年)才逐渐衰落。这表明,小学生的日常诚信行为、学业诚信行为,以及对诚信教育的回顾和思考等研究内容,在我国 2004—2024 年有关小学生学业作弊行为的研究中一直占据着核心位置,积累了一定的成果。例如,谢建文(2014)讨论了小学生考试舞弊和作业剽窃等学业作弊行为频发的原因,认为诚信监管体系、家校诚信教育质量以及学生心智发育水平等是主要的影响因素。又如,冯玲丽(2011)基于问卷调查和结构访谈提出了一套通过童谣培养小学生诚信品质的方法,包括如何选择和使用恰当的童谣游戏或歌曲等。

　　相较而言,"现行"这一主题成为研究热点的时间略晚一些(2005—2006 年),流行时间也较短,至 2016—2017 年衰落。其中,早期(2005—2006 年)的"德育"问题和中期(2011 年前后)的"抄袭成因"问题是该主题较为重要的研究问题。例如,一项基于访谈法和问卷法开展的实证研究发现,学生对考试的害怕和焦虑、对负面评价的恐惧,以及考试时监考教师的松懈是小学生学业作弊行为的重要影响因素。研究还发现,尽管教师对学生的学业作弊行为普遍持零容忍的态度,但在应对策略上往往缺乏足够的教育性和引导性(刘倩楠,2015)。

　　"考试作弊"主题相关内容的研究则流行于 2011—2014 年,原因可能与这一时段大型考试作弊事件频发有关。如 2010 年北京广播电视大学的百名学生期末考试集体作弊事件和 2011 年四平市研究生入学考试集体作弊事件等,暴露了考试作弊行为的普遍性和当前监管制度的局限性。这些事件的恶劣影响引起了社会各界的高度关注。为了改善这一现状,教育工作者和研究者致力于探究影响小学生考试作弊行为的因素。如罗洁云(2014)通过访谈法和问卷法调查了包头市某小学高年级学生的考试作弊行为,发现学生的道德意识、家庭与学校的诚信教育质量是主要影响因素。

　　"机器学习"这一主题在 2024 年开始受到研究者的关注,其流行的契机可能是笔者团队于2024年初在《心理学报》上发表的一项研究成果,即通过机器学习法探究了认知因素、道德判断、同伴行为和学业成绩等多因素对小学生作业作弊行为的影响,并建立了一个预测准确性超过80%的小学生作业作弊行为预测模型(详见本章第二节)。这一主题极有可能在未来几年乃至十几年内持续受关注。总之,对新方法的探索尝试以及多学科交叉融合,如本研究中应用的机器学习法,可能会成为小学生学业作弊行为领域的未来研究热点之一。

(五)关键词突现分析

除了上述连续性流行趋势以外,我们还对相关文献进行了突现性流行趋势分析,即关键词突现分析。关键词突现图谱可直观地反映某个时间段内突然出现的热点问题。我们分析并整理了小学生学业作弊行为中文文献中排名前十的突现关键词(见图4-6)。其中,颜色最深的区域为该关键词的突现期(成为热点的起止时间),颜色较浅的区域代表该关键词已存在但尚未成为热点,颜色最浅的区域则代表该关键词当时并不存在。从图4-6可见,这些突现关键词出现后多迅速成为研究热点,流行一段时间后热度开始减退。但"诚信"一词在2004—2024年的研究中始终存在,经历了短暂流行后又回归平静。

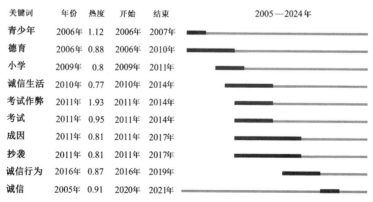

图4-6 小学生学业作弊行为中文文献关键词突现图谱(前十位)

此外，虽上述大部分关键词突现的规律相似，但突现时间却不尽相同。结合关键词聚类分析及关键词时间线分析的结果，我们可以将关键词突现的时间分为以下三个阶段。

第一阶段为摸索阶段（2006—2010年）。这一阶段主要初步探索了小学生学业作弊行为研究领域的主要研究对象和问题，突现的关键词包括"青少年""德育""小学"和"诚信生活"，这些关键词的热度分别持续至2007年、2010年、2011年和2014年。2004年，中共中央、国务院发布了《关于进一步加强和改进未成年人思想道德的若干意见》；同年，教育部办公厅发布了《关于进一步加强中小学诚信教育的通知》。为了响应国家号召，许多一线的教育工作者和研究者致力于寻求改善和推进诚信教育等德育的方法。值得注意的是，这些研究往往同时考察说谎、失信、作弊等多种不诚信行为，并没有明确区分不同类型的不诚信行为。例如，王丹（2009）通过问卷调查和访谈法考察了小学生说谎、作弊等多种不诚信行为的知行冲突现状，发现学生认知发展水平和学校诚信教育质量是这种冲突产生的主要原因。而俞晓婷（2010）则总结了自身的实践工作经验，认为小学生的尊严感、归属感和公正感是影响其诚信行为的主要原因。但不同的不诚信行为具有不同的发生发展机制，不宜混为一谈。所幸，在后续的研究中这一问题逐渐得到改善，研究者开始针对不同类型的不诚信行为进行研究。

第二阶段为聚焦阶段（2011—2015年）。这一阶段将研究重点聚焦在了小学生学业作弊行为的现状及其成因上。为此，该阶段突现的关键词有"考试作弊""考试""成因"和"抄袭"。这些关键词均于2011年成为该领域研究热点。其中，"考试作弊"和"考试"的热度持续至2014年；而"成因"和"抄袭"的热度持续到2017年。正如前文所述，频发的考试作弊事件引起了国家和社会的高度关注。在社会关注和国家政策推动下，研究者对小学生学业作弊行为的研究兴趣大增，不仅限于对这种行为本身进行了广泛探讨，还包括了对其成因或影响因素的探索。例如，张海生（2014）和朱晓丽（2014）根据经验认为，教师和家长过分重视作业在知识巩固和检验方面的作用，以及作业过多过难是小学生作业抄袭的主要原因。

第三阶段为提升阶段（2016 年至今）。"诚信行为"和"诚信"是这一阶段的热点关键词，其热度大约从 2016 年持续至 2021 年。经过前两个阶段的积累，研究者对小学生学业作弊行为已有一定的认识，因此在该阶段，研究内容不再仅限于分析行为现状和成因，而开始探讨如何解决这一问题。例如，张诚（2017）的理论研究不仅提出学生基础差、懒惰和厌学是作业抄袭的主要原因，还针对这一现象提出了解决方案，即通过培养学习自主性、兴趣和自信心等，能够有效减少小学生的作业作弊行为。此外，罗涛（2020）通过问卷调查探究了改善小学生学业不诚信行为的干预措施，发现在心理健康教育课程中，以小学生自我发展①为主题强化小学生的诚信意识，即让他们认识到诚信的重要性，可以显著提高小学生的诚信水平。

总的来说，对 56 篇研究小学生学业作弊行为的中文文献进行可视化分析后发现，该领域 2004—2024 年的年发文量呈现从缓速增长到快速增长再到缓速增长的发展历程，但目前呈现再次上升的趋势。此外，该领域的研究主题较为分散，热点关键词之间的联系不太紧密，这可能与纳入分析的文献数量较少有关。但关键词的聚类效果较好，可聚集为"小学生""诚信教育""诚信""现行""考试作弊"和"机器学习"六大主题。其中，"诚信教育"为该领域的常青树，持续成为该领域的研究热点；"机器学习"作为新兴主题，很可能成为未来热门研究方向。另外，基于关键词突现分析可知，关键词的出现与社会文化背景高度相关。当前，随着电子产品的普及，用户逐渐低龄化，小学生学业作弊的原因和手段等可能受到影响，因此，高科技作弊和电子产品使用也可能会成为未来的研究热点。综

---

① 自我发展包括逐步认识自己、理解自己的情感与需求，并学会如何有效地表达自己，以及与他人建立健康关系的过程。

上,小学生学业作弊行为研究将进入一个注重实践、讲求方法与接地气的新阶段。

二、小学生学业作弊行为研究的 CiteSpace 分析——外文文献

在外文文献方面,我们以"academic cheating(所有字段)或 academic dishonest(所有字段)或 academic honest(所有字段)或 academic integrity(所有字段)或 plagiarism(所有字段)或 academic deception(所有字段)或 academic misconduct(所有字段)或 unethical academic behavior(所有字段)"为检索条件,[①]以 2006 年[②] 1 月 1 日至 2024 年 7 月 1 日为检索时间范围,在 Web of Science 核心合集中的科学引文索引扩展版(SCI-Expanded)和社会科学引文索引(SSCI)数据库内进行外文文献检索。初步检索到相关文献 20926 篇。对检索到的文献进行二次筛选,仅保留研究对象涉及小学生的文献,再通过人工筛查,剔除实际研究内容与小学生学业作弊行为无关的文献,最终仅有 10 篇文献符合要求。由于可纳入分析的文章数量非常少,CiteSpace 分析结果的可靠性不足。在此,我们仅对这 10 篇文献进行年发文量分析,并进行简要介绍,供广大读者参考。

如图 4-7 所示,2006—2010 年未发表任何与小学生学业作弊行为相关的外文文献。10 篇相关研究均发表于 2011—2024 年,年发文量的走势呈 U 形曲线,中途一度停滞,但近年来又呈现出上升趋势。具体来说可分为以下三个阶段。

---

① academic cheating 为学业作弊,academic dishonest 为学业不诚信,academic honest/academic integrity 为学业诚信,plagiarism 为抄袭,academic deception 为学业欺骗,academic misconduct 为学业不当行为,unethical academic behavior 为不道德的学业行为。

② 由于检索的科学引文索引扩展版和社会科学引文索引数据库仅包含 2006 年至今的文献记录,遂将外文文献的检索起始点由 2004 年变更为 2006 年。

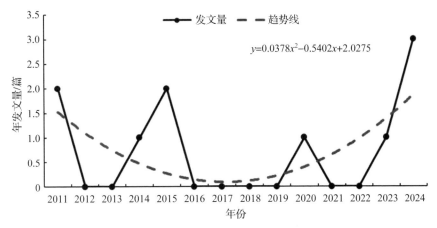

图 4-7 小学生学业作弊行为外文文献年发文趋势

（1）复苏期（2011—2015 年）。这一阶段的研究主要关注影响小学生学业作弊行为的因素。由于西方教育制度改革，小学阶段作业及考试相对较少，甚至一度取消，因此对于小学生学业作弊行为的研究也经历了较长时间的停滞。直至2011 年，有研究者再次以小学生为研究对象，通过问卷调查发现，高情感参与①和高认知参与②的小学生较少做出作弊、逃课等违反校规校纪行为（Hirschfield & Gasper，2011）。同年，还有研究者基于问卷调查以及卡片分类任务③，探究了小学生对学业作弊行为的看法。结果发现，五年级学生主要依据两个标准对学业作弊行为进行分类：①任务是否与考试或作业相关；②行为的严重程度。此外，研究人员还指出，小学生对学业作弊行为的定义仍然较模糊，教师有必要帮助学生明确这些概念，以促进其学业诚信（Gilbert et al.，2011）。2015 年开始，

---

① 情感参与：指学生对同学、教师以及学校的情感回馈。高情感参与的学生通常表现为与同学关系融洽、尊敬教师，并且热爱学校生活。

② 认知参与：指学生在学习过程中投入的认知资源。高认知参与的学生通常表现为勤奋努力，能够从多角度思考问题，遇到困难时敢于挑战，面对挫折时能积极应对，不轻言放弃。

③ 卡片分类任务：邀请学生对多张印有学业作弊行为的卡片进行分类。

元分析①(meta-analysis)也被应用于该领域。研究者对包含小学生在内全学龄段学生的认知能力与学业作弊行为间的关系进行了深入探究,结果发现,无论对于哪一个学龄段的学生而言,认知水平较低者均更有可能在学业任务中作弊(Paulhus & Dubois,2015)。此外,还有研究者采用行为实验法,探索了有无教师监考及其监考严格程度对小学生学业作弊行为的影响。他们发现,当学生的学习目标为"在考试中取得优异成绩"时,则更容易担心自己会在考试中失利,从而也更有可能在监考不严格的环境中作弊;但若监考足够严格,其作弊行为就能得到有效的抑制(Lucifora & Tonello,2015;Sideridis & Stamovlasis,2014)。

可见,在 2011—2015 年,关于小学生学业作弊行为的相关研究开始在其他国家复苏,但这些研究的对象大多不仅限于小学生,尚处于摸索阶段。

(2)沉寂期(2016—2022 年)。自 2016 年起,学界研究小学生学业作弊行为的外文文献年发文量非常稀少,进入了长达 7 年的沉寂期。在此期间,仅有 Alan 等(2020)发表了一篇相关研究。该研究将行为实验法和问卷调查法相结合,考察奖励对小学生学业作弊行为的影响。结果发现,当好成绩可以获得物质奖励时,亲社会程度较高的小学生,即更关心帮助他人的学生,学业作弊行为较少。

(3)回暖期(2023—2024 年)。近两年,研究小学生学业作弊行为的外文文献年发文量呈逐年递增趋势。这一阶段的研究依然主要集中于探究小学生学业作弊行为的预测因素。其中,2023 年,笔者团队借助机器学习法对问卷数据进行深入挖掘,探究二年级至六年级小学生考试作弊行为的关键预测因素。结果发现,学生对作弊的接受性、感知到的同伴作弊的普遍性和频率是其作弊行为最

---

① 元分析:一种被广泛应用于心理学、教育学等领域的统计方法。该方法主要通过梳理探究同一研究问题的实证研究,并将这些研究中的效应量进行整合及再分析,以期获得关于该研究问题的更为精确的结论(Ellenberg,1988)。该方法能够有效弥补传统叙述性评论的局限性,并增强研究结论的外部解释力(Schmidt & Hunter,2015)。

有力的预测因子(Zhao et al.,2023)。该研究是后疫情时代小学生学业作弊领域发表的第一篇外文文献,开拓了采用多学科交叉技术研究作弊行为的新思路。随后,Yee等(2024)结合问卷与行为实验探究个体因素对小学生学业作弊行为的影响,发现小学生人格和自我效能感尚未成型,难以很好地预测其学业作弊行为。同年,Williams等(2024)采用结构访谈法考察学业诚信认知与实际学业作弊行为的关系,发现小学生对作弊行为的道德评价无法判断其在实际情况中的学业作弊行为。

综上所述,国内和国外关于小学生学业作弊行为的研究重点均为学业作弊行为的现状及其影响因素,且目前均呈现复苏的趋势,开始寻求问题解决方案或研究方法和统计方法的创新。此外,多学科交叉融合的研究热度正在增加,有望成为未来几年该领域的热门话题。

第二节　小学生学业作弊行为的影响因素

在简要梳理了2004—2024年国内外关于小学生学业作弊行为的研究及其发展趋势后,本节将进一步对小学生学业作弊的影响因素进行系统探讨。对于小学生而言,"学业"已逐渐成为其日常生活的重中之重,学业作弊行为也会在一些具有挑战性的学业任务中出现。小学阶段是学生学业诚信态度逐渐形成但尚未稳固的关键时期,充分了解这一阶段学业作弊行为的主要影响因素,对于培养学生的诚信品质意义重大。

一、社会环境因素

相较于学前儿童,小学生的社会化水平有所发展,他们会花更多的时间和精力参与集体活动。但由于心理发育尚未成熟和认知发展水平有限,小学生在自我评价和认识世界时仍然十分依赖外界因素。因此,该阶段学生的学业作弊行为也较容易受到一些社会环境因素的影响。具体来说,小学生的学习活动主要在班级或学校进行,日常的师生互动、同伴作弊行为、同伴关系等都可能影响学业作弊;放学后,家庭成为小学生主要的学习场所,家庭背景因素和家庭环境也是潜在的影响因素。基于此,下文对可能影响小学生学业作弊行为的社会环境因素进行分类介绍。

(一)家庭因素

家庭是儿童身心发展的摇篮,也是其人生中的"第一课堂"。从外在的家庭社会经济地位①、父母受教育程度,到内在的亲子关系、父母教养方式等,均有可能直接或间接影响儿童的行为习惯和人格塑造。关于家庭因素对学生学业作弊行为的影响,研究对象通常为学业任务较重的小学生和初高中学生。目前,现有研究证实家庭因素确实会影响小学生的学业作弊行为,主要体现在以下几个方面。

(1)家庭社会经济地位及教养方式。Alan 等(2019)在探究激励机制是否会影响小学生作弊行为时,发现了小学生所处家庭的收入水平和父母期望等家庭因素对其作弊行为有一定的影响。具体来说,该研究招募了 720 名平均年龄为 8 岁的小学生(47%为女生,53%为男生)参加一场创造性思维考试。考试使用的是托伦斯创造性思维测试中的题目(Torrance,1966),学生需要根据一个简单的几何图形(如圆形)尽可能创造出更多有意义的复杂图形(如基于圆形画出冰淇淋)。每张试卷上都有一个示例答案。试卷分为 A 卷和 B 卷两个版本,A 卷和 B 卷的示例答案不同(A 卷是冰淇淋,B 卷是麦克风),如图 4-8 所示。邻桌的

---

① 家庭社会经济地位(socioeconomic status,SES):经济学术语,指家庭在社会经济结构中的相对位置,通常包括家庭的收入水平、家庭成员的受教育水平及职业水平等。

两位同学将被发到不同版本的试卷。在该研究中,作弊被定义为小学生在上交的试卷中画出同桌试卷上的示例答案(预实验表明,没有学生会在无任何提示的情况下画出两个示例答案中的任意一个)。除了作弊行为以外,该研究还收集了学生的人口统计学信息,包括其家庭收入及父母期望等。

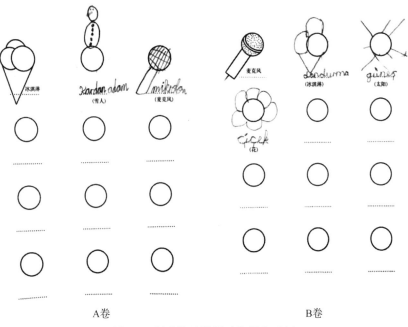

图 4-8　创造性思维测试答题卡示例

　　结果发现,家庭经济状况是影响小学生学业作弊行为的主要因素之一。具体来说,在有物质奖励的情况下,家庭经济状况较好的小学生较家庭经济状况较差者做出了更多的作弊行为(47% vs 31%)。但在没有物质奖励时,这种效应就会消失。

　　此外,研究还发现家庭教养方式也会影响小学生的学业作弊行为。具体说来,在有奖励的情况下,温情教育(经常向子女表达爱意、陪伴子女)反而不利于小学生保持诚实;而在无奖励时,父母对小学生的成就期望越高,小学生作弊的可能性越大。这说明,过度的温情教育可能不利于儿童抵制诱惑能力的发展,过高的成就期望可能会增强儿童通过不正当手段超越他人的内在动机。无论是认知发展的滞后还是内部动机的强化,都可能促使小学生采用作弊等非正当途径达成目标。

(2)亲子关系。亲子关系中的情感支持是子女心理健康和行为发展的重要基石。研究表明,若子女能够充分感受到来自父母的温暖、关爱和安全感,就更有可能形成积极的自我认知和行为模式。相反,缺乏情感支持的子女则可能更容易出现一些问题行为(如说谎、作弊等不诚信行为)。施学忠(2002)使用亲子关系诊断测试(PCRT)及心理健康测试(MHT)对 500 多名学生的亲子关系及其心理健康状况进行了调查,并探讨了两者的相关性。结果发现,不良的亲子关系容易导致学生出现各种情绪行为问题、神经症状、学业不良问题和反社会行为。

此外,笔者团队近年的一项实证研究也证明了亲子关系对小学生学业作弊行为确实存在一定的影响。该研究共招募了 150 名来自我国东部某市的小学生(男女各 75 名),其中二年级(平均年龄为 7.26 岁)、四年级(平均年龄为 9.26 岁)及六年级(平均年龄为 11.2 岁)各 50 人(张芮,2019)。该研究采用经典的抵制诱惑范式来测量作弊行为。具体来说,研究模拟了一场真实的小学考试情境。考试在一个安静独立的教室内进行,室内平行摆放着三张间隔一定距离的桌子。中间桌子上是一张空白试卷,两边桌子上各放有一份已填好答案的试卷。

测试开始前,学生独自进入教室,并在实验者的引导下坐在中间的桌子前。然后实验者介绍考试内容和规则:①这是一场考察课外知识的考试,考试结束后,对于满分的同学老师会在家长群里通报表扬。②考试时间只有 5 分钟,如果在规定时间内没有完成考试,则记 0 分。③左右两侧桌子上放置的是"其他同学"已经完成的试卷(实际上为主试事先准备好的标准答案),不允许偷看。在介绍完上述规则后,实验者借故离开教室,由事先安装在教室内的隐藏摄像机记录学生在整个实验过程中的一举一动。

根据不同年级小学生的实际水平,笔者团队编制了多份含有无解题的平行试卷。这些无解题均没有正确答案,如"贝亚山(一座根本不存在的山)位于哪一个国家?"若学生想要正确回答这些问题,只能通过偷看邻桌的试卷以获得答案。因此,在该研究中作弊行为被定义为:在实验者不在场的情况下,小学生在解题的过程中所做出的明显的偷看"其他同学"答案的行为。实验结束后,由两名研究助手根据隐藏摄像机记录下的视频进行数据编码。

此外,在"考试"结束一周后,我们邀请了每名参与上述研究的学生家长完成了一份《亲子关系诊断测验(PCRT)》问卷。该问卷按照父母的管教态度将亲子关系分为了10种类型,如表4-2所示,每一种类型各有10道题目,每道题以利克特三点计分,以10道题得分的均值作为该类型得分,分数越低代表作答者认为题目的描述越符合自身的实际情况。最高分为99分,50分代表一般,小于20分被认为符合当前亲子关系描述。

表 4-2 《亲子关系诊断测验(PCRT)》维度

拒绝的态度	A. 消极拒绝型:不理会、忽视、放任、不关心、不信任子女,与子女感情不好的父母类型。
	B. 积极拒绝型:体罚、虐待、威吓、苛求子女,放弃养育的责任的父母类型。
支配的态度	C. 严格型:虽心系子女,但常以严厉、顽固、强迫的态度,或禁止、命令的方式来监督子女的父母类型。
	D. 期待型:将自身的野心或希望寄托在子女身上,忽视子女的天赋能力与性向,希望其完全遵从自己要求的父母类型。
保护的态度	E. 干涉型:与期待型大致相同,出于"为了孩子好"的目的给予其无微不至的照顾,并尽一切可能嘱咐或为其提供帮助的父母类型。
	F. 不安型:对子女的日常生活、学业、健康、朋友和前途等,具有完全不必要的担心和不安感,对子女过分负责、过分帮助和保护的父母类型。
服从的态度	G. 盲从型:让子女掌有一切权力,无论付出多少也要满足子女要求的父母类型。
	H. 溺爱型:无条件接受子女的要求、主张和意见,对子女过分喜爱,想尽一切办法迎合子女的要求,即使子女做了坏事也会帮其申辩的父母类型。

续　表

矛盾的态度	I. 矛盾型：对子女的同一种行为持矛盾态度，有时斥责、禁止，有时却宽恕、勉励，管教态度缺乏连贯性的父母类型。
	J. 不一致型：父亲和母亲的管教态度不一致。

研究发现，共有 75.3％ 的小学生在考试中作弊。采用分层逻辑回归分析，以作弊与否为结果变量（"1"为作弊，"2"为未作弊），将年级、性别以及年级和性别的交互作用放入模型第一层，将亲子关系的各维度得分放入第二层，以考察在控制性别、年级及其交互作用后小学生的亲子关系对其学业作弊行为的影响。结果显示，回归模型显著（$\chi^2 = 11.605, df = 3, p = 0.009, -2loglikelihood = 154.268$，Nagelkerke $R^2 = 0.112$）。在控制了性别、年级及其交互作用后，不安型亲子关系维度的主效应显著（$p = 0.032$），表现为小学生所处的亲子关系越符合不安型（在该类型得分越低），其越可能作弊。

不安型亲子关系的特征通常表现为父母过度担忧孩子的日常生活、学业、交友和健康状况等。这种过度担忧可能会导致孩子过度依赖父母、缺乏耐挫力，并因过度保护而在社会性发展方面相对滞后。这表明，长期处于不安型亲子关系中的孩子在人际关系中往往比较被动、社交能力较差，容易形成孤僻、自卑等人格特质，自我效能感较低，做出学业作弊行为的可能性较大。

（二）师生关系

教师是学生成长道路上至关重要的引路人，学生习得的许多知识与技能，往往源自教师的教育与指导。作为"权威"的代表，教师的言行举止常常被学生视为学习榜样和行动模板。教师与学生的互动方式在此过程中尤为关键，它不仅直接影响课堂氛围和教学质量，还间接地影响学生的思想观念、价值取向和行为准则等。

张恬恬（2007）通过观察法和访谈法研究了师生互动类型对低年级小学生诚

信观发展的影响。具体而言,研究者在某小学进行了为期一个月的实地观察。在此期间,除了记录师生互动的类型以外,研究者还通过调查问卷对小学生的诚信行为进行了多方面的评估。评估内容包括:①诚实守信,不说谎,遇到不懂的问题主动向老师请教,不会不懂装懂;②独立完成作业;③考试不作弊;④勇于承认错误,不推卸责任;⑤损坏他人物品后赔偿;⑥在商店买东西时遵守店规,不偷窃;⑦答应他人之事努力完成,无法完成时及时道歉;⑧准时赴约。

根据一个月的观察数据,研究者将师生互动模式归纳为三类。

第一,师权型:在此模式下,教师表现出高度权威性,掌控互动主导权;学生常处于被动地位,以服从和依赖为主。

第二,生权型:与师权型相反,在此模式下,学生掌握互动主动权,决定互动目的、方式和内容,教师在互动中以配合为主。

第三,平等型:在该模式下,教师和学生在互动中完全平等,相互尊重,共同参与,氛围和谐。

结合问卷调查的结果,研究者通过分析学生在上述三种师生互动模式下的具体行为后发现:在"师权型"模式下,教师为了维护其权威地位,常常对学生的行为表现出过于严厉的反应,且往往过分关注结果而忽略过程的重要性。这种不平等的互动方式容易导致学生产生逆反情绪,甚至刻意做出违反规则的行为(如作弊)。此外,一旦学生意识到这种不平等,并形成"只要结果好就行,老师不会在意我是怎么做到的"这一观念后,其学业作弊行为的发生频率可能会进一步增加。这表明,在"师权型"模式下,不平等的对待不仅不利于学生诚信观念的培养,反而可能促使学生通过不正当手段达成目标。

在"生权型"模式下,教师对学生的言行缺乏有效的规范和纠正。这种对学生的"放纵"往往容易导致其养成我行我素的处事方式,甚至可能产生一种"个人神话"的心理(详见本书第二章第三节),从而增加其做出作弊行为的可能性。因此,"师权型"和"生权型"这两种模式均不利于小学生诚信观的发展。

相比之下,在"平等型"模式下,教师在与学生的互动中强调公正性,能够恰当地处理各种事务,不仅关注行为的结果,也注重行为的过程。教师通过平等和尊重的态度引导学生,这不仅能够增强学生的责任意识,也能够帮助其内化诚信观念。这种互动模式有助于小学生形成正确的诚信观,是促进学生诚信观念和行为发展的理想模式。

总的来说,该研究发现师生互动模式对低年级小学生的学业作弊行为存在一定的影响:在"平等型"模式下,学生表现出较低的作弊倾向;在"师权型"和"生权型"模式下,学生作弊的倾向较高。由此可见,"师权型"和"生权型"的师生互动模式不利于小学生诚信品质的培养。

(三)同伴因素

(1)同伴关系。随着年龄增长,小学生逐渐脱离对父母或教师等权威的盲从,转而将目光转向了与其拥有"平等"身份的同龄人,"同伴"成为其主要的社交对象。随着社交能力的发展,小学生逐渐学会并使用一些社交策略以在同伴交往中获得优势。其中,言语沟通、提供利益和分享物品均为小学生(尤其是低年级学生)经常使用的社交策略(林崇德,2018)。然而,这些策略除了能够促进社会化以外,也可能会带来一些负面影响。例如,小学生之间"互帮互助"的学业作弊行为,就是为"维护友谊"而产生的不良策略。

在一项针对小学生作弊行为的问卷调查中,笔者团队为了解小学生作弊互助行为背后的动机,对部分小学生进行了简单的访谈(如"为什么有的同学愿意在考试中把答案借给其他同学抄?")。结果发现,"互助式"学业作弊行为常常发生在亲密的朋友之间,小学生帮助同伴作弊的动机主要有:维持现有的亲密关系(如"我们的关系很好""心里虽然不愿意,但是怕拒绝了,就做不了朋友了"等)。这反映出帮助同伴作弊这一行为背后的主要原因在于小学生对如何维护同伴关系尚缺乏正确的认识(张芮,2019)。

（2）同伴作弊效应。除了同伴关系以外，同伴作弊效应也是影响小学生学业作弊行为的主要同伴因素之一（Zhao et al.，2022）。同伴作弊效应指的是个体感知到周围同伴的作弊行为越普遍，其自身作弊的可能性就越大。基于多项综述研究，同伴作弊效应被认为是影响学业作弊行为的主要因素之一（Anderman & Murdock，2011；Cizek，1999；Zhao et al.，2022）。在笔者团队最近的一项针对小学生作弊行为的问卷调查研究中，同样发现了同伴作弊效应（Zhao et al.，2024）。

我们在中国东部某城市招募了 469 名二年级、四年级和六年级小学生（平均年龄为 10.12 岁，其中女生 217 名，男生 252 名）。所有参与者均需完成一份学业作弊行为调查问卷。问卷由 7 道题目组成（见表 4-3），均采用利克特五点量表评分。

表 4-3　小学生学业作弊行为调查问卷

变量	题目	计分方式
作弊行为	这个学期以来，你是否曾经作弊（例如，考试中抄袭他人的答案或抄袭别人的作业）？	"1"＝从不 "5"＝非常频繁
自身对作弊的接受性	你认为作弊是可接受的还是不可接受的？	"1"＝完全不能接受 "5"＝非常可接受
同伴对作弊的接受性	你认为你的同学觉得作弊是可接受的还是不可接受的？	"1"＝完全不能接受 "5"＝非常可接受
同伴作弊的普遍性	你认为作弊在你的同学中普遍到什么程度？	"1"＝根本没有人作弊 "5"＝几乎每个人都作弊
同伴作弊的频率	你认为你的同学作弊的频率是多少？	"1"＝从不 "5"＝非常频繁
作弊后果的严重性	你认为作弊的后果严重到什么程度？	"1"＝一点也不严重 "5"＝非常严重
道德判断	你认为作弊是好还是坏？	"1"＝极差 "5"＝极好

研究发现,三个年级小学生的平均作弊率为 25.37%。为检验各因素对学业作弊行为的影响,我们对问卷数据进行了二元逻辑回归分析:将学生自我报告的作弊行为("0"为未作弊,"1"为作弊)作为结果变量,将其自身对作弊的接受性、同伴对作弊的接受性、同伴作弊的普遍性、同伴作弊的频率和作弊后果的严重性作为预测变量。分析发现,模型拟合且显著($\chi^2 = 48.49$, df = 5, $p < 0.001$, Nagelkerke $R^2 = 0.15$)。其中,同伴对作弊的接受性(Wald $\chi^2 = 9.67$, df = 1, OR = 1.61, 95% CI = [1.25, 2.08]),同伴作弊的普遍性(Wald $\chi^2 = 13.27$, df = 1, OR = 1.67, 95% CI = [1.27, 2.21])以及作弊后果的严重性(Wald $\chi^2 = 6.47$, df = 1, OR = 0.69, 95% CI = [0.52, 0.92])主效应显著。也就是说,小学生认为作弊的后果越不严重、作弊在同伴中越普遍,以及作弊这一行为越能够被同伴所接受,他们报告自己曾经有过作弊行为的可能性就越大。

(3)社会比较。小学生从学校、社区、媒体等多渠道逐渐接触到广泛的社会评价体系,并开始认识到社会比较在评价体系中的重要地位。正如前文所述,小学生已经能够利用社会比较完善对自身能力的评价。这种比较固然可以帮助小学生认识自身在群体内的相对发展水平,但也可能令感知到自己处于"劣势"地位的小学生产生焦虑和不安等负面情绪。

例如,费尔德曼在《儿童发展心理学》一书中提到,就读于教学质量较高的学校的小学生,其自尊水平反而不如那些就读于教学质量较低的学校的小学生。可见,社会比较对小学生的自尊水平具有较大的影响。而低自尊水平的学生通常对自身学业水平的评价较低,因而通常更容易在学业任务中做出作弊行为(赵立等,2024)。可见,社会比较可能对小学生学业作弊行为存在一定的影响。

为了检验这一假设,笔者团队进行了一项现场行为实验,采用经典的自我批改范式(Cizek,1999;Zhao et al.,2020),考察不同类型的社会比较信息(自我比较 vs 社会比较)对小学生学业作弊行为的影响。我们在我国东部某市共招募了478名小学生(其中女生 222 名,男生 256 名),其中二年级 160 名(平均年龄为

8.08 岁),四年级 160 名(平均年龄为 10.08 岁),六年级 158 名(平均年龄为 12.17 岁)。每个年级段的学生被平均且随机分配到两个实验条件:纵向比较组(与自己过去的成绩比较)和横向比较组(与其他同学的成绩比较)。

具体来说,研究共分为两个阶段。在第一阶段中,我们以班级为单位,请所有参与研究的小学生进行一场数学运算考试。考试时间为 3 分钟,学生需要完成 30 道数学计算题。由于每个年级学生的数学水平不同,我们事先针对 3 个年级分别准备了不同难度的试卷,并确保各个年级试卷的难度均高于该年级学生的平均数学水平,且试卷中的题目多为易错题,因此极少有学生能够在规定的时间内全部答对。

在第二阶段中,我们请所有参加了第一阶段考试的学生以一对一的形式进行第二次数学运算测试。具体流程如下:首先,作为"热身",要求学生完成 10 道练习题(不限时);学生完成后,实验者假装忙碌、无法抽身,请学生自己拿起放置在一旁的平板电脑并打开作业帮 App 批改自己的练习卷。设置该练习阶段旨在确保小学生能够掌握使用作业帮 App 批改试卷并查看正确答案的方法①。

学生批改完毕后,实验者拿出正式考试的试卷(共 30 题,多为易错题),要求学生在 5 分钟之内完成,并给予两个实验组不同的指导语。

纵向比较组:实验者告知学生其在第一阶段练习中"做对和做错题目的数量",并表示希望看看他/她能否在这一次考试中"做对更多的题目"(自我比较)。

横向比较组:实验者告知学生其在第一阶段练习中的"成绩排名"(正确作答题数的排名),并表示希望看看他/她能否在这一次考试中"获得更靠前的名次"(社会比较或他人比较)。

随后,实验者借故离开教室,并在离开前嘱咐学生完成试卷后自行使用作业

---

① 在实验结束后,研究者告知小学生不鼓励他们在日常学习中使用此类方式获取答案。

帮 App 批改试卷,但不能修改错误的答案。事先安装在教室内的隐藏摄像机记录了考试的全过程。我们将作弊行为操作性定义为:学生根据作业帮 App 提供的正确答案违规抄袭或修改了自己的答案。

然而,研究结果发现,纵向比较组与横向比较组的作弊率并不存在显著差异,但这一结果并不意味着社会比较对小学生学业作弊行为毫无影响。回顾整个研究的实验流程,出现上述结果的原因可能有以下几个方面。

首先,本研究中仅通过一次 5 分钟的考试很难有效激发学生的社会比较心理。在真实的学习情境下,学生需要面对一个学期乃至更长时间的成绩比较和考试压力,这种长期的社会比较过程更能影响学习态度和行为。因此,仅通过一次简短的测试不足以激发出社会比较心理,也就难以观察到其对作弊行为的影响。

其次,本实验中的一次考试对学生成绩的影响非常有限。与真实考试关系到学生总评排名等重要结果不同,本实验中的数学考试分数的高低不会对学生产生实质影响。因此,学生可能并不会认为这次测试很重要,因而缺乏足够的作弊动机,这也可能是两组学生作弊率无明显差异的原因之一。

最后,小学生感知到的作弊被抓可能性较高。本研究要求学生采用作业帮 App 自行批改试卷。一方面,正确答案不如纸质答案那般一目了然,需逐个点击查看;另一方面,前期访谈发现,大多数小学生对该 App 较为熟悉,可能意识到研究者能够在 App 内查询到每一次批改的历史记录,通过核对试卷和历史记录便能发现其是否作弊。这在一定程度上抑制了学生作弊的冲动,导致两组学生的作弊率并未有显著差异。

总之,这次研究未能充分捕捉到社会比较对学生作弊行为的影响。其中的局限之处也为我们指明了未来的研究方向。未来可通过进一步完善实验设计继续探索社会比较与小学生学业作弊行为的实际关系,以期在这一方向上有新的突破。

综上所述,无论是同伴关系或同伴行为等同伴因素,对于小学生学业作弊行为都具有不可小觑的影响力。可见,同伴已经开始取代父母和教师的榜样作用,逐渐成为小学生自我评价以及社会行为习得的新的对标对象。

（四）其他

在社会化进程中,小学生逐步接触到多种信息渠道,包括同学、父母、教师以及网络社交媒体等。这些信息来源在一定程度上加深了小学生的社会化程度。然而,对于正处于道德和认知发展初期的小学生而言,多元化的信息渠道和资源优劣难分,为其道德观念和行为准则的塑造带来了全新的挑战。

例如,Fisher 等(1970)对强调考试意义、道德唤醒和惩罚等信息是否会影响小学生的学业作弊行为进行了研究。具体而言,实验者在美国某城市的三所公立学校招募了 135 名四年级至六年级小学生,参加一场"普通"的考试。在这场持续 30 分钟的考试中,学生需完成共计 60 道题的综合能力测验,其中 30 道为"陷阱题"。这些"陷阱题"中的所有选项或全部正确或全部错误,因此,除非翻看试卷背后的答案,否则学生难以"正确"作答。考试以每 10—15 名学生为一组进行。正式开考前,实验者明确告知学生,此次考试的分数将直接影响其"社会探究"课程的成绩,并强调了考试不得作弊。作弊被操作性定义为:学生在完成试卷或阅卷期间以任何形式偷看并抄袭答案。

为了深入探究不同提醒信息对小学生考试作弊行为的影响,实验者将参与研究的学生随机分到以下五个不同的实验条件组中。

控制组:在考试开始前,学生并未获得任何下列条件涉及的提醒信息。

强调考试意义组:在考试开始前,实验者强调了通过考试评估学生真实知识水平的重要性——一方面,教师可据此判断自身教学技能和教学材料的有效性,以便对其下一学年的教学工作进行必要的改善;另一方面,教师可据此为学生后续的学业提供更好、更具有针对性的帮助。

道德唤醒组:在考试开始前,实验者假装漫不经心地与学生讨论如何看待作弊这一话题。讨论结束后,实验者请每一名学生自报姓名,并说出其不会在接下来的考试中作弊的原因。

道德自省惩罚组:在考试开始前,实验者告知学生如果作弊被发现,作弊者需要抄写 50 次"尽管我认为作弊没有任何好处,但我还是在这次考试中作弊了"。

中性惩罚组:在考试开始前,实验者告知学生如果作弊被发现,作弊者需要把数字 1 至数字 100 抄写 25 遍。

研究结果发现,控制组的作弊率为 65.2%,强调考试意义组的作弊率和控制组的作弊率并未有显著差异,即强调考试对教师改进教学的意义并不能减少小学生的作弊行为。而道德唤醒组、道德自省惩罚组和中性惩罚组的作弊率则显著低于强调考试意义组($\chi^2 = 7.22$,$p < 0.01$;$\chi^2 = 7.68$,$p < 0.01$;$\chi^2 = 4.71$,$p < 0.05$),但道德唤醒组、道德自省惩罚组和中性惩罚组的作弊率两两显著并未有显著差异(见表 4-4)。可见,道德唤醒和惩罚均能够减少小学生的考试作弊行为。

表 4-4　不同条件下小学生的作弊率

组别	男孩		女孩		全体	
	人数/人	作弊率/%	人数/人	作弊率/%	人数/人	作弊率/%
控制组	16	56.2	7	85.7	23	65.2
强调考试意义组	12	83.3	13	69.2	25	76.0
道德唤醒组	16	43.7	15	26.7	31	35.4
道德自省惩罚组	13	30.8	17	52.9	30	43.3
中性惩罚组	12	50.7	14	48.4	26	49.6

综上所述,该研究揭示了两个对小学生学业作弊行为具有统计学意义的影响因素:道德唤醒及惩罚信息。具体而言,通过公开阐述诚信的重要性来唤醒学

生的道德意识,可以有效减少小学生学业作弊行为;同时,告知学生作弊可能受到惩罚也能够起到阻止作弊的作用,且这种效果与惩罚内容是否包含道德自省无关。一个可能的解释是,惩罚信息本身就强调了作弊行为是不被社会接受的,并警示学生作弊的风险。总而言之,无论是通过道德唤醒还是传递惩罚信息,都可以减少小学生学业作弊行为。

二、个体因素

随着认知能力和社会化程度的持续提升,小学生逐渐形成了相对稳定的人格特质。在该学龄阶段,个体因素在小学生日常行为中的作用日益凸显。其中,影响学业作弊行为的个体因素主要表现在小学生对学业作弊行为的态度、面对困难时的坚持性、自尊水平以及行为问题等方面。

(一)态度

态度是一种评价性反应,反映了个体对特定事物的好恶或立场(Gawronski,2007)。其中,学生对学业作弊行为的态度主要表现为其对学业作弊行为的道德判断、接受性等。

大量针对高中生和大学生的研究表明:学生对学业作弊行为的态度会显著影响其实际的作弊行为(Lee et al.,2020;Ives & Giukin,2020;Özcan et al.,2019)。如 Murdock 和 Anderman(2006)提出的作弊动机模型指出,学生的态度会影响他们对作弊成本的评估。如果一名学生认为作弊的风险和负面影响都较小(即使作弊也不太可能被发现或不会伤害他人),他就更有可能认为作弊行为在某种程度上是合理的,从而在考试中作弊。此外,计划行为理论(theory of planned behavior,TPB)也持有相似的观点,强调个体对特定行为的态度本身就会对最终的行为选择产生相对独立的影响(Ajzen,1991;Stone et al.,2009)。例如,如果一个学生认为作弊不会伤害他人,也不太可能被发现(被抓可能性较小),他就更可能认为作弊行为可以被接受。这种态度会降低学生面对作弊诱惑时的自我控制能力,使其更有可能作弊。

近年来,笔者团队采用大样本问卷调查法和机器学习(machine learning, Pedregosa et al.,2011)相结合的方法,通过两项实证研究分别探索了小学生对学业作弊行为的态度对其考试和作业作弊行为的影响,发现对作弊行为的接受性是小学生考试和作业作弊行为的关键性预测因素。具体来说,我们在三所小学招募了数千名小学生参与这两项问卷调查研究。研究使用的是笔者团队自编的问卷。在以往研究的理论框架(Lim & See,2001;Murdock & Anderman,2006)的基础上,我们结合对 39 名小学教师及 9 名小学生的访谈结果,通过对158 名二年级、四年级、六年级学生的小范围试测后,编制了分别针对小学作业作弊行为和考试作弊行为的调查问卷。两份问卷均采用利克特五点量表计分,主要包含以下方面内容。

作弊行为调查:小学生需根据自己过去在"平时学习"或"考试"中的实际情况,对自己是否有过作弊行为从"1"(从不)到"5"(非常多)进行五点评分。

作弊后果严重性:根据访谈结果,两份问卷均罗列了 5 种可能的作弊后果(如"被老师批评"等),小学生需就每一种后果的严重程度,从"1"(一点也不严重)到"5"(非常严重)进行五点评分。

对作弊的接受性:两份问卷均包含小学生自身对作业/考试作弊行为的接受性(以下简称自我作弊接受性),以及感知到同伴对作业/考试作弊行为的接受性(以下简称同伴作弊接受性)。小学生需从"1"(完全不能接受)到"5"(完全能接受)进行五点评分。

作弊策略有效性:根据访谈结果,两份问卷分别列举了减少作业作弊行为的9 种较常用的策略(如"老师批作业更加仔细,从而找出那些作弊的同学"等),以及减少考试作弊行为的 8 种较常用的策略(如"考试时旁边同学的试卷题目不一样"等)。请小学生就每一种策略的有效性从"1"(一点儿也没有用)到"5"(非常有用)进行五点评分。

同伴作弊行为:两份问卷均包含"同伴作业/考试作弊的普遍性"(你认为作业/考试作弊在你周围的同学中普遍吗?)、"同伴作业/考试作弊的频率"(你认为你周围的同学进行作业/考试作弊的频率如何?)、"同伴采取不同形式作业/考试作弊的频率"(其中,作业作弊问卷包含"抄同学作业"等 3 种作业作弊的具体形式;考试作弊问卷包含"考试时携带小抄"等 8 种考试作弊的具体形式)。请小学生根据自己对同伴作弊情况的了解和估计,从"1"(普遍性评价"从未见过有人这样做";频率评价"从未")到"5"(普遍性评价"几乎所有人都会做";频率评价"经常")对上述问题进行五点评分。

人口学信息:学校类型(公办小学、民工子弟小学及民办小学)、年龄、性别、年级、是否为独生子女,以及学习成绩的自我评价(认为自己的成绩高于、等于或低于班级平均水平)。

在分析问卷调查数据时,除了常用的统计方法以外,笔者团队创新性地引入了"机器学习"这一人工智能领域新兴的数据分析方法。这种方法依赖于计算机算法,旨在通过数据分析和建模实现对人类行为的模拟。近年来,不少心理学研究者已将机器学习应用于诸如情绪和精神病理学等方面的研究(Bartlett et al.,2014;Livieris et al.,2018),也有少数研究者开始将该方法用于儿童研究(Bruer et al.,2019;Zanette et al.,2016)。机器学习方法相比传统统计方法,具有以下显著优势:第一,数据预处理功能强大,可以对原始数据进行清洗、转换、标准化等优化处理,有助于提高模型的鲁棒性[1]和外部效度;第二,算法选择多样,能够对复杂的非线性关系进行建模,通过超参数调节和交叉验证来选择最优模型;第三,可以通过 Shapley 值,量化不同影响因素在整个模型中的相对重要性,评估

---

①　鲁棒性指当输入模型的数据受到干扰或发生变化(如噪声干扰、人为设计的对抗样本或数据分布与训练时不一致等)时,模型仍然能够保持稳定且准确预测的能力。这得益于模型使用的算法既能够有效捕捉数据中的核心规律,也能够排除无关干扰的特性。

不同变量的预测贡献大小,识别关键变量。

综上,机器学习方法可以构建出对结果变量有较好预测性和解释性的模型。基于这些优势,本研究采用机器学习方法探索了影响小学生作弊行为的关键预测变量,具有一定的方法创新性。

(1)针对小学生考试作弊行为的研究结果。我们从三所不同类型(公办小学、民工子弟小学及民办小学)的小学中招募了一批二年级至六年级小学生,最终回收的有效问卷共计 2094 份(平均年龄=10.05 岁,标准差=1.40 岁;二年级学生 399 名,其中女生 193 名,男生 206 名;三年级学生 392 名,其中女生 189 名,男生 203 名;四年级学生 385 名,其中女生 175 名,男生 210 名;五年级学生 449 名,其中女生 209 名,男生 240 名;六年级学生 469 名,其中女生 217 名,男生 252 名)。

描述性统计结果显示,共有 26% 的学生自我报告曾在考试中作弊。图 4-9 显示了不同年龄段小学生的自我报告情况。以学生的年龄为连续变量,自我报告是否作弊为分类变量①,对两者进行相关分析。结果发现,小学生自我报告的考试作弊行为并不会随着其年龄的变化而变化($r=0.03$,$p=0.204$),即小学生自我报告的考试作弊率相对稳定。

此外,大部分小学生自身对于考试作弊行为都持"不可接受"的态度($M=1.64$),但认为同伴对考试作弊的接受性会相对更高一些($M=1.91$)。另外,小学生认为较为常见的考试作弊形式为"在考试时抄其他同学的答案"($M=1.96$),减少考试作弊相对有效的方法是"更努力地学习以通过考试"($M=3.57$),考试作弊

---

① 笔者团队在后续的数据分析中发现,参与研究的全体小学生对自己是否有过作弊行为的评分呈明显的正偏态(评分为"1"的学生比例很高,评分为"2"至"5"的学生比例相当且均较低),无法按照近似正态分布处理。为避免统计偏差,遂将结果变量重新编码为二分变量,其中将评分为"1"者编码为"无作弊行为者",以"0"计;将评分为"2"至"5"编码为"有过作弊行为者",以"1"计。

较严重的后果是"被老师处罚"（$M=3.65$）。

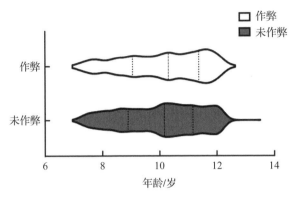

图 4-9　不同年龄段小学生自我报告的考试作弊率

就机器学习而言,我们根据结果变量和预测变量的类型特征,选取了以下四种适合本研究的机器学习算法:描述变量间线性关系的逻辑回归(logistic regression)(Yarkoni & Westfall,2017),以及描述变量间非线性关系的多层感知机(multilayer perceptron,MLP)、极端梯度提升(extreme gradient boosting,XGBoost)和随机森林(random forest)(Golino et al.,2014)。其中,逻辑回归是一种广义线性回归,是用逻辑函数解决对分类变量(以二分变量居多)进行预测的问题。多层感知机是一种前馈人工神经网络模型,它由输入层、输出层和一个以上的隐藏层组成,每一层均有若干神经元,通过逐步调整神经元间不同连接的权重来拟合模型。极端梯度提升是集成学习方法中常用的策略,通过不断训练及优化决策树,并将每次训练所得的输出值相加,以获得最终预测值。随机森林算法与极端梯度提升具有一定的相似性,但两者最大的区别在于随机森林的输出值仅仅是简单多数投票的结果,对不同决策树的训练结果也没有做进一步的优化提升。

上述四种机器学习算法均包含以下五个步骤。第一,将所有数据随机拆分成三个独立的数据集:训练集、测试集和留出集(训练集占总被试量的 64%,测验集占 16％，留出集占 20％）。第二，在训练集中对数据进行训练，通过训练获得第一个模型。第三，将该模型在测试集中进行测试，以获得其性能指标。第四，将训练集和测试集结合起来，重新将这些数据随机划分为新的训练集和测试集，重复第二步和第三步，再次训练得到第二个模型。通过重复 100 次第二步至第四步的建模过程（划分—训练—测验—重组—划分），最终可获得 100 个模拟模型，从而确保无论样本被划分到训练集还是测试集，所得结果均能保持一定程度的稳定性。第五，使用最初分配到留出集的数据（此前未参与过任何一次训练或测试）对模型进行最终验证，即进行外部效度的检验。

由于机器学习对数据完整性的要求，最终有 1339 份完整数据被用于机器学习分析。我们将小学生在 25 个问卷题目上的得分及其 10 个人口统计学变量作为输入变量，小学生自我报告的考试作弊行为（"0"为未作弊，"1"为作弊）作为输出变量，建立机器学习模型。

首先，机器学习的结果显示，在四种算法所获的最终模型中，基于随机森林法构建的模型最佳，具有最高的预测准确性，为 81.43％，即该模型有 81.43％ 的概率能够准确预测小学生是否会做出考试作弊行为。

其次，我们计算了每一个预测变量的 Shapley 值。Shapley 值常用于处理复杂分配问题（Shapley，1953）。预测变量的 Shapley 值代表其对总体模型预测准确性的实际边际贡献。通过计算每一个预测变量的 Shapley 值，可获知这些预测变量在模型中的相对重要性。

我们发现，在所有预测变量中，小学生自身对考试作弊的接受性对其考试作弊行为的预测力最强，Shapley 值高达 7.07％，代表其对总体模型预测准确性的实际边际贡献为 7.07％。此外，其他预测变量的预测力由强至弱（见图 4-10）依次为：小学生观察到其他同学对答案的频率（Shapley＝4.20％）、感知到同伴作弊的普遍性（Shapley＝3.18％）、观察到其他同学在考试中抄袭同学试卷的频率（Shapley＝2.77％）、学校类型（民办小学 vs 民工子弟学校，Shapley＝2.22％）、小学生报告的学业成绩(Shapley＝1.97％)、观察到其他同学在考试中传纸条的频率(Shapley＝1.79％)、感知到其他同学对考试作弊行为的接受性(Shapley＝1.65％)、年龄(Shapley＝1.64％)、观察到同伴作弊的频率(Shapley＝1.33％)，以及其他同学在考试中故意给别人提供错误的答案的频率(Shapley＝1.2％)。

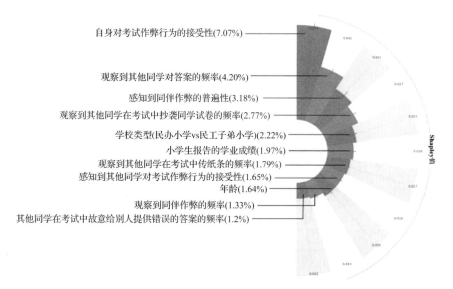

自身对考试作弊行为的接受性(7.07%)

观察到其他同学对答案的频率(4.20%)
感知到同伴作弊的普遍性(3.18%)
观察到其他同学在考试中抄袭同学试卷的频率(2.77%)
学校类型(民办小学vs民工子弟小学)(2.22%)
小学生报告的学业成绩(1.97%)
观察到其他同学在考试中传纸条的频率(1.79%)
感知到其他同学对考试作弊行为的接受性(1.65%)
年龄(1.64%)
观察到同伴作弊的频率(1.33%)
其他同学在考试中故意给别人提供错误的答案的频率(1.2%)

图 4-10　小学生考试作弊行为的主要预测变量及其 Shapley 值

除了上述预测变量，其余变量虽对模型预测准确性具有显著的贡献($ps<0.05$)，但其重要性非常弱(Shapley<0.01)。这些变量主要包括：小学生对全部 8 项减少考试作弊的策略的有效性评价，对全部 5 项考试作弊可能后果的严重性评价，以及部分人口学信息。

(2)针对小学生作业作弊行为的研究结果。我们同样招募了来自上述三类学校的二年级至六年级小学生，最终回收有效问卷 2098 份(平均年龄＝10.04岁，标准差＝1.40 岁；二年级 397 名，其中女生 192 名，男生 205 名；三年级 398名，其中女生 189 名，男生 209 名；四年级 385 名，其中女生 176 名，男生 209 名；

五年级 451 名,其中女生 211 名,男生 240 名;六年级 467 名,其中女生 214 名,男生 253 名)。

结果发现,33％的小学生自我报告曾有过作业作弊行为,且作弊率在三年级出现了显著增长,但在四年级后趋于稳定(见图 4-11)。为了检验不同年级小学生作业作弊行为的变化情况,以年级为预测变量,作弊行为("0"为未作弊,"1"为作弊)为结果变量,进行了二元逻辑回归分析。结果发现,不同年级的作弊率存在显著差异($p<0.001$)。其中,二年级的作弊率显著低于其他各年级(二年级 vs 三年级:$p=0.002$,$\beta=0.51$,$OR=1.67$,95％ CI=[1.21,2.29];二年级 vs 四年级/五年级/六年级:$ps<0.001$,$\beta=0.70,0.57,0.87$;$OR=2.01,1.77,2.39$;95％ CI=[1.46,2.75],[1.30,2.40],[1.77,3.22]),但三年级、四年级、五年级、六年级 4 个年级间的作弊率两两差异不显著($ps>0.05$)。

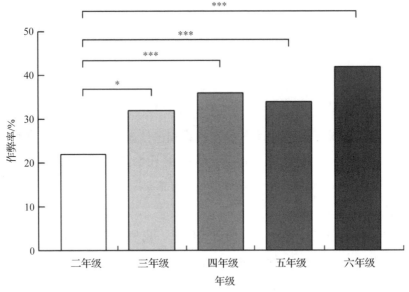

图 4-11　不同年级小学生自我报告的作业作弊率

注:＊表示 $p<0.05$,＊＊＊表示 $p<0.001$。

此外,结果还发现,小学生普遍认为"受老师惩罚"($M=3.65$)是作业作弊最严重的后果,且作弊是不能被接受的($M=1.81$,与中值 3 相比,$p<0.001$)。与此同时,他们也倾向于认为周围同伴对作业作弊的接受性较低($M=2.13$,与中值 3 相比,$p<0.001$)。此外,小学生认为,相较而言,"加强课堂练习,在课堂上把知识弄懂"($M=3.28$)是减少作弊行为最有效的策略,"抄他人的作业"($M=2.01$)是同伴作弊最常采用的形式。

就机器学习而言,与上文关于作业作弊行为的分析不同,此处选用了近年来广受关注的集成学习(ensemble learning)(Ykhlef & Bouchaffra,2017)方法。集成学习方法首先通过不同机器学习算法对同一样本群体进行训练。具体算法仍然为:逻辑回归、多层感知机、极端梯度提升和随机森林。在使用 4 种算法对原始数据进行训练后再使用 stacking 法将所有算法的训练结果整合起来,之后再进行验证集和留出集的验证。集成法的优势在于能够集各种算法之长,最大限度上对预测变量和结果变量的关系进行解释,从而使最终模型的预测效果达到最佳。

由于机器学习算法对训练数据完整性的要求,我们在数据预处理阶段剔除了存在空值的样本。最终有 1637 份完整的样本数据用于模型训练和评估。我们将学生在 22 个问卷题目及 10 个人口统计学变量上的分数作为输入变量,学生自我报告的作业作弊行为("0"为未作弊,"1"为作弊)作为输出变量,建立机器学习模型。最终,基于集成学习法,我们获得的最佳模型对小学生作业作弊行为的预测准确性高达 80.62%。

为了评估和比较不同预测变量在模型中的相对重要性大小,我们同样计算了各预测变量的 Sharply 值,结果如图 4-12 所示。

具体来说,在所有预测变量中,小学生自身对作业作弊行为的接受性对总体模型预测准确性的实际边际贡献最高,达 10.49%。其次是小学生对同伴作业作弊普遍性的感知,该预测变量的 Shapley 值为 3.83%。再次是小学生自身成绩在全班同学中所处的相对水平、对同伴作业作弊行为的频率的感知，以及小学生对其他同学做出"抄他人作业"这类作业作弊行为的频率的感知。上述变量的Shapley值均在 2％以上，是所有预测变量中预测力相对较强的变量。

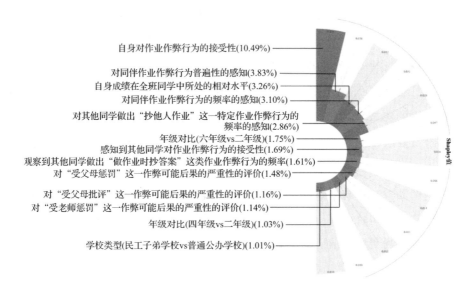

图 4-12　小学生作业作弊行为的主要预测变量及其 Shapley 值

　　此外，小学生感知到其他同学对作业作弊行为的接受性、观察到其他同学做出"做作业时抄答案"这类作业作弊行为的频率、对"受父母惩罚""受父母批评"和"受老师惩罚"这 3 种作弊可能后果的严重性评价，以及学校类型这几个预测变量对总体模型的边际贡献较低，Shapley 值均在 1％至 2％。其余变量虽对模型预测准确性具有显著的贡献（$ps<0.05$），但重要性非常弱（$Shapley<0.01$），故不在此一一阐述。

　　综合上述两项研究结果可见，对于小学生学业作弊行为而言，最关键的预测因素是学生自身对作弊行为的接受性。换言之，如果学生自己认为作弊行为在某种程度上是可以接受的，他作弊的可能性就更高。另一个重要的预测因素是小学生感知到其他同伴对作弊的接受态度。这意味着同伴的态度也会影响到一个学生的作弊倾向。

（二）坚持性

坚持性是一种面对困难时不轻言放弃、持续努力的品质，这种品质对于学龄期学生的成长尤为重要。以往研究表明，学生的坚持性在维持其学业诚信方面发挥着关键的作用，足够的努力和耐心有助于学生在不作弊的情况下获得学业成功（Herdian & Wahidah，2021）。因此，缺乏坚持性很可能是导致小学生作弊的一个重要影响因素。当面临学习困难时，那些缺乏坚持性的学生更有可能选择逃避或寻求捷径，而作弊就成为他们争取学业成绩的一种方式。

笔者团队最近的一项问卷调查研究验证了这一假设。该研究发现，小学生的坚持性与其作弊行为之间存在显著的负相关，即坚持性水平越高的小学生作弊的可能性越低（Zhao et al.，2024）。

具体而言，我们在中国东部某城市招募了 469 名二年级、四年级、六年级小学生（平均年龄 10.12 岁，其中女生 217 名，男生 252 名），要求其完成一份学业作弊行为调查问卷和一份坚持性测量问卷。

其中，学业作弊行为调查问卷由以下 7 道题目组成，每道题均采用利克特五点量表评分。

（1）你有没有在这个学期作过弊（如抄别人的作业、看别人答案）？（"1"为"没有"，"5"为"经常有"）。

（2）你认为作弊是否可以接受？（"1"为"完全不能接受"，"5"为"完全能接受"）。

（3）你觉得你的同学是否接受作弊这一行为？（"1"为"完全不能接受"，"5"为"完全能接受"）。

（4）你周围的同学是否普遍有过作弊行为？（"1"为"没有"，"5"为"几乎所有人都有"）。

(5)你周围的同学是否会经常作弊?("1"为"没有","5"为"经常会发生")。

(6)你认为作弊的后果严重吗?("1"为"一点都不严重","5"为"非常严重")。

(7)你认为作弊是否是一种好的行为?("1"为"非常不好","5"为"非常好")。

坚持性测量问卷则共有 8 道题,由 Usher 等(2019)编制的坚持性量表翻译、修订而来。每道题均采用利克特五点量表评分("1"为"完全不符合","5"为"完全符合"),得分越高代表个体的坚持性水平越高。具体包括以下题目。

(1)在做一件事时,我总会全力以赴。

(2)我总能专心地写作业,直到把作业全部做完。

(3)每当我制定了一个计划,就总能坚持做到底。

(4)每当我做出了承诺,都能够遵守承诺。

(5)我是一个勤奋的人。

(6)即使失败了我也仍会继续努力。

(7)我能坚持完成一项我不感兴趣的活动或任务。

(8)我会不断尝试新事物,虽然它很难。

我们将小学生自我报告的作弊行为("0"为未作弊,"1"为作弊)作为结果变量,坚持性水平作为预测因子,进行了二元逻辑回归分析。结果发现,逻辑回归的模型拟合且显著($\chi^2 = 6.88$, df$= 1$, $p = 0.009$, Nagelkerke $R^2 = 0.02$)。其中,坚持性水平的主效应显著(Wald $\chi^2 = 6.86$, df$= 1$, OR$= 0.61$, 95% CI$= [0.43, 0.88]$),表现为坚持性水平越高的小学生,自我报告自己曾经作弊的可能性越小。

该研究揭示了坚持性在预防小学生学业作弊行为方面的重要作用。以往研究表明,具有高坚持性的学生能够积极面对学习过程中的各种困难,在学业任务时不遗余力地付出努力直至达成目标(Duckworth,2016)。因此,坚持性较高的小学生面临学习困境时,更有可能选择通过自身的努力来解决问题,而不是依靠"作弊"这一非正当途径。

（三）自尊与认同

正如本书第二章的阐述,小学阶段的学生正处于道德与社会性发展的关键期。在这一时期,小学生格外渴望获得父母、教师或同伴等对其的认可与赞赏,拥有很强的自我表现力,希望能够表现得出色。然而,当他们的实际表现与其自我期望之间存在明显的差距时,一些学生可能会选择作弊这种捷径,期望通过作弊快速获得正面反馈和认可,满足维护自尊心的需要,获得短暂的成就感。尽管这种短暂的成就感可以暂时缓解小学生的学习焦虑,但从长远来看,这种行为不利于诚信观念的建立和心理健康的培养。

Lobel 等(1988)曾考察了自尊和认同需求对学生作弊行为的影响。他们在以色列招募了 228 名五年级和六年级的小学生(年龄为 10—12 岁,其中女生108 名,男生 120 名),邀请这些学生填写了一份学生社会需求量表(children's social desirability,CSD;Crandall et al.,1965)和一份自尊量表(self-esteem inventory,SEI;Coopersmith,1967),以评估小学生的认同需求水平和自尊水平。

几周后,实验者再次邀请这批小学生参加一个现场实验,以测量他们的作弊行为。具体来说,实验者让所有学生临摹事先在纸上画好的五个图形,要求每个图形必须一笔画完。实际上,在这五个图形中,只有两个图形可以一笔画完,另外三个图形是无法按要求一笔完成的。因此,若学生声称完成了这三个无法一笔画完的图形,就表明其在测试中违反了规则、做出了作弊行为,或在报告成绩时说了谎。研究通过计算学生声称其完成的图形数量与实际能够完成的图形数 2 之间的差值,来评估学生的作弊程度。例如,若某名学生报告自己完成了 4 个图形,那么作弊程度的得分为 4－2＝2 分。

该研究的所有参与者被随机分配到以下三种不同的实验条件中。

（1）公示组：实验者告知学生，最后将公示所有人的成绩。

（2）奖励组：实验者告知学生，成绩在前 20％的学生将获得奖品。

（3）控制组：实验者告诉学生，不会将其成绩告诉其他人。

为了检验认同需求、自尊水平与小学生作弊行为间的关系，实验者以作弊得分作为因变量，进行了 2（高认同需求 vs 低认同需求）×2（高自尊 vs 低自尊）×3（公示组 vs 奖励组 vs 控制组）×2（男孩 vs 女孩）的多因素方差分析。研究结果发现，认同需求和自尊水平存在显著的交互作用[$F(1,204)＝4.702$, $MS＝5.85$, $p<0.05$]。事后检验发现，作弊率最高的是低自尊、高认同需求的学生，其次是高自尊、高认同需求的学生，以及高自尊、低认同需求的学生。而低自尊、低认同需求的学生作弊率最低。也就是说，自尊水平较低但是认同需求较高的学生最容易做出作弊行为。

（四）问题行为

问题行为通常是指个体在特定环境下表现出的不符合社会期望或违反社会规范的行为。对小学生而言，若频繁出现不遵守课堂纪律、撒谎、攻击性行为等典型问题行为，可能反映出其内心对规则和责任的漠视。若这种漠视态度未能得到及时干预，其负面影响可能会进一步扩散到学习领域，导致学生在学习中忽视学业道德规范，比如认为考试作弊不是什么大问题。这种观念的形成，不仅会削弱小学生的学业诚信素养，也会对其长远的道德发展和行为习惯产生不良影响。

Wilson 等（2024）通过一项实证研究考察了儿童问题行为与其学业作弊行为之间的关系。该研究通过 ZOOM 平台在线上招募了 439 名年龄介于 4—11.5 岁的学生（平均年龄为 7.2 岁，其中女生 228 名，男生 211 名）。

该研究分为两个阶段。第一阶段，由学生的家长填写简化版"儿童行为检查表"（Child Behavior Checklist，CBCL；Achenbach，1999）以及简化版"长处与困难问卷"（Strengths and Difficulties Questionnaire，SDQ；Goodman，1997），以评估学生的问题行为。第二阶段，研究者使用 6 项模拟学业测试任务测量学生的作弊行为。这 6 项测试分为 3 类：数学测试、一般知识测试和运动技能测试，每类包含 2 项任务[①]。

采用逐步线性回归分析，在控制年龄、性别、种族、父母宗教信仰等人口统计学变量后，研究者考察了学生问题行为等因素与其学业作弊行为间的关系。结果发现，问题行为的主效应显著（$p=0.003$），表现为学生问题行为量表得分越高，其越倾向于在学业任务中作弊。

这一结果表明，小学生问题行为与其学业作弊行为之间存在正相关关系，即小学生问题行为能够正向预测其学业作弊行为。这一发现对家长、教师及其他教育工作者具有重要的启示意义：在关注学生学业成绩的同时，也应关注并及时纠正学生在日常生活中的行为问题，防止这些看似"无伤大雅"的问题行为发展为更严重的违规行为。

（五）其他

除了上述因素之外，仍有部分可能影响小学生学业作弊行为的因素，但由于相关研究较少，尚未形成统一的结论。例如，性别是否以及如何影响学业作弊行为，一直是一个备受争议的话题。部分早期研究认为，男性相较于女性更易做出欺骗行为（Bowers，1964；Roskens & Dizney，1966）；但也有研究持完全相反的观点，即女性相较于男性更易在某些特定的情况下作弊，如面对诱惑（Canning，1956；Jacobson et al.，1970）。可见，性别与作弊行为之间可能存在一定的相关关系。但是这一观点却并未在小学生中得到验证——目前针对小学生的一系列研究似乎并未发现性别对学业作弊行为有稳定的影响。

---

① 同第三章第二节个体因素"一般自我效能感"部分 Yee 等（2024）的研究范式。

但早年的一项研究表明,成就动机①和内外部控制归因②对小学生学业作弊行为的影响仅限于女生群体(Johnson et al.,1972)。该研究招募了113名来自中产阶级家庭的五年级小学生,让所有参与研究的学生进行一次数学测试,并在测试结束后让学生将试卷带回家自行批改后再交还给实验者。然而,所有的试卷均为特殊材质的复写纸(常见于收款单据),这种纸张的特点是学生在其上书写的内容会完整地复制到下一层纸张上,因此可以"保留"学生最初的答案。后续通过比较学生最初的答案与其自行批改后上交的答案,可以判断是否存在作弊行为。而学生的成就目标水平(Atkinson,1958)和内外部控制归因(Crandall et al.,1965)均通过问卷测量。

研究结果发现,成就动机和内外部控制归因能够显著预测女生的学业作弊行为,具体而言,外部控制归因倾向和成就动机越低的女生更容易作弊。但这两种因素对男生学业作弊行为的影响并不显著。这一结果的可能原因在于心理和行为发展上的性别差异,男女生在面对学业压力时采取的应对策略不同。例如,与男生相比,女生可能更依赖外部支持来应对学业压力。此外,家长和教师对男女生的学业期望也可能存在差异,从而影响了他们的自我认知和行为选择。学校文化和氛围也可能对学生的诚信行为产生不同影响,进而影响作弊倾向。总之,成就动机和内外部控制归因在预测女生的学业作弊行为上具有显著的作用,而在男生群体中这种影响并不显著,这可能源于心理、行为和环境等多方面因素的差异。

---

① 成就目标(achievement goals)指个体在追求某种成就或成功时所设定的目标和导向(彭聃龄,2001)。

② 内部控制倾向的个体认为自己有能力掌控自己的生活和所发生的各种事件,这种信念使其相信自己能够通过自身的努力和决策影响和改变自己的命运;相反,外部控制倾向的个体认为自己的生活和所经历的事件主要受到外部力量的控制和影响,无论自己如何努力,最终的结果都取决于诸如运气、命运、他人的决定或其他不可控的外部因素(Rotter,1966)。

132

在对小学生学业作弊行为及其影响因素的相关研究进行系统梳理后,不难发现,作弊行为并非由单一因素所导致,而是多种因素共同作用的结果。这些因素涵盖了亲子关系、师生关系、同伴关系等社会环境因素,以及小学生对于作弊的态度和坚持性等个体因素。可见,若要有效减少和预防小学生的学业作弊行为,家长、学校和社会各界需共同努力,从多个角度出发,综合考量各种影响因素,采取针对性的干预措施,为小学生营造一个健康、积极的成长环境。

本章对小学生学业作弊行为及其影响因素进行了深入探讨。通过对过往研究的梳理可以看出,国内外对于小学生学业作弊行为的研究还有很长的路要走。

在第一节中,我们追溯了小学生学业作弊研究的起源和发展历程,并使用CiteSpace对2004—2024年国内外相关研究进行了分析。研究发现,小学生学业作弊行为研究最早可追溯至1928年。随后,由于国外教育政策和社会认知的原因,相关研究较少且多停留在理论层面。近年来,随着时代的进步,该领域的研究热度开始逐渐回升,内容日益细化,方法也在不断优化,开始尝试跨学科合作。

在第二节中,我们从环境和个体两个方面出发,系统梳理了影响小学生学业作弊行为的因素。包括师生关系、同伴关系、亲子关系、惩罚等社会环境因素,以及儿童对作弊行为所持态度、坚持性、自尊、认同需求和问题行为等个体因素,均对小学生的学业作弊行为存在一定的影响。

总体而言,通过对小学生学业作弊行为及其潜在影响因素的深入研究和探讨,我们不仅能够更全面地理解这一问题的复杂性和多维度特征,还能够为教育工作者、学校管理者以及政策制定者提供具有参考价值的建议,以预防和减少学业作弊行为的发生。

第五章
中学生学业作弊行为

　　中学阶段是继婴儿期后的第二个快速成长期。随着身心发展的重大转变以及学业任务的日益繁重,中学生的道德观念面临巨大挑战。这一时期的个体不再无条件信奉权威,对于规则的理解也不再非对即错,能够理解"情有可原"的违规行为,甚至可能因逆反心理而做出违规行为。以往的实证研究显示,中学生的学业诚信问题不容乐观,学业作弊已成为影响中学教学质量的一大问题(Mynette,1946;Keehn,1956;Feldman et al.,1967;Zhao et al.,2022)。例如,20世纪50年代一项针对美国初中生的实证调查揭示作弊现象十分普遍(作弊率约50%;Keehn,1956)。近期,一项在国内初中生中开展的现场实验也发现超过半数的学生在考试中作弊(Zhao et al.,2022)。深入研究中学生学业作弊行为,进而促进其学业诚信,对中学生的道德观念、身心健康和学习质量都会产生深远影响。

　　关于中学生学业作弊行为的研究可追溯至1918年。当时,为探究学业作弊行为的成因,研究者对美国内布拉斯加州32所高中的学生开展了一项大范围的问卷调查。结果发现,学校地理位置、诚信政策、选课自由度和班级规模等社会环境因素均在不同程度上影响着高中生的作弊行为。此外,许多国外研究关注了可能影响中学生作弊的个体因素(Schab,1969,1980;Evans & Craig,1990;McLaughlin & Ross,1989;Anderman et al.,1998;Cizek,1999),发现诸如成就目标、道德判断等个体因素对中学生的学业作弊行为均具有一定影响。具体说来,相比认为作弊不可接受的学生,认为作弊可以接受的学生更倾向作弊;更看重学习成绩的学生,比更注重在学习中有所收获的学生作弊频率更高。总之,国际上针对该领域的研究相对较为丰富,反映出中学生作弊受学习环境、个体认知和道德发展、学业压力等多重因素的综合影响。

相比国外研究,国内对中学生学业作弊行为的研究起步较晚,大多为研究者基于自身实践对作弊现状和成因的描述和分析,部分研究还提出一些干预建议(黄小亚,2010;孙志斌,2022;杨华英,2005;张红梅,2004)。但到目前为止,相关实证研究还非常有限。这些理论研究对指导国内中学生诚信教育有一定的参考价值,但对学业作弊行为的内在机制和影响因素的探讨还很不足。因此,国内在这一领域还有较大的研究发展空间和潜力,需要研究者和教育工作者的进一步深入挖掘。

鉴于此,本章将通过以下两节内容全面地了解中学生学业作弊行为,以应对可能的负面影响:①分析2004—2024年国内外有关中学生学业作弊行为的研究热点及特点,探寻该领域的发展态势和未来热门研究主题;②系统梳理可能影响中学生学业作弊行为的复杂因素,以期为预防和减少作弊提供科学有效的建议和措施。

第一节　中学生学业作弊行为的研究热点及特点

本书第四章的第一节对 CiteSpace 这一文献计量学工具进行了详细介绍。在本节中,我们将继续使用 CiteSpace,基于中国知网和 Web of Science 核心合集数据库的文献检索结果(中文文献 62 篇,外文文献 96 篇),对国内外中学生学业作弊行为领域 2004—2024 年的研究热点和特点进行年发文量分析、关键词热点分析、关键词聚类分析、关键词时间线分析以及关键词突现分析。

一、中学生学业作弊行为研究的 CiteSpace 分析——中文文献

中学生学业作弊行为相关中文文献的检索流程与小学生一致。唯一不同的

是,检索条件中的研究对象为中学生,即以"诚信(主题)或作弊(主题)或剽窃(主题)或抄袭(主题)并学业(全文)并中学生(全文)/初中生(全文)/高中生(全文)"为检索条件。时间范围同样为 2004 年 1 月 1 日至 2024 年 7 月 1 日。在中国知网数据库进行初步检索后,获得 1394 篇相关文献。随后,对检索到的文献进行人工筛查,在排除了研究对象未涉及中学生或实际研究内容与学业作弊行为无关的文献后,最终获得 62 篇符合要求的中文文献,并将其纳入 CiteSpace 分析。

(一)年发文量分析

依据检索数据,我们对上述 62 篇关于中学生学业作弊行为的中文文献进行了年发文量分析,如图 5-1 所示。结果显示,与小学生学业作弊行为研究热度的走势相似,国内对中学生学业作弊行为的研究热度整体亦呈抛物线形态。其中,2015 年和 2022 年先后达到了年发文量峰值(分别为 9 篇和 7 篇),但在 2019—2020 年以及 2022—2024 年,相关文献的产出几乎为 0。这表明,近年来国内学界对中学生学业作弊行为的研究可能面临一定困难和挑战。

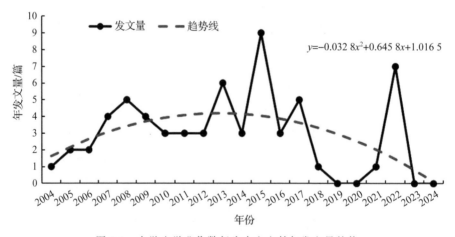

$$y=-0.032\,8x^2+0.645\,8x+1.016\,5$$

图 5-1　中学生学业作弊行为中文文献年发文量趋势

具体来说,我们将 2004—2024 年国内中学生学业作弊行为研究的发展历程划分为以下三个阶段。

(1)初探期(2004—2014 年)。这一阶段相关文献的年发文量虽有波动,但总体呈现缓慢增长趋势,表明国内学界开始关注中学生学业作弊(尤其是考试作弊)问题。这一阶段的研究主要集中在问题描述和成因探究(黄小亚,2010;杨华英,2005;张红梅,2004)。例如,杨华英(2005)通过问卷调查法和访谈法,对粤西地区中学生的诚信道德现状进行了初步探索,并重点考察了中学生的学业诚信现状及其对学业不诚信行为的态度。结果显示,高达 97% 的中学生认为班级内存在抄袭作业的现象,仅 32% 的学生表示自己从未抄袭过作业。这些调查结果不仅直观地揭示了中学生学业作弊问题的严峻性,也显示了加强中学生诚信教育的必要性和迫切性。吕亚(2010)在回顾和总结以往文献的基础上,对中学生学业作弊行为的成因进行了概述,指出中学生作弊既与道德观念和社会责任意识缺失等个体因素有关,也与教育制度不完善、考试管理不当、社会风气的负面影响以及来自教师或家长的压力等外部因素有关。针对这些因素,吕亚提出了一些初步的对策和建议,如建立考生诚信档案和完善考试作弊的惩罚体系等,以期为解决中学生学业作弊问题提供实践指导。

(2)鼎盛期(2015 年)。国内关于中学生学业作弊行为研究的年发文量在 2015 年达到了顶峰。这一阶段的研究不再局限于对中学生学业作弊等诚信道德缺失现状的简单调查,而是转向更为深入的实证研究,致力于揭示中学生学业作弊现象的深层次原因,并基于实证结果提出有针对性和可操作性的解决方案(蔡明潮,2015;丁旭琴,2015;凌蔓,2015;袁建周,2015)。例如,有研究者通过访谈、问卷调查和案例分析法,考察了初中生在写作中的作弊行为及对作弊行为的看法。基于此,研究者提出了一系列解决初中生作文诚信缺失问题的对策建议,包括提高命题内容的熟悉度、选材贴合学生心理发展水平以及采用更多元化的评价标准等(丁旭琴,2015)。此外,刘玉琼(2015)结合文献分析及问卷调查法,探讨了高中生诚信行为的影响因素,发现学校的诚信氛围、身边重要人物(如教师、家长以及同伴)的行为方式,对学生的学业诚信行为具有深远的影响。此外,学校诚信教育的内容和方式方法,以及学校对诚信行为的评估方式等,也是影响高中生诚信行为的重要因素。

(3)衰退期(2016—2024年)。这一阶段国内中学生学业作弊行为研究的年发文量呈下降趋势,甚至在2019—2020年一度降至最低,产出几乎为0。这种波动可能与新冠疫情的暴发有关。疫情期间,许多领域的实证研究皆处于停滞状态。尽管在2021—2022年,随着国内疫情形势的缓解,相关研究的年发文量有所回升,但这一增长趋势却未能持续。到了2023—2024年,年发文量再次跌落至谷底。分析这一阶段数量非常有限的研究可以发现,这一时期研究者主要将目光聚焦在对中学生学业作弊行为内在心理机制的探索上(金慧,2022;袁盼盼,2016)。例如,袁盼盼(2016)对初中生诚信品质的发展现状进行了实证考察,基于访谈和问卷调查结果指出,学生诚信品质塑造主要依靠其对诚信的认知及其道德情感体验:初中生对诚信的认知水平越高,关于诚信的积极情感体验就越多(如因自身的诚信行为而感到自豪),其作弊的可能性也越低。另一项针对初中生的问卷调查研究则发现,学校道德氛围能够预测初中生的作弊行为意向,而道德推脱在其中发挥了中介作用。具体来说,学生所在学校的道德氛围越差,他们因作弊而感到的不安或内疚感就越弱,考试作弊的可能性也就越高(金慧,2022)。可见,社会环境、个体及情绪因素均对中学生的学业作弊行为存在一定的影响。

总体而言,国内2004—2024年对中学生学业作弊行为的研究经历了一个从初步兴起到快速增长,后又逐渐衰落的发展历程。但这并不意味着国内学者在该领域的研究已停滞不前,相反,它预示着相关研究将进入一个更关注现实需求和实践意义的新发展阶段。随着教育技术的不断发展和教育环境的日益复杂,对于中学生学业作弊行为的检测方法和预防策略或许会因研究深入而变得更加多样化和精细。

（二）关键词热点分析

我们对 62 篇中文文献的关键词进行了热点分析。结果显示，关键词共现图谱中的 97 个关键词节点（$N=97$）和 205 条连接线（$E=205$）共同构成了一个密度为 0.044（$D=0.044$）的网络结构，如图 5-2 所示。这表明，2004—2024 年，国内关于中学生学业作弊行为研究间的关联并不紧密，研究焦点较为分散。

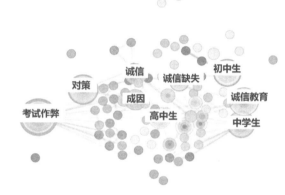

图 5-2 中学生学业作弊行为中文文献关键词共现图谱

表 5-1 列举了出现频次最高的 10 个关键词，以及与其他关键词关联强度最强的 10 个关键词。其中，"考试作弊"（频次：14 次，中心性：0.61）和"初中生"（频次：10 次，中心性：0.34）两个关键词同时位居频次及中心性的前两位，表明该领域研究主要聚焦于考试作弊这一核心问题上，且主要研究对象为初中生。而其余关键词频次或中心性的区分度并不大。

表 5-1 中学生学业作弊行为中文文献关键词频次和中心性（前十位）

关键词	频次	关键词	中心性
考试作弊	14	考试作弊	0.61
初中生	10	初中生	0.34

续　表

关键词	频次	关键词	中心性
诚信教育	9	中学生	0.28
对策	9	对策	0.25
中学生	8	诚信教育	0.17
高中生	7	成因	0.13
诚信	7	诚信缺失	0.13
成因	6	作业抄袭	0.10
诚信缺失	4	高中生	0.09
诚信行为	4	诚信	0.07

　　具体来看,"考试作弊"成为研究热点可能与中学生繁重的学业任务及激增的学业压力有关。这些研究探讨了中学生考试作弊的严峻现状及其成因,并提出了有针对性的解决方案(吕亚,2010;卜德镇,2009;张乐,2012)。例如,卜德镇(2009)针对乡镇中学的学生开展了一项叙事研究,基于教学日志、访谈、观察等方法,揭示乡镇中学学生考试作弊的主要原因为教师教育素质不足、评价制度不合理、学生成功经验匮乏以及过于依赖外部激励等。因此,卜德镇(2009)指出可从强化教师责任感、完善考试制度、提升学生自尊、培养学生主体性及良好的学习习惯等方面改善乡镇中学的考试作弊问题。此外,王友智和唐业森(2021)基于中学教育经验,提出了防治中学生考试作弊的策略,如实施严格的惩罚措施、加强生涯规划教育、纠正教师和家长的片面评价、推动家校合作等。

　　"初中生"这一关键词频繁出现反映了本次文献检索的准确性,也表明中学阶段学业作弊行为研究重点关注初中生这一群体。初中生处于义务教育末端,学业难度和任务较小学有质的变化,因此作弊现象更突出。该主题中的多数研究探究了初中生作弊的成因(顾云龙,2007;韩冬梅,2009;金慧,2022;卜德镇,2009;朱鹏,2006)。例如,朱鹏(2006)认为初中生已具备一定的社会化水平,价值观(尤其是诚信观)易受周遭同伴、教师或者父母的影响。为此,朱鹏对武汉市536名初中生进行了问卷调查,探究影响初中生学业诚信观的因素。结果发现,同伴关系中同伴质量的好坏对初中生诚信观的影响较大。具体而言,中学生若经常与讲诚信、有公德心的同伴交往,会比经常与不讲诚信、公德心差的同伴交往,更加重视诚信。

（三）关键词聚类分析

我们对 62 篇中文文献的关键词进行了聚类分析,共生成了六大类,如图 5-3 所示。其中,聚类模块值 $Q=0.664$,平均轮廓值 $S=0.88$,表明聚类结构良好且结果可靠。具体来说,图谱中的六个聚类标签分别为:"家庭"(标记为"0")、"考试作弊"(标记为"1")、"成因"(标记为"2")、"高中生"(标记为"3")、"初中生"(标记为"4")和"作业抄袭"(标记为"5")。其中,"初中生"和"高中生"为本章的核心研究对象;"家庭""考试作弊""作业抄袭"以及"成因"则为研究内容,表明近年该领域的热门研究方向可能与常见的作弊方式及其成因有关。

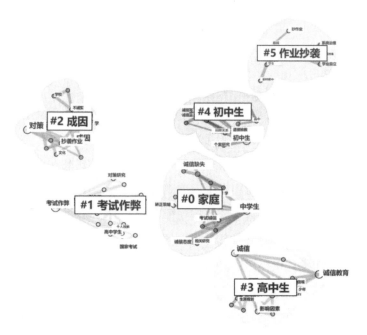

图 5-3　中学生学业作弊行为中文文献关键词聚类图谱

（四）关键词时间线分析

为进一步了解上述关键词聚类分析中每一个聚类标签的演变过程,我们继续进行了关键词时间线分析,从而了解研究主题的变化特点及未来发展态势。如图5-4所示,聚类主题由上至下分别为"家庭""考试作弊""成因""高中生""初中生"和"作业抄袭"。

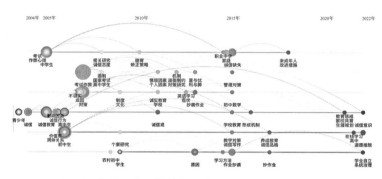

图 5-4 中学生学业作弊行为中文文献关键词时间线图谱

"家庭"这一研究主题自 2005 年以来备受关注,并延续至 2018 年。这可能与青春期个体的心理发展特点有关。进入青春期后,个体独立自主的欲望逐渐增强,家庭对个体行为方式的影响可能因此变得更加复杂、多样。例如,在这一时期,"德育"和"诚信缺失"等话题也很流行,常与"家庭"出现在同一研究中。某项问卷调查显示,家庭环境对中学生诚信观念的塑造具有重要的作用,父母发挥着关键性示范作用(杨琪,2011)。另一项个案研究也发现,和谐的家庭环境有助于培养孩子的正直品质,而紧张或冲突频繁的家庭氛围可能会导致孩子出现更多的问题行为,如考试作弊(韩冬梅,2011)。

"考试作弊"和"成因"自 2007 年开始成为该领域的研究热点,但流行时间较短,约 2015 年后呈现衰退趋势。探究影响中学生学业作弊的情境因素和个体因素,以及针对学业作弊行为的对策研究等,是该主题较为热门的研究内容。例如,曾敏霞(2012)基于问卷法和实验法开展了一项实证研究,发现道德自我概念①能使初中生的诚信行为保持跨情境的一致性,具有高道德自我的学生无论在何种情境中都更倾向于保持诚信,不易受外在情境因素影响而作弊。韩冬梅(2009)通过个案和访谈法探究了初中生学业不诚信行为的主要表现及其成因,发现抄袭作业、代写作业、考试作弊等是初中生常见的不诚信行为,而诚信教育单一化、表面化,教育管理的不公正等均是导致学生作弊的因素。此外,还有研究强调学校校风可能影响学业作弊,学校的道德氛围越好,学生越有可能在考试等学业任务中保持诚信(宋学敏,2013;金慧,2022)。

"初中生"和"高中生"这两个关键词主要在 2006 年至 2022 年流行起来,近年来始终保持着一定活力。针对这两类中学生群体的研究内容多为学业诚信的"影响因素""诚信教育"以及"诚信观"等。例如,一项针对初中生的问卷调查发现,相较于高年级,低年级学生对诚信的认同度更高,更倾向于认为诚信是做人做事的基本原则。然而有趣的是,尽管低年级学生对诚信有着较高的认同度,但在实际行动中,他们的诚信意志却相对较弱。换言之,低年级的中学生在将这种诚信认同内化为自身行为准则的过程中面临着较大的困难,导致其作弊的可能性也更高。针对这一发现,研究者提出,可以根据不同年级制定不同的诚信教育目标,帮助低年级的中学生内化诚信认同,提高诚信教育的效果(袁建周,2015)。

相较上述 5 个研究主题,"作业抄袭"这一主题出现较晚,2009 年才逐渐受到关注,这可能与考试作弊的严峻性有关。考试作弊行为直接影响考场纪律和教育公平,受到广泛关注。但随着研究深入,越来越多研究者逐渐意识到"冰冻三尺非一日之寒",考试作弊行为很可能源自学生在日常作业中养成的不良习惯。作业作弊对学生的学业成绩、道德观念和行为模式有着潜在影响。因此,研究者开始将目光投向中学生作业作弊行为,关注其成因及干预策略。例如,丘思

---

① 道德自我概念:对于"我是一个什么样的人,我在道德上表现如何"的自我认识和感受。即个体如何看待自身的道德行为,以及如何根据内化的道德标准来支配和控制自身的行为(Peter et al.,2015)。

强(2014)对农村高中生在完成英语作业时的作弊行为进行了问卷调查,调查内容包括学生对作业作弊行为的态度以及不喜欢作业的原因等。结果发现,不合理的作业题型、难度过高或过量的作业等是影响学生作业作弊的主要因素。据此,丘思强(2014)建议可采用随堂听写等作业形式代替家庭作业,这种随堂作业不仅能够及时帮助学生巩固课堂知识,也能够减少学生的课后作业负担,降低其作弊的可能性。此外,还有研究者基于学业自立视角,调查了杭州市区一所中学学生的作业作弊行为,指出对中学生作业作弊行为进行干预的本质在于实现其学业独立性,而作业时间过少、作业量过多以及作业难度过高等都会减少学生的学业独立性,进而增加学生抄袭作业的可能性。因此,教师合理布置作业、学生合理规划做作业的时间等均为减少作业作弊的有效方法(孙志斌,2022)。

(五)关键词突现分析

我们通过 CiteSpace 的关键词突现分析,生成并罗列了 2004—2024 年在某一段时间内突然出现的 10 个研究热点。由图 5-5 可见,大多关键词一旦出现,就迅速成为研究热点,但在一段时间后其热度开始减退。然而"诚信"一词与国内小学生学业作弊行为研究趋势一致,一直保持着较为稳定的热度。

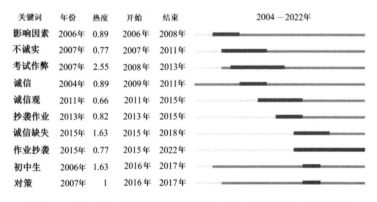

图 5-5　中学生学业作弊行为中文文献关键词突现图谱(前十位)

根据这些关键词的突现时间，可将中学生学业作弊相关研究热点的发展大致分为以下两个阶段。

第一阶段为探索阶段（2006—2013 年）。这一阶段主要是对中学生学业作弊行为现状及其影响因素的探究。突现关键词包括"影响因素""不诚实""考试作弊""诚信"及"诚信观"，这些关键词的热度分别持续至 2008 年、2011 年、2013 年、2011 年和 2015 年。主要研究内容在关键词时间线分析部分已进行了详细介绍。2004 年，教育部发布了《国家教育考试违规处理办法》，这一政策的实施进一步引发了研究者对中学生考试作弊现象的关注，推动了对这一问题的深入研究。例如，顾云龙（2007）通过对丹东市三所学校初中学生进行问卷调查和访谈后发现，73.4％的初中生认为考试作弊普遍存在，且普通中学的学生作弊的比例高于重点中学的学生。曹润生（2010）对高中生诚信现状的调查研究发现，学业诚信缺失在高中生群体中也是一个严峻问题。他指出，当前高中生对诚信的认知与其实际的诚信行为之间缺乏一致性，其诚信行为缺乏持久性和稳定性，易受外界环境的影响。这些研究为我们展现了中学生学业作弊行为现状，但较少探讨作弊行为背后的机制。

第二阶段为聚焦阶段（2014 年至今）。这一阶段的研究热点聚焦于中学生学业诚信缺失现状及其成因。突现关键词有"抄袭作业""诚信缺失""作业抄袭""初中生"和"对策"。其中，"诚信缺失"热度持续到 2018 年；"抄袭作业"和"作业抄袭"作为同一概念，热度从 2013 年持续到 2022 年；"初中生"和"对策"在 2004—2024 年中均较热门，但在 2016—2017 年热度突现。

2011 年，党的十七届六中全会《中共中央关于深化文化体制改革、推动社会主义文化大发展大繁荣若干重大问题的决定》指出："把诚信建设摆在突出位置，大力推进政务诚信、商务诚信、社会诚信和司法公信建设，抓紧建立健全覆盖全社会的征信体系，加大对失信行为惩戒力度，在全社会广泛形成守信光荣、失信可耻的氛围。"这反映出诚信建设已成为社会普遍关注的问题。在这样的社会背景下,中学生学业诚信问题受到广泛关注。因此,许多研究对中学生学业诚信缺失的现状及成因进行了深入探讨(蔡明潮,2012;刘玉琼,2015)。例如,蔡明潮(2012)通过文献综述和问卷调查的方法,对国内某市四所高中的考试作弊现象以及学校的管理对策进行了研究。结果揭示高中生作弊现象严重,以及存在考试监管不严、考试制度不完善、评价体系不健全以及防作弊措施不足等诸多管理缺陷。刘玉琼(2015)采用问卷调查法考察了家庭因素对高中生考试诚信态度及行为的影响,发现家庭社会经济状况和母亲的教育水平等会影响孩子的诚信态度和行为。这些研究凸显了家庭教育在培养中学生学业诚信方面的重要作用。

同时,这一阶段的研究不再仅仅停留于对学业作弊现状的考察和原因分析,而是更多探讨预防和干预学业作弊行为的有效策略,如加强道德教育、优化考试制度、采用作弊监测手段等(叶晓燕,2016;肖建,2017;姚秀琴,2017;姜兴晨,2018;张峰峰等,2022)。例如,一项问卷调查研究深入探讨了中学生诚信缺失行为(包括学业作弊以及违背承诺等行为)的表现、成因及应对策略(姜兴晨,2018),发现当前中学生学业诚信缺失问题的原因主要可归纳为两个方面:一是家庭教育方式不当,如父母溺爱或父母过于苛责;二是学校教育内容的不完善,特别是学校在义务教育阶段对德育的忽视。据此,姜兴晨指出,应加强家庭诚信教育,家长需以身作则,在家庭中营造诚信氛围;同时,学校也应加强诚信教育,将其纳入德育工作规划,通过丰富多样的诚信活动将诚信教育渗透到日常生活中去。另外,研究者深入探究了作业抄袭的心理机制、社会文化背景以及对应的技术手段等方面的变化(孙志斌,2022),并关注了技术革新对此类作弊行为的影响及应对策略。例如,随着在线教育和远程考试的兴起,在线作弊手段也日益多样化和隐蔽化,为此研究者呼吁必须不断创新反作弊技术,以确保考试的公平性和公正性(陈育斐,2022)。

总的看来,通过对62篇关于中学生学业作弊行为的中文文献进行可视化分析,我们发现该研究领域的发展趋势与针对小学生的研究相似,年发文量呈现出先缓慢增长后迅速上升,随后又逐渐放缓的态势。进一步分析表明,尽管该领域的研究主题较为分散,但通过关键词的聚类分析,我们可以明确地将其归纳为"家庭""考试作弊""成因""高中生""初中生"以及"作业抄袭"等几个核心主题。这些聚类标签揭示了中学生学业作弊行为研究的广泛性,它不仅涉及个体层面,还包括家庭环境;不仅有考试作弊,也涵盖了作业作弊。综合可见,国内关于中学生学业作弊行为的研究更倾向于多维度、多层次的探讨,旨在揭示作弊行为发生发展的根本原因,并提出更加科学有效的预防和干预措施。

二、中学生学业作弊行为研究的 CiteSpace 分析——外文文献

针对国外中学生学业作弊行为的文献检索流程与小学生一致。唯一不同的是,二次筛选时仅保留研究对象涉及中学生的文献。检索的时间范围同样为2006 年 1 月 1 日至 2024 年 7 月 1 日。经过人工筛查,剔除实际研究内容与中学生学业作弊行为无关的文献,最终共获得 96 篇有效文献,并将其纳入 CiteSpace分析。

（一）年发文量分析

依据检索数据,我们对上述 96 篇关于中学生学业作弊行为的外文文献进行了年发文量分析,如图 5-6 所示。整体来看,国外该领域的研究热度虽波动较大,但整体呈上升趋势。其中,2023 年达到了年发文量峰值——12篇。但由于各年份发文量均有限,因此整体区分度并不大。根据年发文量的变化趋势及相关文献的具体研究内容,我们将国外的发文情况分为两个阶段。

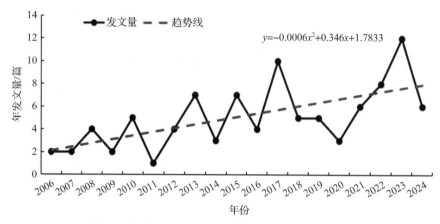

$y=-0.0006x^2+0.346x+1.7833$

图 5-6　中学生学业作弊行为外文文献年发文量趋势

（1）初探期（2006—2010 年）。国外对中学生学业作弊行为的研究自 20 世纪开始，但当时研究的数量非常有限，且这种趋势一直延续至 2010 年左右。尽管年发文量并不多，但研究却在不断深入。一方面，一些学者尝试通过文献综述构建解释中学生作弊动机的理论框架，从而揭示作弊动机的内在心理机制（Murdock & Anderman，2006；Del Carlo & Bodner，2006）。例如，有研究将影响中学生学业作弊行为的个人和情境因素总结为一个综合的动机模型（Murdock & Anderman，2006）。该模型假设，作弊与否主要取决于作弊目的、作弊可能性以及对作弊代价的评估这三个因素。另一方面，学者也尝试通过行为实验来探究减少中学生学业作弊行为的方法。这类研究旨在将理论转化为实践，从理论视角出发，通过实证研究探寻减少作弊的有效方法。例如，有研究者基于认知失调理论设计了一种诱导"失调"的方法——先让学生赞同一个他们原本就赞同的观点（如"作弊是不对的"），然后让他们意识到自己的行为（如曾经作弊）与这一观点不符。这种认知和行为的不一致促使学生产生一种失调感，进而改变自身行为，以减少失调。遗憾的是，这种干预方法的效果并不显著（Vinski & Tryon，2009）。

（2）增长期（2011—2024 年）。这一时期的研究数量不断增加，且研究方法也展现出多样性。例如,许多研究采用元分析方法对大量文献的数据进行整合,系统探讨影响中学生学业作弊行为的因素(Paulhus & Dubois,2015;Krou et al.,2021)。例如,一项元分析发现,认知能力与中学生学业作弊行为之间呈负相关关系:认知能力越低的学生更有可能作弊(Paulhus & Dubois,2015)。此外,跨文化比较也成为这一时期研究的重要方向。学者开始关注不同国家、不同文化背景下中学生学业作弊行为的差异及原因(Jamaluddin & Beryllia,2016;Gentina & Tang,2017;Jamaluddin et al.,2021)。例如,一项针对中国与法国高中生的研究显示,无论是集体主义文化下的中国,还是个人主义文化下的法国,同伴之间分享物品的经历越多,作弊就越多(Gentina & Tang,2017)。

(二)关键词热点分析

对 96 篇外文文献进行关键词热点分析,得到关键词共现图谱,如图 5-7 所示。该图谱中的 291 个关键词节点($N=291$)和 1181 条连接线($E=1181$)共同构成一个密度仅为 0.028($D=0.028$)的网络结构。可见,2004—2024 年国外关于中学生学业作弊行为研究间的关联相对国内研究更为分散。

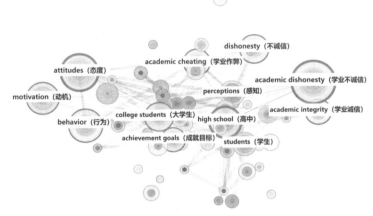

图 5-7　中学生学业作弊行为外文文献关键词热点

表 5-2 进一步列举了关键词共现图谱中出现次数最高的前 10 个关键词,以及该关键词与其他关键词之间关联强度最高的前 10 个关键词。其中,"学业不诚信"(频次:35 次,中心性:0.32)、"态度"(频次:26 次,中心性:0.30)、"行为"(频次:24 次,中心性:0.28)这三个词位居关键词频次及中心性的前三位。这表明,国外关于中学生学业作弊行为的研究主要聚焦于两个核心领域:一是学业不诚信的多维度探索,包括表现形式、发生频率、影响因素及后果等;二是中学生对学业作弊的态度与行为,尤其是中学生对作弊行为的认知、接受度、道德判断及其与学业作弊行为之间的关系。

表 5-2 中学生学业作弊行为外文文献关键词频次和中心性(前十位)

关键词	频次	关键词	中心性
学业不诚信(academic dishonesty)	35	学业不诚信(academic dishonesty)	0.32
态度(attitudes)	26	态度(attitudes)	0.30
行为(behavior)	24	高中(high school)	0.28
动机(motivation)	20	大学生(college students)	0.17
高中(high school)	20	学业诚信(academic integrity)	0.15
不诚实(dishonesty)	19	学业作弊(academic cheating)	0.15
学业诚信(academic integrity)	15	不诚实(dishonesty)	0.14
学生(students)	15	成就目标(achievement goals)	0.13
大学生(college students)	12	行为(behavior)	0.10
学业作弊(academic cheating)	11	动机(motivation)	0.09

"学业不诚信"在国外中学生学业作弊研究中是核心关键词,这一主题与学业压力(如学业负担、父母期望、教师期望以及同伴竞争等)相关。许多学者探讨了影响中学生学业不诚信的因素(Sideridis et al.,2016;Cheung et al.,2016)。例如,一项问卷调查发现,对于课堂内容的投入程度越高,且掌握目标[①]导向的

---

① 掌握目标是指个体在活动中更关注自身能力的提高及其对任务的理解和掌握。

学生,对作弊的接受程度和自身作弊的可能性都较低(Cheung et al.,2016)。另一项研究对 6294 名成绩优异的初高中学生开展了问卷调查,发现学生感受到的学业压力越大,其自我报告的作弊行为也就越频繁(Conner & Pope,2013)。此外,一项访谈研究显示,大多数学生表示竞争压力太大是作弊的主要原因(Waltzer et al.,2023)。

"态度"和"行为"这两个关键词在文献检索中的频繁出现反映了国外学界对于探讨内在心理因素如何影响中学生的作弊行为表现的高度关注(Stephens & Nicholson,2008;Sasic & Klarin,2009;Vinski & Tryon,2009)。例如,一项针对克罗地亚等地高中生的问卷调查发现,高中生作弊非常普遍,且学生对作弊的态度与其自身作弊行为之间存在密切联系,即对作弊包容度越高的学生越容易作弊(Sasic & Klarin,2009)。另一项结合个案和访谈的研究探讨了中学生对作弊行为的态度与其行为之间不一致性的原因,发现这种不一致性可能源于学生对道德规范的模糊认识、对成功的渴望和对教育系统的压力反应等多种因素(Stephens & Nicholson,2008)。

(三)关键词聚类分析

通过对上述 96 篇关于中学生学业作弊行为的外文文献的关键词进行聚类分析,共生成了 6 个聚类,结果如图 5-8 所示。其中,聚类模块值 $Q=0.57$,平均轮廓值 $S=0.83$,表明聚类结构良好且结果可靠。图谱中的 6 个聚类标签分别为:"学业作弊"(标记为"0")、"网络"(标记为"1")、"科学不端行为"(标记为"2")、"人工智能"(标记为"3")、"作弊态度"(标记为"4")、"中学教育"(标记为"5")。这 6 个聚类结果均为中学生学业作弊行为的研究内容,表明近年来国外的热门研究方向可能与作弊方式及其背后的多种原因有关。

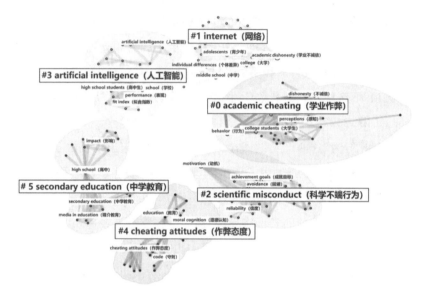

图 5-8 中学生学业作弊行为外文文献关键词聚类图谱

（四）关键词时间线分析

为进一步了解上述关键词聚类分析中每一个聚类标签的演变过程，我们进行了关键词时间线分析，以了解有关中学生学业作弊的研究焦点及其发展变化趋势。

具体而言，有关"学业作弊"这一主题的研究一直延续到 2023 年。这表明相关学者一直在持续探索影响中学生学业作弊的复杂成因。在该主题盛行期间，有关道德判断、自我效能感、感知等问题成为中学生学业作弊的主要研究内容。许多学者特别重视个体因素对学业作弊行为的重要影响。例如，Anderman 和 Danner（2008）在回顾以往有关成就目标与学业作弊关系的文献后发现，许多研究都发现中学生的掌握目标与作弊行为呈显著负相关，而表现目标[①]与作弊行为呈现显著正相关。也就是说，那些更关注学习过程和知识掌握（掌握目标导

————————

① 表现目标是指个体在活动中更关注自身的能力是否充分展现以及他人对自己的评价。

向)的学生往往更少作弊,而那些更看重成绩和外在表现(表现目标导向)的学生则更多作弊。此外,Anderman 等(2010)在随后一项针对高中生的问卷调查研究中进一步探讨了个人的冲动特质①与中学生学业作弊行为的关系,发现冲动特质与作弊行为呈显著正相关。这表明,那些行事冲动、不考虑后果的学生更容易做出作弊行为。

"网络"与"人工智能"这两个主题先后于 2006 年和 2008 年成为研究热点。这是由于,进入 21 世纪以来,互联网成为青少年生活中不可或缺的一部分,其所提供的广泛的信息渠道和便捷的资源获取方式极大地改变了青少年的学习方式。然而,伴随着这种变化的是网络道德问题的日益凸显,这便使得中学生是否会受网络影响而更易做出作弊行为成为一个时代性议题。在这一背景下,研究者针对网络环境下中学生的学业作弊行为进行了深入探讨(Chang et al.,2015;Lau & Yuen,2014;Huang et al.,2023)。例如,有研究者基于行为研究法调查了挪威一所中学的 67 名高中生网络抄袭的现状,发现有高达 75% 的学生在写作作业中抄袭网络内容(Skaar,2015)。与此同时,随着人工智能技术特别是 ChatGPT 的发展,研究者开始关注其对义务教育阶段学生学业作弊行为的影响(Zhang & Tur,2024)。他们在文献综述的基础上探讨了 ChatGPT 在基础教育中的利弊。尽管 ChatGPT 能够提供快速、个性化的学习反馈进而提高学生的学习投入度,但也可能导致学生过度依赖它而加剧作弊。此外,研究还揭示了网络作弊的影响因素(Huang et al.,2023;Sidi et al.,2019)。例如,有学者基于问卷法对 256 名高中生和 295 名大学生网络抄袭的成因进行了调查,发现学生的受教育程度、冲动特质以及对网络抄袭的接受程度与其网络抄袭行为呈现显著正相关(Huang et al.,2023)。另一项针对 825 名初中生的问卷调查显示,性别是网络作弊(包括网络抄袭以及引用未注明行为)的主要影响因素,男生较女生更

---

① 冲动特质是指个体不考虑行为后果就采取行动的行为倾向。

易作弊(Lau & Yuen,2014),这可能与社会文化、教育环境或性别角色期待等因素有关。

"科学不端行为"这一研究主题同样受到了国外学者的持续关注,其热度持续至2022年。中学生的科学不端行为指其在科学类(涵盖了化学、生物、物理等多个学科)课程中的不端行为。针对科学课程的学业不端行为进行探讨,其原因在于,该课程不仅重视学生对基础知识的理解和掌握,也十分重视培养学生的实验操作能力、批判性思维以及解决问题的能力。并且,科学课程与学生未来在大学及职业生涯中的学术成就以及创新能力发展之间存在着紧密的联系。然而,遗憾的是,以往多数研究主要关注大学生的学术诚信问题,而相对忽视了中学生在接触科学课程之初就可能出现的学业不端倾向。因此,近年来相关学者逐渐将目光投向了中学生在科学学习中的学业不端行为,旨在深入探究学生学术不端的行为根源,并寻找有效的干预策略,从而在中学这一关键时期就开始培养学生的科学诚信素养(Santos et al.,2017;Grinnell et al.,2020;Lee,2021;Del Carlo & Bodner,2006)。例如,一项对相关文献的综述指出,如果科学课程过分强调标准答案,可能导致学生过度关注学习的结果而作弊。该研究还强调,开放式实验室不仅能提高学生的学习动机,还能减少其对标准答案的依赖,从而减少作弊行为(Del Carlo & Bodner,2006)。

中学生的"作弊态度"也是近年来相关主题的研究热点,其延续时间较长,一直到2022年。虽然作弊态度不一定会直接导致作弊行为的发生,但是其会影响个体的行为意向,为作弊行为提供心理准备(Ajzen,2002;Bolin,2004;Mayhew et al.,2009;Murdock & Anderman,2006)。为此,研究者探讨了影响中学生学业作弊态度的相关因素及其干预策略。针对影响因素,研究一方面关注了诸如"道德判断""道德标准"以及"表现目标"等个体因素对中学生学业作弊态度的影响,另一方面还考察了情境因素对学业作弊态度的影响(Sasic et al.,2009;Brown-Wright et al.,2013)。例如,有学者基于问卷法发现,教师给予学生平等参与各种课堂活动的机会能够提高中学生数学学习的兴趣与课堂参与度,进而有效降低其对作弊的接受程度。此外,教师提供的课堂支持越多(如让学生感受到教师的关注与重视),班级凝聚力越强,学生对作弊的接受程度也越低(Cheung et al.,2016)。针对干预策略,有学者尝试通过特定的心理干预措施来改变中学生的作弊态度,进而影响其行为(Rettinger,2017;Vinski & Tryon,2009)。例如,如上文所提到的,有学者尝试使用基于认知失调理论的认知干预方法来改变中学生对作弊的态度,尽管结果并未达到预期的减少作弊的效果,但这类研究仍为未来干预措施的设计提供了有益参考(Vinski & Tryon,2009)。

此外,"中学教育"这一主题的流行趋势亦延续至 2023 年,"课堂教学""教育媒介"等则是与该主题相关的研究热点。这是由于,中学阶段作为基础教育与高等教育有机衔接的过渡时期,其德育工作的成效不仅关乎学生的道德发展,也会直接影响社会未来的道德风貌。在这一主题下,相关研究综合了心理学、教育学、社会学等多学科视角,深入考察学生作弊背后的心理动因,包括家校关系、教育水平、时代特点等社会文化因素(Zayed,2023;Munoz-Garcia et al.,2014;Brown-Wright et al.,2013),以及性别、拖延习惯等微观层面的个体因素(Gentina et al.,2018;Bong et al.,2014;Putarek et al.,2020)。例如,一项针对中学生和大学生学业作弊行为的比较研究发现,中学生较大学生更倾向于将作弊视为一种错误行为,表现出更高的道德敏感性和更低的接受程度(Huang et al.,2023)。另有基于问卷调查的研究探讨了中学生拖延习惯与作弊行为的关系,发现两者存在显著正相关(Bong et al.,2014;Sureda-Negre et al.,2015)。这意味着,当面对学业压力而缺乏时间管理和自我监控能力时,学生可能倾向于采取作弊行为作为应对策略。

(五)关键词突现分析

通过 CiteSpace 进行关键词突现分析,我们生成并罗列了 2004—2024 年某段时间内突然涌现的前十个研究热点以及该热点随时间变化的发展历程（见图5-9）。从图5-9中可以看出，大多数关键词并非一出现就迅速成为研究热点。这一现象可能与国外相关领域的持续探索和研究积累密切相关。这些关键词经历了从初步引入到逐渐发展，再到被广泛接受和深入研究的过程。在此过程中，它们在某个阶段迅速成为当时的研究焦点。值得注意的是，"感知""态度""学生"及"动机"这四个关键词一直占据着重要位置。这些关键词不仅经历了短暂的流行期，成为当时研究的热点，而且在随后的时间里也持续受到关注。

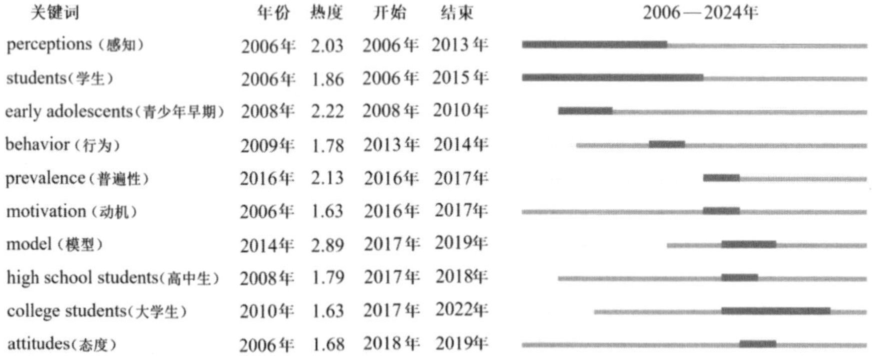

关键词	年份	热度	开始	结束	2006—2024年
perceptions（感知）	2006年	2.03	2006年	2013年	
students（学生）	2006年	1.86	2006年	2015年	
early adolescents（青少年早期）	2008年	2.22	2008年	2010年	
behavior（行为）	2009年	1.78	2013年	2014年	
prevalence（普遍性）	2016年	2.13	2016年	2017年	
motivation（动机）	2006年	1.63	2016年	2017年	
model（模型）	2014年	2.89	2017年	2019年	
high school students（高中生）	2008年	1.79	2017年	2018年	
college students（大学生）	2010年	1.63	2017年	2022年	
attitudes（态度）	2006年	1.68	2018年	2019年	

图5-9　中学生学业作弊行为外文文献关键词突现图谱（前十位）

根据这些关键词的突现时间，可将中学生学业作弊相关研究的发展历程分为以下两个阶段。

（1）第一阶段（2006—2015年）。这一阶段的研究热点主要集中在两个方面：一是中学生对学业作弊的看法与态度，二是中学生学业作弊行为本身。在这一时期，"感知"这一关键词的突现度最高，其不仅涉及中学生对于学业作弊的看法，还涵盖了中学生所处社会环境中的各种情境因素（如感知到的父母期望、亲子关系、课堂学习氛围、课堂目标导向等）对其学业作弊看法的影响。这可能是由于，中学生会在环境中不断吸收和内化各种价值观，而这些价值观在很大程度上又能塑造他们对学业作弊行为的看法和态度（Bong，2008；Muñoz-García &

Aviles-Herrera,2014)。比如,一项针对韩国905名高中生的问卷调查研究考察了感知到的父母情感支持、亲子关系、父母及教师的期望以及课堂目标导向对学生学业作弊行为的影响,发现感受到的父母情感支持越多、与父母的冲突越少,课堂目标导向掌握越强,学生自我报告的作弊行为也就越少(Bong,2008)。此外,还有一项问卷调查考察了不同教育水平的学生(包括中学生、大学生)对学业作弊行为的看法,发现大学生相较中学生对学业作弊的态度更为包容,且更倾向于认为学业作弊行为并不是严重的道德问题(Muñoz-García & Aviles-Herrera,2014)。

(2)第二阶段(2016—2024年)。这一阶段的研究热点主要在于学生学业作弊相关的理论模型以及中学生对学业作弊的态度这两个方面。其中,模型作为最突出的关键词,反映出相关学者开始使用各种理论框架来深入理解学业作弊行为的心理和社会根源。例如,一项问卷调查研究引入道德功能性理论来解释中学生的道德判断与其学业不诚信行为之间不一致的内在原因,并发现道德推脱在中学生的道德判断与不诚信行为之间起到显著的中介作用。也就是说,尽管学生认为作弊行为是错误的,但当他们将作弊的原因归结为外部因素(如他人都作弊等)而并非自身责任时,就更有可能作弊(Stephens,2018)。另一项问卷调查研究从社会认知理论视角出发,揭示中学生对网络抄袭的道德判断在其关于"不会作弊"的自我效能感与网络抄袭行为倾向之间起到部分中介作用。也就是说,即使学生对自己不做出网络抄袭行为很有信心,也需要经过道德判断这一过程才能最终选择不抄袭(Chang et al.,2019)。这一阶段的研究不仅深化了我们对学业作弊行为内在机制的理解,还通过多元化的理论视角为教育实践提供了深刻的见解。

总体而言,对96篇中学生学业作弊行为外文文献的可视化分析发现,该领域的年发文量呈现出缓慢上升的趋势。这一趋势反映了学界对该问题的持续关注与深入探讨。值得注意的是,尽管该领域的研究日益丰富,但研究热点之间的关联度相对较低,这一现象可能与近年来多学科的交叉融合有关,不同学科背景的学者从各自的研究视角出发,对中学生学业作弊行为进行了多元化的探讨,导致研究热点呈现出一定的离散性。然而,通过对关键词的聚类分析,我们仍能够清晰地发现几个核心标签:"学业作弊""网络""人工智能"和"作弊态度"。这些核心标签不仅揭示了当前研究的重点方向,也反映了未来研究的发展趋势。"学业作弊"作为该领域的核心主题,持续引领着研究的深入。而"网络"和"人工智能"这两个关键词则反映了科技发展给学业作弊行为带来的深刻影响。随着网络技术的飞速发展和人工智能技术的广泛应用,中学生的作弊方式日益多样化,从传统的抄袭、夹带小抄等手段,逐渐转变为利用网络资源、人工智能软件等进行更为"高级"的作弊。这种转变不仅增加了作弊行为的隐蔽性和复杂性,也给教育工作者带来了新的挑战。同时,"作弊态度"这一关键词揭示了中学生对学业作弊行为的认知和态度如何受到网络流行趋势和社会价值观等多种因素的影响。总之,中学生作弊研究正面临新的挑战和机遇。未来需要进一步加强跨学科合作,整合不同学科资源和方法,以更全面地理解学业作弊行为的本质和根源。

第二节　中学生学业作弊行为的影响因素

在上一节中,我们通过 CiteSpace 软件对 2004—2024 年研究中学生学业作弊行为的国内外文献进行了梳理。这些研究显示,影响中学生学业作弊行为的因素可以归纳为三大类,即社会环境因素、个体因素以及情绪因素。中学生主要处于家庭和学校两个社会环境,容易受诸如家庭与学校之间的关系、学校的同伴关系、考试难度等社会环境因素影响。同时,个体因素(如成就目标和性别)也会影响中学生的作弊倾向。认知和自我控制能力较强、学习动机较强的学生更倾向于通过个人努力获得成绩,而非采取作弊行为。此外,中学生由于青春期生理和心理的急剧变化,他们的情绪体验会更加丰富且敏感,更容易受学业压力、同伴竞争等外界因素影响产生负面情绪,这可能导致他们在面对学业挑战时选择作弊。因此,本节将详细讨论这三类因素如何影响中学生的学业作弊行为。

一、社会环境因素

作为逐渐走向独立的社会化个体,中学生正处于身心变化的关键时期。在这一时期,他们不仅经历着快速的身体发育和认知发展,也面对着更为广泛复杂的社会环境影响。这些社会环境包括但不限于家庭、学校、同伴群体以及更广泛的社会情境等,对中学生的成长发展起着重要作用。它们不仅会影响个体在这一时期的价值观塑造,还会直接影响学业态度和行为。具体来说,家庭和学校作为中学生生活的两大主要场所,在塑造他们的价值观方面发挥着关键作用,尤其是对诚信、公平等道德观念的影响。与学前儿童和小学生相比,中学生对同伴关系的需求更高,更渴望得到同伴认可和接纳,更容易受同伴的影响。另外,中学学习任务繁重,考试频繁且难度增加,可能导致过高的学业压力,进而采取作弊等不正当手段。因此,考试难度也与作弊行为密切相关。本部分将详细探讨这些社会环境因素如何影响中学生学业作弊行为,为制定有效的干预措施提供实证依据。

(一)家校关系失调

“家校关系失调”(home-school dissonance)是指当家庭与学校之间的教育理念、方法及行为规范等价值观存在不一致时,学生在心理和社会适应上经历的一种不和谐状态(Arunkumar et al.,1999;Kumar,2006)。这种不和谐具体体现在:学生在家庭和学校环境中接收到的关于诚信价值观的信息、对待学习的态度以及成绩期望存在差异,这可能导致学生面对学业压力时产生一定的困惑和焦虑。例如,如果家庭环境更关注学习成绩这一结果,而学校环境更重视学习过程以及学生在其中的能力增长,这种价值取向的冲突可能会让学生感到无所适从,甚至采取作弊等不当应对策略,试图满足不同环境的期望。

事实上,曾有研究者通过问卷调查考察了家校关系失调程度与中学生学业作弊行为之间的关系(Tyler et al.,2010)。具体而言,研究者邀请了来自美国郊区学校的239名非裔高中生(其中66%为女生,34%为男生)参与了调查。首先使用Midgley等(2000)编制的包含3道题目的作弊行为量表评估了学生学业作弊行为的发生频率,题目分别为"有时我会在考试时抄袭其他同学的答案""有时我会在课堂作业上作弊"和"有时我做课堂作业时会抄袭其他同学的答案"。学生需要采用利克特五点量表,从"从不"(1)到"多次"(5)对自己的学业作弊行为进行五点评分,分数越高代表学生做出作弊行为的频率也越高。该量表克隆巴赫α系数为0.86。

与此同时,研究者还使用了Midgley等(2000)编制的包含5道题目的家校关系失调量表测量了学生家校关系的失调程度。具体题目包括"我感到困惑,因为我的家庭和学校生活仿佛是两个不同的世界""我不喜欢父母来学校,因为他们的想法与老师的想法大相径庭""父母来学校时我感到不自在,因为他们与我许多同学的父母不同""我不太愿意和大多同学说话,因为我的家庭和他们的家庭很不一样"和"我感到不安,因为我的老师和父母对我在学校应该学什么有不同的看法"。学生需要采用利克特五点量表,从"非常不同意"(1)到"非常同意"(5)进行五点评分,分数越高代表学生感知到的家校关系失调程度越高。该量表克隆巴赫α系数为0.88。

通过回归分析发现,家校关系失调程度能够显著预测中学生的学业作弊行为($\beta=0.21$, $t=3.16$, $df=1$, $p=0.002$)。具体而言,家校关系失调程度越高,中学生自我报告的作弊行为越多。这表明,家校关系失调的确会对中学生的学业诚信产生不利影响。

随后,另外两项问卷研究结果再次支持了这一结论(Brown-Wright et al.,

2013;Tyler,2015)。例如,Tyler(2015)邀请了来自美国市区两所初中的 660 名学生,同样采用了上述 Midgley 等(2000)设计的两个量表测量了学生家校关系的失调程度及其学业作弊行为,同样发现家校关系的失调程度能够显著预测初中生的学业作弊行为($\beta=0.39$, $t=10.77$, df$=1$, $p<0.01$)。

综上看来,家校关系失调与中学生学业作弊行为之间的确存在某种稳定的关联。但截至目前,关于家校关系失调程度与中学生学业作弊行为的研究仍相对有限,且有限的研究主要由 Tyler 等(2010,2015)完成。值得注意的是,他们的研究主要使用了问卷调查法。尽管这种方法揭示了两者之间的显著关联,但发现的结果仅具有相关性质,并不足以说明家校关系的失调是导致学业作弊行为的直接因素。因此,未来的研究可以进一步采用实验法来深入考察家校关系失调与学业作弊行为之间可能存在的因果关系,并考虑更多的潜在中间变量的影响,以便更深入地理解这一现象,为制定有效的家校合作措施促进学生学业诚信提供科学依据。

(二)同伴作弊效应

随着年龄的增长,同伴作弊效应的影响也在逐渐加大。从幼儿到小学再到中学,个体社会性发展也从简单社交技能到初步同伴友谊关系再到强烈的社会归属和同伴接纳需求。在此过程中,同伴群体对个人道德行为模式(包括学业作弊)的影响范围和深度在不断扩大和增强。因此,相较于幼儿和小学生,同伴作弊效应对中学生学业作弊行为的影响更大。

有研究曾采用定性分析初步考察了同伴作弊效应与初中生学业作弊行为之间的潜在关系(Nora & Zhang,2010)。研究者招募了 92 名初中生(其中男女各半),采用自编的开放式问卷调查了这些中学生的学业作弊行为("你是否曾使用以下几种方式作弊过")。与此同时,研究者还调查了同伴作弊行为及同伴作弊态度对这些中学生学业作弊的影响,具体包括:"如果你们班的某些同学作弊了,你会作弊吗？为什么？""如果你们班没有人作弊，你会作弊吗？为什么？""你的朋友会抄你的作业吗？为什么你会让他们抄？""如果你作弊了，你认为你的朋友会怎样看你？"等。

随后，研究者采用扎根理论法①对所有被试的回答进行了编码分析。具体而言，研究者先对被试开放式问题的回答进行分类，将被试的回答分为自身的作弊行为、作弊的原因与态度、同伴作弊行为以及对同伴作弊行为的态度等内容。该研究的结果主要以描述与叙述的方式呈现。结果发现，超过 90％的学生报告了自己的作弊行为，94％在课堂上目睹过同伴作弊，但其中 79％选择了缄默。在之后的原因调查中发现，多数学生不举报同伴是担心此举会影响人际关系。此外，还有 14％视举报为背叛。研究结果还发现，有 30％的学生表示如果大多数同学作弊，自己也会作弊，因为这表明考试已不公平。总的来说，这项研究表明中学生对同伴作弊态度较宽容，初步揭示同伴作弊可能增加个人的作弊倾向。

此外，后续还有研究采用开放式问卷与访谈相结合的方法得出了类似结论（Diego，2017）。研究者以 16 名高中生（其中男女各半）为研究对象，询问这些学生其考试作弊方式及考试作弊的原因，例如："你在考试中的作弊方式有哪些？""是什么原因导致你在考试中作弊？"访谈结果发现，约 43％的中学生认为自己考试作弊是由于受到了同伴的影响，并且大多数学生表示会通过抄袭关系较好的同伴的试卷来作弊。这表明，同伴对中学生学业作弊行为的影响不容小视。但上述两个研究的结论均是基于定性方法得到的，结果不具有统计学意义，且所得关系是相关还是因果性质也无法确定。

因此，有研究者采用问卷调查法，对中学生学业作弊行为的同伴作弊效应进

---

① 扎根理论（grounded theory）法是一种定性研究方法，能通过系统地收集和分析原始资料，归纳整理出反映事物现象本质的核心概念，进而根据概念间的联系构建理论。其本质是一种自下而上建立实质理论的方法，强调从原始数据出发，通过开放式编码、轴心编码和选择性编码等步骤，不断迭代和深化理论，直到达到理论饱和（Glaser & Strauss，1968）。

行了定量分析。结果发现,中学生作弊的确会受到同伴的影响,尤其是同性同伴的影响(Tsai et al.,2012)。该研究使用的是来自 2000 年中国台湾地区青年计划调查项目中的 2182 名初一学生(其中女生 1076 名,男生 1106 名)的数据。这些数据包括:作弊行为(是否有过作弊行为)、性别、居住地(台北县、台北市、台北宜兰县)、家庭离异状况(是否为单亲家庭)、感受到的学业压力(分为小、中、大三类)以及小学毕业时的成绩排名(分为排名前 5、排名前 6—10、排名前 11—20、排名靠后四大类)。

　　由于这一调查项目并未收集有关同伴的数据,因此研究者基于已有的问卷信息,首先构建了一个离散选择交互作用模型。在该模型中,学生作弊与否是结果变量,而性别、居住地、家庭离异状况、感受到的学业压力、小学毕业时的成绩排名、同伴影响的程度以及这些变量间的两两二重交互作用为预测变量(值得注意的是,模型中除同伴影响程度外,其余变量信息均为已知)。随后,研究者将每个学生所在班级的整体作弊率作为同伴影响程度的替代值,放入模型中。然后通过最大似然估计法计算出同伴影响的程度,使得这一估计出的同伴影响程度在统计意义上($p<0.05$)能让模型的结果变量(即该生作弊与否)与其实际的作弊情况最接近,以此计算出每个学生的作弊行为受同伴影响的程度。

　　上述分析显示,仅同性别同伴会对中学生学业作弊行为产生影响($\gamma_{男性同伴的影响}=0.37, t=2.11, df=3, p<0.05$;$\gamma_{女性同伴的影响}=0.812, t=4.205, df=3, p<0.01$)。这表明,同伴(尤其是同性别同伴)行为对中学生的学业作弊行为起到重要作用,能够显著预测学生自身的学业作弊行为。

　　然而,上述探讨"同伴作弊效应"的研究所用方法各有局限。基于深入访谈的定性研究,虽然能够通过受访者的主观陈述揭示同伴影响的复杂性和多面性,却难以将同伴影响的程度及其机制进行量化。基于问卷调查的定量分析,尽管能够通过量化数据验证同伴作弊与个体自身作弊行为之间的关联性,但难以深入剖析这种关联背后的性质和内在逻辑。

为了更直接、更全面地揭示同伴行为对中学生学业作弊行为的影响及其内在机制,有学者采用了更为严谨的行为实验法。其中,一项于 1969 年开展的研究极具代表性(Shelton & Hill,1969)。研究者严格操纵了实验条件,控制包括参与者背景、实验环境等无关或干扰变量,以探究成就焦虑①与中学生学业作弊行为之间的关系。尤为重要的是,这项研究揭示了同伴比较在成就焦虑与学业作弊行为中的关键作用。

该研究招募了 111 名高中生(其中女生 62 名,男生 49 名),分两个阶段进行。第一阶段,研究者请被试完成一个能够测量其创造力的构词任务。该构词任务要求被试在 8 分钟内将单词"generation"中的字母重新排列,并尽可能多地创造出新的单词。随后,研究者收集了所有被试的答卷,以记录其实际构词数量。在此之后,研究者使用成就焦虑量表(Alpert & Haber,1960)测量了所有被试的成就焦虑水平,例如"考试时的紧张会干扰我的表现"。学生需要采用利克特五点量表从"从不"(1)到"总是"(5)进行五点评分。分数越高代表学生的成就焦虑水平越高。两个量表的克隆巴赫 α 系数分别为 0.83 和 0.87。

第二阶段,研究者将试卷和标准答案返还给每名被试,要求其自行批改。标准答案包含"generation"中所有字母重新排列后构成的新单词。此外,研究者通过在答案中添加一段有关同伴表现好坏的描述来操纵同伴比较对被试作弊行为的影响。此时,全体被试被随机分配到以下三个实验条件中。

同伴得分更高组(38 人):添加的内容描述了一群来自优等高中的好学生,这群学生构出新单词的数量比被试多出 5—7 个。

同伴得分更低组(36 人):添加的内容描述了一群来自优等高中的好学生,这群学生构出新单词的数量比被试少 5—7 个。

---

① 成就焦虑(achievement anxiety)是指个体在追求自己的目标和成就时产生的内心紧张、不安和担忧的情绪状态。

对照组(37人):答案中没有添加任何有关同伴表现的描述。

随后,研究者让所有被试根据自己的答卷在标准答案上圈出自己所构造出的新单词,并报告自己构造出新单词的总数。

结果发现,被试在三个实验条件下的作弊率分别为 61%、56%、43%。研究者首先使用了关键比值法(critical ratio,以下简称 CR)[①]来分析同伴比较的主效应,结果发现三个条件作弊率的差异并不显著($p > 0.05$),即得知同伴得分比自己高或低这一比较性信息并没有影响作弊。随后,研究者又通过点二列相关法分析被试的成就焦虑水平与其作弊行为的关系,结果发现两者呈显著的正相关($r = 0.45$,$p < 0.05$),即中学生的成就焦虑水平越高,其作弊率也越高。为了进一步探讨两者相关的内在机制,研究者再次使用关键比值法对不同成就焦虑水平、不同同伴比较信息条件下的作弊率进行比较。结果发现,只有提供有关同伴得分比自己高或低的比较性信息时,成就焦虑水平才会影响中学生的作弊行为;在没有同伴得分的比较性信息时,成就焦虑水平与作弊行为之间就不存在显著关联。具体而言,当提供同伴得分更高的信息时,高成就焦虑的学生比低成就焦虑者作弊更多(83% vs 31%,$CR = 2.64$,$p = 0.004$);在同伴得分更低的条件中也发现了类似的结果,即在得知同伴得分比自己更低时,高成就焦虑比低成就焦虑者作弊更多(91% vs 31%,$CR = 2.66$,$p = 0.004$)。对于没有获得比较性信息的对照组而言,学生的成就焦虑高低不会影响其作弊行为(57% vs 33%,$CR = 1.21$,$p = 0.11$)。

这一结果表明,成就焦虑本身并不是导致作弊行为增加的充分条件;只有当成就焦虑与同伴比较信息同时存在时,其才会增加作弊行为。

综上所述,同伴关系在中学生学业作弊行为中的影响不容忽视。具体而言,

---

① 关键比值是一种用来进行假设检验的数据分析方法。它通过计算被试间的差异比值与标准误的比值,然后将这个比值与标准正态分布进行比较,来判断差异是否达到显著水平。

与同伴的不良比较、同伴对作弊的态度以及同伴的作弊行为等都会对中学生的学业作弊行为产生影响。然而,目前关于同伴影响的研究仍存在一些不足,即便是 Shelton 和 Hill(1969)的代表性行为实验也未能证明同伴对作弊的直接影响。这可能是由于实验设计、样本选择或数据分析等方面的局限性。因此,未来研究可以采用行为实验法,通过扩大研究对象的范围、增加样本量、加入更多变量(如社会认同或群体压力)等,深入探究同伴关系的各种因素在作弊行为中的作用机制。这将有助于我们更全面地理解同伴关系如何影响中学生的学业作弊行为,为教育实践提供更科学和有效的指导。同时,研究还应关注如何有效干预和预防同伴间的负面影响,以培养学生积极的学业态度和道德观念。

(三)考试难度

从小学到中学,随着学科内容的深化和复杂化,考试难度也显著提升。考试不再只是考查基础知识记忆,而更侧重知识的综合运用、分析和解决问题的能力。这要求学生既要掌握知识点,也要能够灵活运用知识解决实际问题。然而,对一些学生而言,面对高难度的考试要求可能会感到力不从心,产生焦虑和挫败感,这可能促使他们采取作弊等不当手段来获得更好的成绩。

事实上,少数实证研究已经表明,考试难度(test difficulty)是影响中学生学业作弊行为的一个重要情境因素(Nora & Zhang,2010;Cheung et al.,2016;Zhao et al.,2022)。比如,Nora 和 Zhang(2010)的研究除了探究同伴与初中生学业作弊行为之间的潜在关系外,还考察了自我效能感与初中生学业作弊行为的关系,并发现了考试和作业难度在其中的潜在效应。其中涉及的具体问题包括:"你怎样看待家庭作业?""你怎样看待考试?""你觉得参加考试是一件有压力的事情吗?为什么?""如果你有信心能获得好成绩,你还会作弊吗?为什么?"开放式调查结果显示,当学生对考试更有信心时,超过 90% 的学生回答"不会作弊"。然而,当学生认为家庭作业及考试难度很大时,约 50% 的学生表示会选择作弊。这在一定程度上表明,高难度的作业或考试会增加学生作弊的可能性。

另一项针对七年级至九年级初中生的问卷研究也发现,当数学难度较大时,学生更容易作弊,且其对作弊的接受程度也更高(Cheung et al.,2016)。具体而言,研究者从澳门、广东地区招募了 446 名初中生(其中女生 215 名,男生 231 名),首先采用在 Anderman 等(1998)编制的 8 个题目的学业作弊量表基础上改编的量表,测量了这些中学生在数学学习中的作弊行为及其对这些作弊行为的接受程度。其中,测量作弊行为的题目有 5 道,包括"我会在做数学作业时作弊""在数学考试时,我会用小抄作弊""在数学考试时,我会看其他同学的答案""当我不知道数学作业怎么做时,我会抄朋友做好的作业"和"我在做数学作业时会抄其他同学的答案"。学生需要采用利克特五点量表从"完全不符合"(1)到"非常符合"(5)进行五点评分(克隆巴赫 α 系数为 0.81)。测量学生对作弊行为的接受程度的题目有 3 道:"如果你在数学作业作弊时不会被人发现,你还会作弊吗?"(从"绝对不会"到"绝对会"进行 1—5 五点评分),"如果有人在数学作业中作弊,你觉得这个情况有多严重?"(从"非常严重"到"一点儿也不严重"进行 1—5 五点评分),"你觉得在做数学作业时作弊是可以的吗?"(从"绝不可以"到"始终都可以"进行 1—5 五点评分)。该量表的克隆巴赫 α 系数为 0.64。

与此同时,研究者还使用了任务难度量表(Eccles & Wigfield,1995)测量了学生对数学学习的难度感知,具体包括 3 道题目:"总的来说,你觉得数学这个学科对你而言有多难?""与你班里大多数同学相比,你觉得数学有多难?""与其他科目相比,你觉得数学有多难?"学生需要采用利克特七点量表从"非常简单"(1)到"非常难"(7)进行评分。该量表的克隆巴赫 α 系数为 0.80。

研究者首先针对中学生对数学学习难度的感知,分别分析了这种感知与其作弊行为、对作弊行为的接受程度之间的相关性。结果显示,学生对数学难度的感知与其在数学作业或考试中的作弊行为存在显著正相关($r=0.24$,$p<0.01$),即学生感到数学越难,其作弊的可能性也就越大。并且,这种难度感知与学生对

作弊的接受程度之间亦存在显著正相关（$r=0.14$，$p<0.01$），即学生感到数学越难，其越倾向于认为作弊是可以接受的。此外，进一步回归分析显示，难度感知能够显著预测学生的作弊行为（$\beta=0.21$，$SE=0.06$，$p<0.05$）。这表明，感知到的任务难度是中学生学业作弊行为的重要影响因素。

然而，上述问卷调查的结果仅能显示相关性，还难以完全确定任务难度对中学生实际作弊行为的影响。为了更直接地探究这一问题，笔者团队针对初中生开展了一项现场实验研究（Zhao et al.，2022）。结果表明，考试难度确实会对学生在实际考试中的作弊行为产生显著影响。

具体说来，我们招募了 201 名八年级学生（年龄 12.87—13.85 岁，其中女生94 名，男生 107 名）参与这项研究。这些学生按班级整班随机分配至以下 3 个实验条件中。在考试开始前，实验者告知学生即将参加一次数学模拟统考，并根据不同条件给出不同的试卷难度信息。各条件具体情况如下。①

简单组（66 人）：实验者告知学生即将参加一场对八年级学生而言难度偏低的数学考试。

适中组（66 人）：实验者告知学生即将参加一场难度相当于当前八年级学生整体水平的数学考试。

困难组（69 人）：实验者告知学生即将参加一场对八年级学生而言难度偏高的数学考试。

研究采用了自我批改范式，即让学生在考试结束后自行批改试卷，通过比较学生自我报告的试卷得分与其实际得分之间是否存在差异来判断其是否作弊以及在多大程度上作弊。具体来说，我们首先在任课教师的协助之下，设计了三份难度相同的平行数学试卷，每份试卷共有 20 道多项选择题以及 10 道填空题，其中每道选择题分值为 3 分，每道填空题分值为 4 分，试卷满分为 100 分。三个实

---

① 由于参与该研究的学生以班级为单位进行分组，因此每组人数有所不同。

验条件下的学生分别使用了这三份平行试卷,以确保不同条件下学生面临的考试难度保持一致。试卷中的大部分题目都设置了容易出错的陷阱,需要学生非常仔细地思考才能解答正确。因此,在限定的 20 分钟内,学生很难仅靠自己的努力取得满分或者高分。

20 分钟后,实验者将所有学生的试卷收回,并通过拍照的方式记录每名学生的实际作答情况。两周后,再次回到学生所在教室,以太忙无法批改为由将试卷返还学生,同时公布标准答案,要求学生进行自我批改。在自我批改前,实验者会根据不同实验条件再次提醒学生考试难度信息。学生自我批改过程中,实验者假装接电话离开教室约 5 分钟,为学生"创造"修改答案的机会。之后,实验者将每名学生自我批改后的试卷与记录本人实际作答情况的照片进行对比,判断是否存在作弊行为。若学生自我批改的分数比其实际分数高出至少 1 分,则判定该生作弊;如果两者一致,则视为未作弊。此外,我们还计算了每个学生自我批改分数与实际分数的差值,以测量其作弊程度。

我们对不同实验条件下学生的实际分数、作弊行为以及作弊程度进行了比较。

三个条件下学生实际分数的均值分别为 46.14 分(SD＝15.66,N＝66)、45.35 分(SD＝15.78,N＝66)和 46.77 分(SD＝14.47,N＝69)。单因素方差分析显示,条件效应不显著[$F(2,198)$＝0.15,p＝0.87,Cohen's d＝0.06],这表明三个实验条件使用的三份平行试卷难度没有显著差异,说明我们成功控制了试卷的实际难度。

随后,以实验条件为预测变量,作弊行为("0"为未作弊,"1"为作弊)为结果变量进行二元逻辑回归分析。结果显示,模型拟合且显著(χ^2＝6.75,df＝2,p＝0.34,-2loglikelihood＝270.772,Nagelkerke R^2＝0.044)。实验条件的主效应显著(Wald χ^2＝6.62,df＝2,p＝0.037,Cohen's d＝0.37)。具体来说,简单组学生的作弊率明显高于适中组(62.1％ vs 40.9％;β＝0.86,SE β＝0.36,

Wald $\chi^2 = 5.85$, df $= 1$, $p < 0.05$, OR $= 2.37$, 95% CI $= [1.18, 4.76]$, Cohen's $d = 0.48$), 困难组学生的作弊率也明显高于适中组(58.0% vs 40.9%; $\beta = 0.69$, SE $\beta = 0.35$, Wald $\chi^2 = 3.89$, df $= 1$, $p < 0.05$, OR $= 1.99$, 95% CI $= [1.00, 3.95]$, Cohen's $d = 0.38$), 但简单组和困难组的作弊率并没有显著差异(62.1% vs 58.0%; $\beta = 0.17$, SE $\beta = 0.35$, Wald $\chi^2 = 0.24$, df $= 1$, $p > 0.05$, OR $= 0.84$, 95% CI $= [0.42, 1.68]$, Cohen's $d = 0.10$)。这表明, 考试难度会影响学生的作弊行为, 与适中的难度相比, 较难或较简单的考试都会显著增加学生的作弊行为, 如图 5-10 所示。

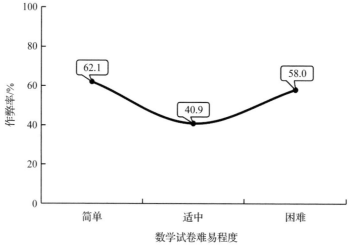

图 5-10　不同试卷难易条件中学生的作弊率

此外, 我们还对三个实验条件的作弊程度进行了比较。方差分析结果显示, 不同考试难度下学生的作弊程度亦存在显著差异[$F(2, 198) = 6.87$, $p = 0.002$, Cohen's $d = 0.74$]。具体而言, 简单组的作弊程度明显高于适中组($p = 0.025$)和困难组($p < 0.001$), 而适中组与困难组的作弊程度无显著差异($p = 0.333$), 如图 5-11 所示。这表明, 当被告知考试难度较低时, 学生更倾向于通过增加分数来作弊, 使自己的考试成绩看起来更好。

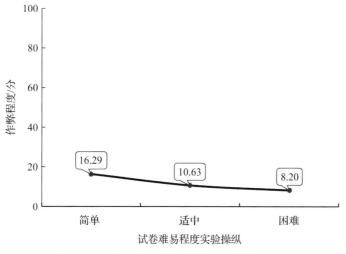

图 5-11　不同试卷难易条件中学生的作弊程度

　　总的来说,上述结果表明,相比告知学生考试难度适中,告知考试很容易或考试很难会导致学生更多作弊。此外,简单条件下学生的作弊程度也更高。

　　对于较低和较高的考试难度均会增加学生的作弊行为这一结果,可以从两个方面解释:一方面,当考试被描述为非常难时,学生可能会产生无力应对的压力,在这一压力的驱使下,他们可能会将作弊视为获得理想成绩的唯一方法。这种动机驱使学生不惜采取作弊这一不正当手段来提高分数,以证明自己的能力或获得外在认可(接近动机)。另一方面,当考试被描述为非常简单时,学生可能会因为担心在简单的考试中表现不佳而显得自己愚蠢,于是试图通过作弊来避免这一结果(回避动机)。

　　而对于简单条件下学生的作弊程度更高这一结果,亦可从两个方面来解释:一方面,在简单考试中,避免显得无能的动机(回避动机)会比证明自己能力强的动机(接近动机)更强烈(Murdock & Anderman,2006)。而本研究使用的是容易出错的试题,答错更多反映的是不仔细而非能力不足,因此在简单条件下,学生会更多地通过修改分数避免自己考得不好或不如人。另一方面,学生可能认为,简单的试卷考高分更合理,因而在简单考试中作弊更不易被发现。

综上,考试难度是影响学业作弊的重要因素。教师和学校应注意合理传达考试难度信息,避免极端描述带来的负面影响,并在教学过程中加强学生诚信意识。未来的研究可以进一步探讨其他影响学生学业作弊行为的因素,以优化教育策略,促进学业诚信。

二、个体因素

在详细列举了社会环境因素如何影响中学生学业作弊行为之后,我们已对这一相对宏观的影响因素有了深入了解。然而,中学生正经历着身心的急剧变化,其自我认知、情绪以及道德观念等心理层面的发展,尚处于动态且未稳定的状态。这种内在的不稳定性,使得中学生价值观、动机与行为决策之间形成了复杂而微妙的交互关系,而这又很有可能对其学业行为乃至未来整体价值观的构建产生深远影响。具体而言,中学生在这一时期正处于价值观逐步确立的关键阶段,他们对学业价值的内在追求不仅直接作用于学习动力,还间接影响着学习态度、努力程度甚至学业诚信行为。当学生对学业价值的认知出现偏差,如过分强调成绩而忽视学习过程的价值时,他们很可能采取作弊等不正当手段以追求短期利益。另外,中学阶段也是性别意识觉醒与发展的重要时期。性别角色认同的深化、性别刻板印象的强化以及性别间社会互动的复杂化,共同影响着学生在学业任务下的行为表现。因此,不同社会化过程可能导致男性和女性在学业作弊上的差异。此外,道德认知和学习经验的增长也可能影响学业诚信行为。鉴于此,为更深刻地了解微观层面的内在因素对中学生学业作弊行为的作用及机制,下文将逐一介绍成就目标、性别和学龄等个体因素对学业作弊的影响,从而为制定更加科学、有效的教育干预策略提供有力支持。

（一）成就目标

成就目标是指个体对于自身所从事的活动目的或意义的一种觉知（Dweck &
Leggett，1988）。早期的研究者将成就目标分为两大类：掌握目标和表现目标。
掌握目标是指个体在活动中更关注自身能力的提高及其对任务的理解和掌握；
而表现目标是指个体在活动中更关注自身的能力是否充分展现以及他人对自己
的评价。随着对成就目标相关研究的深入，后来研究者又进一步将成就目标分
为以下五类：掌握趋近目标（mastery-approach goal）、掌握回避目标（mastery-
avoidance goal）、表现趋近目标（performance-approach goal）、表现回避目标
（performance-avoidance goal）以及任务回避目标（work-avoidance goal）（Elliot
& McGregor，2001；Dowson & McInerney，2004；Harackiewicz et al.，1997）。
其中，掌握趋近目标是指个体在活动中更关注自己对任务的理解与掌握，这类个
体往往发自内心希望通过对任务的理解和掌握来提升自己的能力；而掌握回避
目标则是指个体在活动中更关注如何能避免不理解或不能掌握任务的情况，这
类个体往往更担心自己不能准确地完成任务。表现趋近目标是指个体在活动中
更关注如何展现自己比他人更优秀或超越他人；而表现回避目标则是指个体在
活动中更关注如何避免比他人表现得更差或者如何避免让自己显得无能。任务
回避目标则是相对更消极的成就目标，它是指个体在活动中既不愿意努力把
事情做好，也不愿意参与挑战性任务，只会在任务中投入必要的、最低限度的
精力。

中学生在学习过程中建立的不同成就目标，不仅会影响其学习动机以及学
业追求，还可能在一定程度上影响他们的道德判断[①]和行为选择。

---

① 道德判断是个体在内心对行为正确性和合理性的评估。

Anderman 等(1998)的问卷研究发现,初中生在不同环境下接收到的成就目标导向与其学业作弊行为存在一定的关联。具体而言,研究者招募了 285 名初中生(其中 52% 为女生,48% 为男生),首先采用经改编的适应性学习调查量表[①](patterns of adaptive learning survey,PALS;Midgley,1997)测量了学生的个人成就目标、科学课程感知到的课堂目标导向[②]以及学校目标导向[③]。学生需要使用利克特五点量表从"非常不符合"(1)到"非常符合"(5)进行评分,分数越高代表学生在某方面的成就目标导向越高。各量表的具体内容如表 5-3、表 5-4 所示。

表 5-3　适应性学习调查(个人成就目标部分)

量表	题目	α 值
个人掌握目标	1.即使我在完成科学作业时会答错,我还是很喜欢科学这门课,因为可以从中学习到很多东西 2.我做科学作业的主要原因是想从中学习到新的知识 3.当我在科学课上学到一些新知识时,我会感觉很有成就感 4.我最喜欢那些发人深省的科学知识 5.对我而言,掌握科学知识比获得好成绩更重要	0.72
个人表现目标	1.我做科学作业的主要原因是如果不做的话会有麻烦 2.我做科学作业的主要原因是为了获得学分 3.我认为只要能把科学作业都做对,能不能从中学到什么不重要 4.我不是真的想做科学作业,只是不得不做 5.只有在老师的要求下,我才会去找做错题目的原因	0.68

---

① 适应性学习调查量表是由米奇利等人开发并经有效验证,专用于测量学生不同成就目标的量表。

② 课堂目标导向是指学生在课堂环境中感受到的教师教学中所持有的不同成就目标,具体可划分为课堂掌握目标(classroom mastery goal)以及课堂表现目标(classroom performance goal)。

③ 学校目标导向是指学生在学校环境中感受到的学校整体所持有的不同成就目标。

表 5-4　适应性学习调查（课堂目标导向及学校目标导向部分）

量表	题目	α 值
课堂掌握目标	1.我们的科学老师会给我们时间消化和理解新学的知识	0.62
	2.我们的科学老师希望我们能喜欢所学的新知识	
	3.我们的科学老师很认可我们在学习中的付出	
课堂表现目标	1.如果表现得非常好,就可以少做一些作业	0.72
	2.如果表现得好,就不用做作业了	
学校掌握目标	1.我们学校的老师都希望学生能真正掌握所学知识,而非死记硬背	0.72
	2.在学校,我们有机会去尝试做一些有趣的、探索性的活动	
	3.在学校,努力是很重要的	
	4.我们学校的老师相信每名学生都有学习的能力	
	5.我们学校的每名学生都有成功的潜力	
学校表现目标	1.我们学校的老师总是会谈论优秀学生荣誉榜和优等生协会	0.72
	2.我们学校总是鼓励我们和其他同学比成绩	
	3.在我们学校,只有少数成绩好的学生会受到表扬	
	4.我们学校已经放弃了一些学生	
	5.我们学校的老师会优待成绩好的学生	
	6.我们学校的老师只关心那些聪明的学生	

随后,研究者采用自编的学业作弊量表来测量学生的学业作弊行为程度。该量表包含 5 道题目,即"在做科学作业时,我会作弊""在参加科学考试时,我会带小抄""在参加科学考试时,我会抄其他同学的答案""当我不知道科学作业怎么做时,我会抄朋友的答案"和"在做科学作业时,我会抄其他同学的答案"。学生需要采用利克特五点量表从"非常不符合"(1)到"非常符合"(5)进行评分,分数越高代表学生的作弊程度越高。该量表的克隆巴赫 α 系数为 0.76。

与此同时,研究者还采用自编的作弊态度量表来测量学生对学业作弊行为的可接受程度。具体包含 3 道题目:"如果有人在科学作业中作弊,你认为这件事有多严重?""如果做科学作业时作弊不会被人发现,你会选择作弊吗?""你觉得在做科学作业时作弊是可以的吗?"同样,学生需要采用利克特五点量表进行评分（"非常严重"＝1，"一点也不严重"＝5；"绝对不会"＝1，"绝对会"＝5；"绝不可以"＝1，"始终都可以"＝5），分数越高代表学生对作弊行为的可接受程度越高。该量表的克隆巴赫 α 系数为0.64。

结果显示，39%的学生报告自己有作弊行为（在学业作弊量表的任一题中评分为2分及以上），50.4%的学生认为作弊在某种程度上是可以接受的（在作弊态度量表的任一题中评分为2分及以上）。

针对学生自我报告的作弊行为，研究者首先进行了独立样本 t 检验，结果发现，未作弊的学生比自我报告作弊的学生有更强的掌握目标导向（3.84 vs 3.52，t＝3.18，df＝1，$p < 0.05$），而自我报告作弊者比未作弊者有更强的表现目标导向（3.20 vs 2.75，t＝－3.98，df＝1，$p < 0.05$）。此外，作弊者也较未作弊者更倾向于认为学校更注重学生的学习成绩（2.53 vs 2.01，t＝－4.96，df＝1，$p < 0.05$）。随后，相关分析发现，自我报告的作弊行为与学生的表现目标导向、感知到的课堂表现目标水平以及感知到的学校表现目标水平均呈显著的正相关（$r_{个人表现目标}$＝0.23，$p < 0.01$；$r_{课堂表现目标}$＝0.12，$p < 0.05$；$r_{学校表现目标}$＝0.30，$p < 0.01$），而与个人掌握目标导向、感知到的课堂掌握目标水平以及感知到的学校掌握目标水平呈显著的负相关（$r_{个人掌握目标}$＝－0.19，$p < 0.01$；$r_{课堂掌握目标}$＝－0.17，$p < 0.01$；$r_{学校掌握目标}$＝－0.13，$p < 0.05$）。此外，以个人表现目标导向、感知到的课堂表现目标水平以及学校表现目标水平为预测变量，以自我报告的作弊行为（"0"为未作弊，"1"为作弊）[①]为结果变量进行二元逻辑分析，发现学生感知到的课堂表现目标水平与学校表现目标水平均能显著预测学生的作弊行为（$\beta_{感知的课堂表现目标}$＝0.26，SE β＝0.11，$p < 0.05$，OR＝1.30；$\beta_{感知的学校表现目标}$＝0.49，SE β＝0.18，$p < 0.01$，OR＝1.63）。当学生认为任课教师以及学校整体都更关

---

① 未作弊表示学生在学业作弊量表的所有题目中评分均为1分，作弊表示学生在学业作弊量表的任一题目中评分为2分及以上。

注学生的学习成绩时,其作弊的可能性就越大。

针对学生的作弊态度,独立样本 t 检验结果也与作弊行为的结果一致。认为作弊行为不可接受的学生比认为作弊可以接受的学生有更强的掌握目标导向（3.95 vs 3.49,$t=4.66$,df$=1$,$p<0.05$）,而认为作弊可以接受者比认为其不能接受者有更强的表现目标导向（3.22 vs 2.62,$t=-5.50$,df$=1$,$p<0.05$）。此外,认为作弊不可接受者更倾向于认为其任课教师和学校都更关注学生是否掌握所学的知识（4.36 vs 4.01,$t=4.04$,df$=1$,$p<0.05$;4.34 vs 4.00,$t=5.15$,df$=1$,$p<0.05$）。而认为作弊可以接受者则更倾向于认为学校更关注学生的学习成绩（2.43 vs 1.99,$t=-4.58$,df$=1$,$p<0.05$）。相关分析也显示,学生对作弊的接受程度与个人表现目标导向、感知到的学校表现目标水平呈显著的正相关（$r_{个人表现目标}=0.31$,$p<0.01$;$r_{学校表现目标}=0.26$,$p<0.01$）,而与个人掌握目标导向、感知到的课堂掌握目标水平及感知到的学校掌握目标水平均呈显著的负相关（$r_{个人掌握目标}=-0.27$,$p<0.01$;$r_{课堂掌握目标}=-0.27$,$p<0.01$;$r_{学校掌握目标}=-0.25$,$p<0.01$）。此外,以个人表现目标导向、感知到的课堂表现目标水平以及学校表现目标水平为预测变量,以学生对作弊行为的接受程度（"0"为绝对不接受作弊,"1"为可以接受作弊）①为结果变量进行二元逻辑回归分析,发现个人表现目标导向和感知到的课堂表现目标水平均能显著预测学生对作弊行为的接受程度（$\beta_{个人表现目标}=0.43$,SE $\beta=0.16$,$p<0.05$,OR$=1.54$;$\beta_{感知的课堂表现目标}=0.22$,SE $\beta=0.11$,$p<0.01$,OR$=1.25$）。也就是说,学生和教师都更关注学习成绩时,学生就更可能认为作弊是可以接受的。

以上研究基于实证调查数据,系统检验了个人、教师和学校的成就目标导向与学生学业作弊行为之间的关系。该研究表明,当学生自身、其任课教师以及整

---

① 绝对不接受作弊表示学生在作弊态度量表的所有题目中评分均为 1 分,可以接受作弊表示学生在学业作弊量表的任一题目中评分为 2 分及以上。

个学校的教育环境均为表现目标导向(更追求学习成绩)时,不论是学生对作弊行为的接受性还是学生自身作弊的可能性均会显著提高;而当学生自身、其任课老师以及整个学校的教育环境均为掌握目标导向(更注重知识的掌握)时,学生对作弊行为的接受性及其做出作弊行为的可能性均会显著下降。

在这项研究之后,又有多项问卷调查研究进一步验证了成就目标导向对中学生学业作弊行为的影响。这些研究均一致表明,掌握目标的树立对促进中学生的学业诚信、减少作弊行为具有积极作用。而表现目标则对学生的学业诚信具有消极影响,会让学生更多地作弊(Murdock & Hale,2001;Stephens & Gehlbach,2007;Tas & Tekkaya,2010;Shu-Ling et al.,2019;Putarek & Pavlin-Bernardić,2020)

例如,在最近的一项针对中学生的问卷调查中,研究者对学生成就目标的测量做了进一步细化(Putarek & Pavlin-Bernardić,2020)。该研究通过考察个人掌握趋近目标、掌握回避目标、表现趋近目标、表现回避目标以及任务回避目标这5种成就目标与学业作弊行为之间的关系,尝试揭示不同类型的成就目标如何影响学生的作弊行为。具体来说,研究者邀请了283名高中生(其中42.8%为女生,57.2%为男生),首先使用成就目标量表(Rovan,2011)测量了这些学生的掌握趋近目标(如"对我而言,尽可能全面地掌握这门课的内容很重要")、掌握回避目标(如"我经常担心自己没法学会这门课的很多内容")、表现趋近目标(如"对我而言,比其他学生表现得好更重要")、表现回避目标(如"我只想避免在班里表现得不好")以及任务回避目标(如"我只想投入最少的精力或努力以尽快摆脱这个任务")。这五种成就目标量表对应的克隆巴赫 α 系数分别为:0.86、0.78、0.82、0.87 及 0.82。学生需要采用利克特五点量表从"不同意"(1)到"同意"(5)进行评分,分数越高代表学生树立某种成就目标的倾向越高。

研究者使用学业作弊行为量表(Pavlin-Bernardić & Rovan,2017)测量了学生在生物课程上的作弊频率。具体包括5道题目,即"在生物考试中,我会抄其他同学的答案""在生物考试中,我会向其他同学求助""在生物考试中,我会带小抄""我会抄其他同学的生物家庭作业"和"在生物考试中,我会用手机抄答案或者给其他人发答案"。学生同样需要采用利克特五点量表从"非常不同意"(1)到"非常同意"(5)进行评分,分数越高代表学生的作弊频率越高。该量表的克隆巴赫 α 系数为 0.81。

研究者通过相关分析发现,学生的掌握趋近目标与其自我报告的作弊行为存在显著的负相关($r=-0.37, p<0.001$),而任务回避目标则与作弊行为存在显著的正相关($r=0.35, p<0.001$)。这意味着,个体越注重知识的掌握,其作弊行为就越少。然而,个体越不想在学习中投入精力,其作弊行为就越多。

综上,这些基于问卷调查的研究结果一致地揭示了掌握目标导向与中学生学业作弊行为的负向联系,并凸显了建立以知识掌握为中心的学习目标在塑造学生学业诚信行为方面的重要作用。然而,仅依靠学生自我报告的成就目标可能存在主观性强和难以验证等局限。

为了克服这些局限性及深入探讨成就目标对作弊行为的影响机制,Murdock 等(2004)采用了更客观和可控的实验设计,通过操纵被试对课堂目标导向的感知,进一步探究不同成就目标与中学生学业作弊行为之间的关系。

具体而言,研究者招募了 204 名高中生(其中女生 104 名,男生 100 名),通过让被试阅读两种不同的课堂目标导向故事来操纵其对课程目标的感知。参与此项研究的学生被随机分配至以下两个实验条件。

掌握目标组:让学生阅读一则描写一位掌握目标导向的数学教师的教学故事,这位教师很重视学生对数学知识的掌握与理解,而不会过多关注他们的数学成绩。

表现目标组:让学生阅读一则描写一位表现目标导向的数学教师的教学故事,这位教师很重视学生的数学成绩,而不太关注学生对数学知识的掌握与理解。

　　为评估上述实验操纵的有效性,研究者首先使用经改编的适应性学习调查量表(Midgley et al.,1996)的部分题目测量每名学生读完故事后对数学课堂掌握目标的感知(如"这个老师希望自己的学生能掌握所学的知识,而不只是记住它")以及课堂表现目标的感知(如"在这个老师的课上,如果学生表现得很好,就可以不用做作业了")。两个量表对应的克隆巴赫 α 系数分别为 0.83 和 0.82。与此同时,研究者还测量了学生自身的掌握目标导向(如"我做作业的主要原因是我想从中学到新知识")和表现目标导向(如"我多做作业的主要原因是我想获得更好的成绩")。这两个量表对应的克隆巴赫 α 系数分别为 0.87 和 0.89。学生需要采用利克特五点量表进行评分,分数越高代表学生感知到的某种课堂目标导向越高。

　　此外,研究者还采用经过改编的作弊态度量表,测量了学生对作弊行为的道德判断以及合理性判断(Anderman et al.,1998),例如:"在这个老师的班上,考试作弊是可以的""在这个老师的课上,考试作弊并不是错的"等。学生需要采用利克特五点量表从"非常不同意"(1)到"非常同意"(5)进行评分,分数越高代表学生对作弊行为的道德判断越差。该量表克隆巴赫 α 系数为 0.86。与此同时,研究者还测量了学生对两种课堂目标导向中作弊合理性的判断,例如:"在这个老师的课堂上,学生如果在考试中作弊是有原因的。"学生同样需要采用利克特五点量表从"非常不同意"(1)到"非常同意"(5)进行评分,分数越高代表学生越认为不同课堂目标导向下的作弊行为是合理的。该量表的克隆巴赫 α 系数为 0.75。

　　 t 检验显示,掌握目标组学生感知到的课堂掌握目标要显著高于表现目标组($t=3.38$,df $=1$, $p=0.01$),而表现目标组学生感知到的课堂表现目标也要显著高于掌握目标组($t=-17.14$,df $=1$, $p<0.01$),表明实验操纵有效。进一步的方差分析显示,相较于表现目标组,掌握目标组学生认为在该数学课堂上作弊更不合理[$F(1,200)=79.55$, $p<0.001$,Cohen's $d=1.26$]。此外,个人的掌握

目标导向与作弊的道德判断呈显著负相关($r=-0.195$，$p<0.01$)，即越关注自身对知识的掌握或理解的学生，越倾向认为考试作弊是不对的。

总的说来，这项研究表明，高中生对不同课堂成就目标的感知影响其作弊态度。当学生认为课程及教师更重视知识掌握时，他们更倾向于认为作弊是不合理且不对的。遗憾的是，尽管该研究成功地操纵了学生对不同课堂成就目标的感知，并测量了他们对作弊行为的态度和道德判断，但却没有测量其实际的作弊行为。因此，后续研究可以采用更为严格的实验设计，通过创设考试情境来直接观察和记录学生的实际作弊行为，以检验不同的成就目标与中学生的学业作弊行为之间是否存在相对稳定的因果关系。这样，我们就可以更全面地了解课堂成就目标对学业作弊行为的影响，为教育实践提供更有效的指导。

(二)性别

性别，作为一个复杂而多维的概念，包含生物学上的性别差异和社会规范所塑造的社会性别特征。在探讨性别对中学生学业作弊行为的影响时，通常来说，社会性别可能在其中起主导作用。这意味着，在生理性别差异的基础上，社会对男女生的差异化养育方式可能影响其道德认知和行为发展。具体而言，男生往往被期待展现出竞争力、独立性等特征，这可能使他们在道德判断上更看重个人成就和利益；而女生则常被期待展现友善、牺牲自我等特征，这可能使她们在道德行为上更关注他人的感受和后果(Whitley et al.，1999；Feldman，2006)。因此，基于性别的角色期待和养育方式不仅塑造了个体的道德认知，或许还会进一步影响中学生学业上的道德行为模式，如是否作弊。但学界对个体学业作弊行为是否存在性别差异仍存在争议，特别是在针对中学阶段学生的研究中，相关研究尚无定论。

例如，一些学者认为，男生的学业作弊行为要显著多于女生(Schab，1969，1980；McLaughlin & Ross，1989；Cizek，1999；Dejene，2021)。其中，一项于1989

年开展的针对美国田纳西州孟菲斯市一所公立高中的 130 名学生(其中女生 74 名,男生 56 名)的问卷调查,对学业作弊行为是否存在性别差异进行了探究(McLaughlin & Ross,1989)。具体而言,研究者列举了 16 种学业作弊行为的具体表现,并让学生使用二分类法对每种行为是否属于作弊做出判断(否=0,是=1);与此同时,采用利克特四点量表从"没做过"(1)到"经常做"(4)评价自身做出此类行为的频率。问卷的具体题目如表 5-5 所示。

表 5-5　作弊行为调查问卷

题目	道德判断	自身行为
1.考试时抄袭		
2.在垃圾桶里翻到考试答案并记住了答案		
3.用暗号接收或传递答案		
4.在考试时偷看笔记		
5.从参加过这场考试的同学那里要答案		
6.替其他同学写作业		
7.使用只有少数同学有的历年真题备考		
8.使用老师提供的历年真题备考	这种行为是不是作弊?	你是否曾做过这种行为?
9.考试时向其他同学询问答案		
10.考试时允许其他同学抄自己的答案		
11.使用口诀等记忆技巧(而非书面材料)参加考试		
12.用其他同学的笔记复习		
13.让其他同学抄自己的作业		
14.抄遗留在黑板上的答案		
15.抄其他同学的作业或学期论文		
16.考试时给其他同学看答案		

研究者首先使用卡方分析对男生和女生的道德判断进行比较。结果发现,女生较男生更倾向于认为"考试时允许别人抄答案"和"考试时给别人看答案"这两种行为是作弊行为(95% vs 77%,$p < 0.01$;92% vs 79%,$p < 0.05$)。与此同时,t 检验发现,相比于女生,男生在考试时抄他人试卷的频率会更高($M_男 = 2.54$ vs $M_女 = 2.27$,$p < 0.05$)。这一结果表明,在中学阶段,女生对作弊行为的

道德判断更为严格,实际作弊行为的发生率也更低。这一发现可用道德推理中的性别社会化差异理论进行解释。Gilligan 和 Attanucci(1982)指出,在社会化过程中,女生通常被认为具有更高的道德标准,所以就会更加关注其行为对他人的潜在负面影响;而男生具有更强的个人主义倾向,将冒险视为男性角色的一部分,因此更可能为了学业成功而冒险作弊。

然而,也有少数研究发现社会赋予女性的"道德期待"未使其在学业方面表现得比男性更为诚实。一项针对中学生的问卷调查研究发现,女生的学业作弊率高于男生(Dahiya & Dahiya,2019)。具体而言,研究者调查了 600 名中学生(其中女生 263 名,男生 337 名),使用学业作弊量表(Kalia & Deep,2011)测量学生学业作弊行为(包括考试作弊行为和作业抄袭行为)的频率。对男女生自我报告的作弊频率进行比较后发现($M_女 = 84.44$ vs $M_男 = 80.99$),女生自我报告的作弊行为要显著多于男生[$F(1,598) = 4.027, p < 0.05$, Cohen's $d = 0.165$]。这一发现挑战了女生更诚实的刻板印象,同时这也表明中学生学业作弊受多种因素影响,故性别差异并非一成不变。

值得注意的是,在现有研究中,更多的实证依据表明性别差异并不影响中学生的学业作弊行为(Anderman et al.,1998;Murdock & Hale,2001;Athanasou & Olasehinde,2002;Josephson,2012;Putarek & Pavlin-Bernardić,2020)。例如,Anderman 等(1998)在探讨成就目标对中学生学业作弊行为的影响时,并未发现男生与女生自我报告的作弊行为有显著差异($p > 0.05$)。同样,Putarek 和 Pavlin-Bernardić(2020)在探究不同成就目标对中学生学业作弊行为的影响时,同样未发现高中生在生物课程学习中的作弊行为存在显著的性别差异。此外,Pavlin-Bernardić 和 Rovan(2017)使用作弊行为量表($\alpha = 0.73$)考察了性别差异对合作作弊行为(如"在考试时,我会让其他人抄我的答案"等)的影响,结果也未发现高中生的合作作弊行为存在显著的性别差异($p > 0.05$)。

另外,还有研究者采用元分析探讨了性别与学业作弊行为的关系,同样未发现学业作弊行为的性别差异(Athanasou & Olasehinde, 2002)。具体而言,研究者首先在教育资源信息中心(educational resources information center, ERIC)数据库以及心理学文摘(psychological abstracts)数据库中检索了已发表的有关性别与学业作弊行为关系的研究。为确保检索的全面性,研究者还在检索到的相关文献中采用人工筛查的方法对这些文献的引文进行了细致检索,从中进一步筛选出有关性别和学业作弊行为的文献。

随后,研究者根据以下5个文献纳入标准对检索到的文章进行筛选:①被试群体是高中生或者大学生;②作弊行为是有关学业的作弊行为;③研究分别报告了男生和女生的作弊率;④研究提供了可以转化为效应量的统计数据①(如Odds Ratio);⑤排除使用利克特量表测量学业作弊行为的研究。经筛选,最终共纳入21篇有关性别与学业作弊行为关系的研究,其中有5项研究专门聚焦性别与高中生学业作弊行为的关系。这些研究涵盖了多种学业作弊行为,包括考试作弊、作业抄袭、将作业借给他人抄袭等。针对这些不同类型的学业作弊行为,研究者共得到9个效应量,总共涉及7649名高中生被试(其中女生4835名,男生2814名),研究发表时间跨度为1964年至1999年。

随后,研究者使用Cohen's d作为效应量的统一指标,将9个效应量根据值的大小划分为弱效应(Cohen's $d \leqslant 0.2$)、中等效应($0.2 < $Cohen's $d \leqslant 0.5$)以及强效应(Cohen's $d > 0.5$; Cohen, 1992)。效应值越大,表示男生与女生之间作弊率的实际差异越大。结果发现,在5项针对高中生学业作弊行为的研究中,男生与女生的作弊率并没有显著差异(Cohen's $d = 0.14$, SE$= 0.03$)。这意味着高中阶段男生与女生自我报告的作弊行为可能并没有明显差异。

这一结果可能源于多方面的因素。一方面,随着青少年自我意识的发展,他们对性别的刻板印象和认知逐渐减弱,这可能会减少作弊行为中的性别差异。

---

① 该统计数据是指可以用来量化两个或多个组别间差异大小的统计指标。

这是因为性别刻板印象的减弱使得青少年对男女生有较为一致的道德行为期待,从而减小了作弊行为的性别差异。另一方面,中学阶段的学习压力和焦虑等心理负担可能会普遍作用于男生和女生,面对考试压力,不论男女,更多学生可能会选择违规作弊来达到获得高分的目标和减轻压力。在这种情况下,作弊行为受共同的外在压力影响,性别因素的作用可能就被掩盖了。

因此,在有关性别对中学生学业作弊行为影响的研究中,目前尚未形成一致的结论。一部分研究表明,男生作弊更多;另一部分则发现,女生作弊更多;但相对更多的研究表明,男女生作弊行为并无显著差异。针对这一现象,未来研究需要更加深入地探讨性别与学业作弊行为之间的关系,采用更广泛、更科学的样本抽取方法,以及多元化的数据来源,以期获得更为准确和全面的结论。

(三)学龄

在讨论中学生的学业作弊问题时,学龄是一个不容忽视的因素。学龄不仅反映个体生理年龄的增长,还综合反映了社会化程度、学习经验、认知能力和学业压力等多方面的变化。随着学龄增加,中学生面临的学业负担日益繁重,同时也面临来自家庭、学校和社会的各种期望和压力。这些压力的增加,可能促使部分学生采取一些不正当的手段,如通过作弊来应对学业挑战。此外,学龄的增长也意味着道德认知和价值观的发展变化,这可能影响学生对作弊的道德判断和行为选择。

例如,在 McLaughlin 和 Ross(1989)针对高中生的问卷调查研究中,除了探讨性别这一影响因素外,还发现了学龄对中学生有关学业作弊的道德判断及其实际作弊行为的影响。具体来说,与高年级学生相比,低年级学生更倾向于认为"要是不小心在垃圾桶里看到考试答案,会拼命记住答案"和"帮别人写作业"这两种行为是不道德的行为(高一 vs 高三:91% vs 67%,$\chi^2 = 7.42$,df=1,$p < 0.05$;高二 vs 高三:87% vs 69%,$\chi^2 = 7.42$,df=1,$p < 0.05$)。此外,研究还发

现,高一学生自我报告做出"要是不小心在垃圾桶里看到考试答案,会拼命记住答案""考试时会借助衣服、身体或其他东西夹带小抄"这两种行为的频率显著低于高二学生($p<0.05$)。这表明低年级学生相比高年级学生对作弊行为的道德判断更严格,且其实际的作弊率也更低。

值得注意的是,针对初中生群体的问卷调查研究也得到了相似的结论(Murdock & Hale,2001;Anderman & Midgley,2004)。例如,Anderman 和 Midgley(2004)针对初中毕业生(美国的八年级学生)开展了一项纵向问卷调查研究,考察了这些学生从初中毕业到进入高中这一过渡阶段自我报告的学业作弊行为的变化。他们先在第一学年的秋季学期招募了 341 名八年级学生(其中女生 251 名,男生 90 名),随后研究者在追踪这 341 名八年级学生的基础上,于第二学年的春季学期扩大样本量至 574 名八年级学生(其中女生 302 名,男生 272 名)。之后在这些学生升至九年级时追踪到 507 名学生(其中女生 251 名,男生 256 名)。

Anderman 等(1998)采用自编的作弊行为量表对学生在数学课程学习中的作弊行为进行测量。该量表包括 3 道题目,即"在数学考试时,我会抄其他同学的答案""在做数学作业时,我会作弊"和"在做数学作业时,我抄其他同学的答案"。学生需要使用利克特五点量表从"非常不准确"(1)到"非常准确"(5)进行评分,分数越高代表学生的作弊程度越高。

研究发现,八年级学生在春季和秋季两个学期之间自我报告的作弊行为并没有显著变化($t=-0.90$,df$=1$,$p>0.05$),但九年级时学生自我报告的作弊行为要显著多于八年级春季学期($t=-3.06$,df$=1$,$p<0.01$)。

在现有的关于学龄与中学生学业作弊行为关系的研究中,多数研究结果表明高年级学生的学业作弊行为比低年级学生更严重。这可能与以下两个方面有关。一方面是高年级学生道德推理发展所导致的矛盾心理状态。根据科尔伯格的道德发展理论,青少年正处于从依靠外在规范向内在自律过渡的阶段。他们能明确认识到学校规章的权威性,但由于道德认知尚未完全成熟,也存在理解偏差并进行不当行为的可能。有研究表明,高年级学生作弊行为增加,可能与道德推理发展有关。然而,这种发展并非总是导向更严格的道德自律,也可能导致学生在感受到不公平对待时,更倾向于采取反抗行为,包括作弊(Rest et al.,1999)。

另一方面是高年级学生比低年级学生面临更大的学习压力(Galloway,2012;Conner et al.,2014;Feld & Shusterman,2015)。这种压力可能源于中学阶段学生需要学习的知识量和难度不断增加,学业负担也随之加重。为了应对繁重的学业任务,部分学生可能选择作弊来减轻自己的压力(Kilmer,2017)。此外,部分学生也可能会过分追求高分和优异的成绩,以争取未来的升学就业机会。这种对成绩的过分追求可能导致他们采取不正当手段来提升自己的成绩。

综上可见,学业作弊行为在中学阶段随年级上升呈现增加趋势。这一现象背后有复杂的心理和社会因素。例如,在高中阶段,学生可能会因为教师或者学校越来越关注学生的考试成绩而做出更多的作弊行为,以达成表现目标。因此,为了有效减少作弊行为,教育工作者需要从多个方面入手,包括加强学生的道德教育、改革应试制度、营造良好的校园风气和社会舆论环境等。同时,也需要关注学生的心理健康状况,提供必要的心理支持与疏导。

(四)态度

随着道德认知和推理能力的不断发展,中学生在面对学业作弊这一道德决策时,会形成个人态度。态度,作为个体对特定对象或行为所持有的一种相对稳定的心理倾向,通常包含认知、情感和行为意向三个成分。因此,研究中学生对作弊的态度,不仅有助于我们把握其对作弊行为及其道德属性的看法,还能反映出学生的内在道德观念、价值观和对公平诚信等核心道德原则的理解,甚至还可能预示着他们未来的行为选择,成为判断其道德品质与行为倾向的重要依据。事实上,不少研究表明,中学生对作弊行为的态度对其实际行为具有显著的影响(Anderman et al.,1998;Murdock et al.,2004;Vinski & Tryon,2009;Cheung et al.,2016;Stephens,2018;Dejene,2021)。而对作弊的态度能反映出个体的道德判断——个体对作弊行为是否正当、合理的判断。

一项问卷调查研究揭示了中学生对作弊行为的道德判断与其实际作弊行为之间的相关关系(Stephens,2018)。具体而言,研究者招募了 380 名高中生(其中 54% 为女生,46% 为男生),并采用自编量表测量这些学生对 6 种学业或学术作弊行为的道德判断及其自身做出这些行为的频率。学生需要对每种作弊行为做出"对"或"错"的道德判断,然后使用利克特五点量表从"从没做过"(1)到"几乎每天做"(5)进行自我评估,分数越高代表学生作弊的频率越高。该量表的克隆巴赫 α 系数为 0.69。量表的具体题目如表 5-6 所示。

表 5-6   作弊行为及态度量表

题目	道德判断	实际作弊行为
1.抄其他学生的作业,并当成自己做的交给老师	你认为这种行为是对/错?	在本学期中,你每隔多久会做出这种行为?
2.与其他同学一起完成老师要求独立完成的作业		
3.在提交的论文中改写或复制几句未引用的句子		
4.在考试时使用被禁止的小抄或书本		
5.考试时抄袭其他同学的答案		
6.在考试时,让其他同学抄自己的答案		

结果发现,绝大多数学生认为这些行为是错误的(认为作弊行为属于错误行为的人数比例范围为 84%—98%),且有 26.3% 的学生承认自己至少做出过其中一种作弊行为。进一步相关分析发现,学生对作弊行为的道德判断与其实际作弊行为呈显著负相关($r = -0.24, p < 0.01$),即认为作弊是错误行为的学生更少作弊。

这表明学生的道德判断会显著影响其作弊行为。换言之,当学生认为作弊是不道德的,他们更倾向于不作弊,因为作弊会违背其道德准则和信念。相反,如果学生对作弊的道德判断较为宽松,认为它并不严重或不会损害他人利益,他们就更可能作弊。

除了道德判断,学生对作弊行为的接受程度同样也能反映出个体的内在价值观及其道德观念。许多研究已经证实中学生对于作弊的接受程度也是影响其实际作弊行为的重要因素。例如,上文提到的 Anderman 等(1998)开展的问卷调查也曾发现是否接受作弊对初中生的学业作弊行为具有显著影响。具体而言,认为作弊可以接受的学生相比认为其不可接受者更有可能作弊(42.7% vs 21%,$\chi^2 = 38.67$,df=1,$p < 0.001$)。此外,该研究还发现,学生对作弊的接受程度与其自我报告的作弊频率呈显著正相关($r = 0.37, p < 0.01$),即学生对作弊行为的接受程度越高,他们实际作弊的次数就越多。类似地,在上文介绍的另一项针对初中生的研究也发现了相似的结果(Cheung et al.,2016):学生的实际作弊行为与其对作弊的接受程度呈显著正相关($r = 0.55, p < 0.01$)。这进一步验证了对作弊的态度与实际作弊行为之间的正向联系。

此外,一项针对高中生的问卷调查研究也得出了同样的结论(Dejene,2021)。具体而言,该研究招募了 1451 名高中生(其中女生 780 名,男生 671 名),采用自编的问卷对这些学生的作弊行为及其对作弊的态度进行了测量。其中,对作弊行为态度的测量采用利克特六点量表,要求学生就自身对 10 种作弊行为的接受程度从"不是作弊"(0)到"是非常严重的作弊"(5)进行评估,分数越高代表学生对作弊的可接受程度越低。量表的克隆巴赫 α 系数为 0.72;对实际作弊行为的测量则采用利克特三点量表,要求学生就是否做过每种作弊行为从"从没做过"(0)到"经常做"(2)进行自我评估,分数越高代表学生的作弊频率越高。量表的克隆巴赫 α 系数为 0.76。10 种作弊行为如表 5-7 所示。

表 5-7　作弊行为及态度量表

题目	作弊的可接受性	实际作弊行为
1.考试时抄朋友的答案		
2.考试时让其他同学抄自己的答案		
3.考试时携带小抄		
4.考试时跟周围的朋友对答案	你认为这种行为算作弊吗？如果算，那你觉得有多严重？	你是否经常做出这种行为？
5.考试时用暗号向其他同学传递答案		
6.考试前在身上记小抄		
7.为缺考编造理由		
8.考试时用暗号从朋友那里接收答案		
9.考试时用手机给朋友传答案		
10.考试时通过短信接收答案		

结果显示,80.5%的学生承认有过至少一种作弊行为,且大多数学生对作弊严重性的评价持中($M=2.86$,$SE=0.51$)。这意味着他们既不认为作弊是极其严重的违规行为,也不完全将其视为不可接受的行为。此外,53%的学生认为作弊虽不对,但不会对他人造成伤害。这种观点会削弱他们的道德约束,增加了作弊的可能性。

综上所述,当前研究一致表明,中学生对学业作弊的态度与行为存在较高的一致性。但也有两个方面的重要发现:一方面,对作弊的道德判断越严格或对作弊行为持否定态度的学生作弊的可能性越低;另一方面,对作弊持"宽容"态度会增加作弊的可能性。这暗示着可能存在一些未被充分探讨的因素,如家庭背景、学校教育环境、同伴影响、个人特质等,这些因素可能在态度与行为一致性中扮演着重要角色。因此,未来研究需要深入探讨这些因素的影响机制及其交互作用。通过综合考虑多种因素,我们可以更有针对性地开展道德教育和价值观培养,帮助他们树立正确的道德观念和行为准则,进而减少作弊行为。

三、情绪因素

中学生正处于身心快速变化的关键期,容易受外界环境和内在心理变化的影响,出现较强烈的情绪波动。他们情绪管理能力不足,面对学业压力时可能产生焦虑、紧张等负面情绪,进而增加作弊的可能性。研究表明,情绪不稳定的学生更容易在高压环境下选择作弊,以暂时缓解内心的焦虑和恐惧。因此,探讨情绪因素对作弊行为的影响,有助于揭示作弊的心理动机,为制定有效的预防和干预措施提供依据。

（一）压力

压力是指当个体处于生活、学习或工作中的各种挑战和困难的威胁性情境时,所产生的一种紧张或者压迫性感受(刘克善,2003)。这种感受通常伴随着焦虑、不安、紧张等负面情绪,会对个体的身心健康和行为表现造成不利影响。当学生感受到过重的学业压力时,可能会导致一系列负面后果,其中之一便是学业作弊行为的增加。事实上,多项研究表明,压力不仅会影响中学生学业的专注度和效率,还可能促使他们更频繁地作弊(Schab,1991;Geddes,2011;Conner & Pope,2013;Kilmer,2017)。

例如,Schab(1991)采用开放式问卷调查的方法,考察了学生学业作弊的动因,并要求他们直接回答:"你认为什么原因会导致学生作弊?"而后,通过综合分析其于1969年、1979年及1989年这三个时间段针对4020名高中生开展的问卷调查结果发现,从1969年开始的20年间,这些高中生对作弊原因的看法高度一致。他们普遍认为,对失败的恐惧是作弊的首要原因,紧随其后的则是父母过高的期望以及渴望赶超他人的心理。这些结果揭示了中学生所面临的巨大学业压力,而这些压力可能会导致其产生挫败感,进而选择采取作弊这种不当手段来应对。

另有一项针对6294名初中生和高中生(其中54%为女生,46%为男生)的大规模问卷调查研究进一步探讨了学业压力与作弊行为之间的关系(Conner & Pope,2013)。具体而言,研究者基于学业诚信量表(McCabe & Trevino,1993)调查了这些学生做出13种作弊行为的频率,如"在独立完成作业时寻求他人的帮助""提前获取考试内容""抄袭他人作业"和"找借口拖延交作业的时间"等。学生需要采用利克特三点量表从"从没做过"(1)到"不止一次"(3)报告自己作弊行为的频率。该量表的克隆巴赫 α 系数为0.86。与此同时,研究者还调查了学生近一个月内因学校压力所表现出来的外化身体症状,包括头疼、疲惫、入睡困难、体重增加或减少、心悸等。学生需要采用利克特八点量表从"从没有"(0)到"经常"(7)评估这些症状的出现频率。

结果发现,高达91%的学生表示自己在入学后有过至少一种作弊行为。同时,51%的学生表示近期经历过头痛,62%的学生感到疲惫,这两种症状均与学业压力密切相关。进一步的相关分析表明,学生在学校感受到的压力所导致的外化身体症状与学业作弊行为之间存在显著的正相关($r=0.21,p<0.01$)。这意味着,学生感受到的压力越大,外化身体症状越明显,其作弊行为越频繁。

还有研究针对学习优异的中学生进行了调查,基于定性方法探讨了他们在学习中感受到的压力与其实际作弊行为之间的关系(Geddes,2011)。研究者邀请了89名来自大学预修班的高中生(其中40%为女生,60%为男生),并采用利克特五点量表分别调查这些学生的实际作弊行为("从没做过"=1;"做过五次"=5)及其作弊理由("非常不同意"=1;"非常同意"=5)。具体问卷如表5-8、表5-9所示。

表5-8 作弊行为测量问卷

题目	作弊行为测量
1.考试时使用被禁止使用的小抄或者笔记	
2.考试时抄袭其他同学的答案	
3.考试时让其他同学抄自己的答案	
4.提交抄袭后的论文	
5.使用未经引用的材料	你是否经常做出这种行为?
6.将并未引用的参考书目列入引用列表	
7.抄袭其他同学的作业	
8.让其他同学抄自己的作业	
9.让其他人帮自己做作业	

题目	作弊行为测量
10.在不允许合作时,与他人合作完成作业	
11.数据造假	你是否经常做出这种行为?
12.把考试内容透露给其他人	
13从已经参加过考试的人那里获取考试信息	

表 5-9　作弊原因调查问卷

	题目	作弊原因
与学业相关 的原因	1.为了获得好成绩	
	2.为了拿到奖学金	
	3.为了增加自身在考大学时的竞争优势	
	4.考试太频繁了	
	5.学业负担太重了	
	6.作弊比学习更简单	你认为作弊的原因是什么?
	7.其他人作弊对我不利	
	8.老师提出不合理的要求	
	9.学习的内容不重要	
	10.为了不惜一切代价取得好成绩	
	11.老师对学习内容讲解不充分	
	12.不作弊就不能取得好成绩	
与学业无关 的原因	1.父母给的压力	
	2.兼职导致没有时间学习	
	3.生病了导致无法全力备考	
	4.为了体育合格	
	5.因为老师不公平	
	6.评分制度过于苛刻	
	7.考试设计不公平,故意让学生挂科	你认为作弊的原因是什么?
	8.作业量不合理	
	9.不够努力	
	10.没来上课	
	11.没有学习	
	12.为了帮助朋友	
	13.对团体(朋友、运动社团)的忠诚	

结果发现,即使是成绩优异的学生,也有高达 75％的学生自我报告有过至少 1 次作弊经历,考试作弊和作业作弊是其最主要的作弊方式。此外,57％的学生表示作弊是为了保持优异的成绩,68％的学生表示作弊是为了应付繁重的作业。这表明,尽管这些中学生自身有能力取得好成绩,但还是会因为成绩压力、同伴竞争以及学业负担过重而选择作弊。

综上所述,过重的学业压力会对中学生的学业诚信产生不利影响。这种压力往往源于学业负担、父母期望、同伴竞争等因素。在高压环境下,学生可能因无助、挫败或焦虑等情绪而采取作弊等不正当手段,以期获得好成绩或避免不良后果。因此,我们应高度重视学生(尤其是中学生)的压力状态,采取有效措施来减轻他们的学业负担和心理压力,如优化课程设置以减少不必要的作业负担,积极开展家校合作以引导父母及教师树立合理期望,提供心理咨询服务以助力学生有效应对压力等。通过这些方式,可以更好地培养中学生的诚信意识和自律能力,从而减少学业作弊行为的发生。

(二)焦虑

中学阶段,学生不仅面临巨大的学业压力,还常常伴随着由此产生的焦虑情绪,这种情绪往往对学生的学业表现产生不利影响。

有学者曾考察了考试焦虑对中学生作弊态度的影响(Bong et al.,2014)。研究者招募了 304 名七年级学生(其中女生 148 名,男生 156 名),基于考试焦虑量表(Duncan & McKeachie,2005)测量了这些学生的考试焦虑水平,如"考试时,我会想到跟其他同学相比我有多差"。学生需要采用利克特五点量表从"非常不同意"(1)到"非常同意"(5)进行评分,分数越高代表学生由于考试引起的焦虑水平越高。该量表的克隆巴赫 α 系数为 0.63。同时,研究者还采用 Anderman 等(1998)的作弊态度量表测量了这些学生对作弊行为的接受程度,如"可以考试作弊吗?"学生同样需要采用利克特五点量表从"非常不同意"(1)到

"非常同意"(5)进行评分,分数越高代表学生对于作弊的可接受性越高。该量表的克隆巴赫 α 系数为 0.64。

结果显示,尽管学生的考试焦虑水平较高($M=3.59$,SD$=1.03$),且他们对作弊的接受程度较低($M=1.81$,SD$=0.89$),但两者之间并没有显著的相关关系($r=0.06$,$p>0.05$)。这说明,虽然学生可能会因考试而感到焦虑,但这种焦虑情绪并不一定会影响学生对作弊原本就持有的不认可态度。因此,考试焦虑可能并不会对学生的作弊倾向造成影响。

然而,也有一些研究得出了不一致的结论。例如,一项问卷调查研究发现,考试焦虑能够正向预测中学生的学业作弊倾向(Bassey & Iruoje,2016)。具体而言,研究者招募了 1200 名七年级学生,并采用自编问卷测量了学生的考试焦虑水平以及他们的作弊行为倾向。回归分析的结果显示,考试焦虑能够正向预测学生的学业作弊倾向($\beta=0.12$,$t=4.174$,df$=1$,$p<0.01$),即焦虑水平越高的学生越有可能作弊。上述结果表明,考试焦虑虽然与学生对作弊的态度无直接关联,但它却在行为层面导致了作弊行为的增加。

事实上,由于态度无法直接反映学生的具体行为,所以大多数研究更关注焦虑情绪与中学生实际作弊行为之间的关系(Conner & Pope,2013;Widodo & Alizamar,2019;Dahiya & Dahiya,2019;Shelton & Hill,1969)。这些研究大多采用问卷调查的方法,探讨了不同类型的焦虑(如考试焦虑、成就焦虑、学业焦虑、教育焦虑)对作弊行为的影响。研究一致表明,中学生的焦虑水平越高,作弊的可能性就越大。

例如上文提及的研究,除探讨性别对中学生学业作弊行为的影响外,还考察了教育焦虑(educational anxiety)对学业作弊行为的影响,这种焦虑主要源自父母以及学校在教育孩子的过程中给予过高期望所形成的压力。具体而言,研究者采用自编的教育焦虑问卷,测量学生的教育焦虑程度,并根据这些学生的回答将其分为高焦虑组(162 人)、中等焦虑组(270 人)以及低焦虑组(169 人)。此外,研究者还使用学业作弊量表(Kalia & Deep,2011)测量学生学业作弊行为(包括考试作弊行为和作业抄袭行为)出现的频率。

方差分析结果显示,教育焦虑水平会对中学生自我报告的学业作弊行为产生显著的影响$[F(2,598)=133.99,p<0.01]$。高焦虑组学生自我报告的作弊行为显著多于中等焦虑组(123.83 vs $74.08,t=13.01,df=1,p<0.01$)及低焦虑组($123.83$ vs $56.18,t=15.90,df=1,p<0.01$),此外,中等焦虑组学生自我报告的作弊行为也显著多于低焦虑组(74.08 vs $56.18,t=4.41,df=1,p<0.01$)。这表明,学生焦虑越严重,作弊可能性越高。

综上所述,焦虑这一负面情绪会对中学生的学业作弊行为造成深远的影响。尽管焦虑与学生对作弊的态度无明显关联,但它却能正向预测学生的作弊行为。

本章深入分析并探究了中学生学业作弊行为。首先通过研究历史梳理了中学生学业作弊行为的研究起源、发展及未来趋势。随后,借助 CiteSpace 这一文献计量学工具详细分析了近年来国内外相关领域的研究热点与趋势。在此基础上,全面探讨了影响中学生学业作弊行为的因素,并综合国内外的研究成果深入分析了中学生学业作弊的深层次原因。

第一节基于 CiteSpace 对国内外中学生学业作弊行为的研究进行了全面综述,分析了 2004—2024 年的研究热点和发展趋势。通过年发文量分析、关键词热点分析、关键词聚类分析、关键词时间线分析以及关键词突现分析,揭示国内外研究所关注的不同方面:国内研究更关注考试作弊与诚信教育,国外则更关注多因素综合影响及网络、AI 等对作弊行为的影响。这为后续深入研究中学生学业作弊行为提供了丰富的文献基础和理论支撑。

第二节探讨了中学生学业作弊行为的影响因素,包括社会环境因素、个体因素和情绪因素三大类。社会环境因素方面,家校关系不和谐、同伴作弊效应以及考试难度过高或过低都可能促使学生更多作弊。个体因素方面,学生的成就目标、性别以及年级等因素被认为是影响作弊行为的重要因素。个体因素方面,感知到的压力与焦虑也会在一定程度上加剧学生的作弊行为倾向。

第六章

大学生学业作弊行为

进入大学后,学生的心理发育已趋于成熟,正处于由校园生活向成人社会过渡的重要时期。在这一时期,大学生基本能够自主学习,且具备较为稳定的学业诚信观念,对相关规则也有了明确的认识。然而,学业的高度自主性反而使大学生学业作弊行为问题日益严峻。以往研究发现,大学生的学业作弊率一度高达80%(Baird,1980;Bowers,1963;Curtis & Popal,2011;McCabe,2005,2006,2012;Taradi et al.,2012;Whitley,1998;Williams et al.,2014;夏景贤等,2021)。如此普遍的学业作弊行为对大学校园的诚信氛围产生了极其恶劣的影响。并且,研究表明,在大学阶段有过作弊行为的学生,进入职场后可能更容易出现职业不端行为(Carpenter et al.,2004;Graves,2008;Mulisa & Ebessa,2021),如伪造工作报告、泄露公司机密以及贪污腐败等。可见,大学生学业作弊行为不仅是一个教育问题,如不尽早干预,也可能在未来发展为社会性问题。因此,对大学生学业作弊行为及其影响因素的探讨就显得尤为重要。

关于大学生学业作弊行为的研究在早期以西方国家为主,可追溯至20世纪初。受 Hartshorne 和 May(1928)的影响,许多学者开始探讨个体和环境因素对作弊行为的影响。研究发现,性别、智力、人格等个体因素是影响大学生作弊行为的主要因素。例如,Brownell(1928)通过问卷调查发现,在期末考试中作弊的大学生在外向性和神经质方面显著高于一般水平；Parr(1936)的研究进一步指出，年龄、父母职业、班级排名、经济独立性和智力等多种个体因素与作弊行为显著关联。同时，也有学者关注环境因素的影响。如 Campbell(1935)的研究发现，实施学业诚信政策可以有效减少作弊行为。这些研究为后续的研究奠定了理论基础，也为深入探究大学生作弊行为的成因和机制提供了重要参考。

国内学界对大学生学业作弊问题的关注度也颇高。然而，大多数研究主要是对这一现象及成因的理论探讨，相关的实证研究相对较少。总体而言，国内研究以现状分析为主，教学经验为辅，致力于剖析大学生诚信缺失的原因，并提出解决策略。这些研究大多源于高校教师或管理人员的视角。也有少数实证研究与国际研究接轨，探讨了大学生诚信缺失的表现和影响因素，如对作弊行为特征和动机的分析等。

本章将通过两个小节的内容详细剖析介绍大学生学业作弊行为：①分析近年来大学生学业作弊行为的研究热点，探寻该研究领域的发展态势和未来趋势；②梳理影响大学生学业作弊行为的因素。

第一节　大学生学业作弊行为的研究热点及特点

为了探究国内外大学生学业作弊行为在 2004 年至 2024 年的研究热点和特点，我们分别基于中国知网和 Web of Science 核心合集数据库的文献检索结果（经人工筛选后有中文文献 1439 篇、外文文献 735 篇），利用 CiteSpace 软件，对相关文献进行了年发文量分析、关键词热点分析、关键词聚类分析、关键词时间线分析以及关键词突现分析。

一、大学生学业作弊行为研究的 CiteSpace 分析——中文文献

大学生学业作弊行为的相关中文文献检索流程与小学生（详见第四章）和中

学生(详见第五章)基本一致：以"诚信(主题)或作弊(主题)或剽窃(主题)或抄袭(主题)并学业(全文)并大学生(全文)"为检索条件，以 2004 年 1 月 1 日至 2024 年 7 月 1 日为检索时间范围。在中国知网数据库进行检索后，初步得到 4816 篇相关文献。随后，对这些文献进行人工筛查，排除研究对象未涉及大学生或实际研究内容与学业作弊行为无关的文献，最终共有 1439 篇中文文献符合要求，将其纳入 CiteSpace 分析。

（一）年发文量分析

依据现有检索数据，我们首先对上述 1439 篇中文文献进行了年发文量分析，如图 6-1 所示。从整体趋势来看，该领域研究的热度呈现抛物线形态，即起初迅速攀升，于 2010 年达到顶峰(年发文量达 119 篇)，随后逐渐下降，至 2024 年 7 月仅有 7 篇相关研究。可见，大学生学业作弊行为曾为国内学界的研究热点，但现在已逐渐衰落。

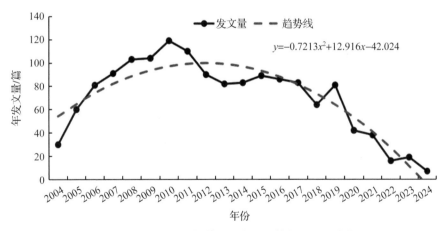

图 6-1　大学生学业作弊行为中文文献年发文量趋势

纵观 2004—2024 年的中文文献，国内学界对大学生学业作弊行为的研究大致可分为两个阶段。

(1)增长期(2004—2010 年)。在这一阶段,有关大学生学业作弊行为研究的文献数量显著增加,且增长势头迅猛,反映出研究者和教育工作者对该领域的关注度和研究兴趣。这一阶段研究主要集中于对基础性问题的探讨,包括对大学生学业作弊行为尤其是考试作弊行为的现状调查,对学业作弊成因的剖析,对学业作弊行为影响因素的初步筛查等,从而探索学业作弊的应对策略。具体来说,众多研究者基于一线工作经验,撰写并发表了一系列理论研究类的论文。例如,石伟芬(2007)在担任考试中心主任期间,积累了丰富的应对考试作弊的实践经验。其研究指出,大学生的作弊行为正逐渐群体化、隐蔽化,并有向低年级和重要考试扩散的趋势。作弊的原因主要包括个体心理因素和社会历史因素。据此,石伟芬建议预防作弊应从四个方面着手:加强学生诚信教育和心理健康教育,创新考试形式,强化考试管理,以及建立社会支持与约束机制。冯川钧和刘劲波(2010)也持有相似的观点。他们认为,考试是检验教学质量的重要手段。近年来,高校考试作弊现象时有发生,手段多样,更为隐蔽。针对这一现象,应推行诸如加强考前管理、严肃考纪、改变评价机制等措施。

此外,也有部分研究者基于实证研究对学业作弊行为的影响因素进行了初步筛查(林云,2008;唐宾,2009;王博 & 李鹏,2009;吴翠玉,2009)。例如,杨优等(2009)的问卷调查研究发现,大学生的作弊行为受性别、年龄、所在年级和学习态度等因素的影响,具体表现为男生、年长或高年级学生,或持有消极学习态度的学生更有可能在考试中作弊。陈向丽(2009)的问卷调查研究则发现,除了性别和年级,大学生的成就目标和行为合理化等因素对其考试作弊行为具有显著的预测作用,其中男生、高年级、表现目标导向的学生更有可能在考试中作弊。

(2)衰退期(2011—2020 年)。在经历了快速增长后,大学生学业作弊行为相关研究文章的发表数量开始逐年减少。这可能是由于早期研究多为理论探讨,难以转化为实践,在一定程度上削弱了研究热情。其中,自 2020 年开始,受新冠疫情影响,实证研究一度停滞,研究热度进一步下降。在这一时期,研究逐渐从对现象的描述转向对机制和方法的探讨,开始关注学业作弊行为背后的心理、社会和文化机制,进而为大学生学业作弊行为的干预措施提供理论依据(代安娜,2021;母瑛,2017;孙萍,2011;熊元靖,2012)。例如,易思(2011)通过对830名大学生进行问卷调查发现,大学生的学业作弊意图能预测其后续的作弊行为,而学业规范意识在其中起着重要的中介作用,学业规范意识强的学生即使有较强的学业作弊意图,也更不倾向于作弊。可见,通过加强对学校学业诚信准则的宣传、强化考试监督等方法来增强学生的学业规范意识,有助于促进学生的诚信行为。另外,刘超(2022)针对635名大学生的在线问卷调查发现,大学生的自主动机、道德信念、主观规范①、感知到的行为控制②、诚信政策、同伴压力均对其学业作弊行为具有重要的影响。其中,主观规范和感知到的行为控制部分中介了自主动机对诚信失范行为意向的影响,感知到的行为控制部分中介了道德信念对行为意愿的影响。换言之,大学生的自主动机、道德信念和主观规范越强,感知到的行为控制水平越高或感知到的同伴压力越大,就越不可能在学业任务中作弊。具体而言,当大学生具有较强的自主动机、道德信念和主观规范,感知的行为控制水平较高或同伴压力较大,其在学业中作弊的可能性就越小。值得注意的是,即使学生的自主动机较弱,只要其主观规范或感知行为控制较强,仍可能抑制其作弊倾向;同样,即使道德信念水平较低,较强的感知行为控制也能在一定程度上减少作弊行为。此外,近年来,笔者团队针对大学生群体开展了一系列现场实验研究,结果均发现,"监考"固然是预防和减少考试作弊的方法之一,但"诚信考场"(无人监考)能够进一步促进大学生的考试诚信。这一结论受自我概念维持理论支持,即教师对学生"不作弊"的信任能够有效激发学生的内

---

① 主观规范:个体在特定行为的决策时感知到的社会压力。
② 感知到的行为控制:个体对其执行某项行为的难易程度的判断。

在道德意识,使其更倾向于保持诚信以维持积极自我概念(Zhao et al.,2022,2024)。

总的来看,国内对大学生学业作弊行为的研究呈现"先扬后抑"的发展过程。早期研究者由于样本获取的便利性及作弊现状的严峻性,对此展现出高度热情,相关研究发文量一度激增。然而,随着时间推移,同类研究趋于饱和且应用性不强,发文量开始递减。值得庆幸的是,近年来研究重心逐渐转向"如何解决问题"这一核心议题,探索能够有效减少作弊行为的方法和策略。研究者希望通过科学研究找到切实可行的解决方案,从而减少作弊行为,推动高校诚信建设。这种研究方向的转变,无疑为学业作弊行为研究领域带来了新的动力。

(二)关键词热点分析

通过对 1439 篇中文文献关键词进行热点分析,我们获得了关键词共现图谱,如图 6-2 所示。该图谱中共有 652 个节点($N=652$),2365 条连接线($E=2365$),密度为 0.0111($D=0.011$)。总体而言,中文文献具有较强的关联性,即节点之间的连接线较为密集,研究焦点相对集中,具有相对紧密的网络结构。然而,该研究领域的整体密度仍然偏低。这种低密度、高联结的结构可能与研究方向的广泛性有关,即文献在不同研究方向上的分布相对较为平均。

表 6-1 列出了图谱内出现频次最高的 10 个关键词,以及与其他关键词关联强度最高的 10 个关键词。其中,"大学生"(频次:898 次,中心性:0.21)、"诚信教育"(频次:412 次,中心性:0.21)和"诚信"(频次:310 次,中心性:0.14)同时位居关键词频次及中心性的前三位,是该领域主要的研究热点及核心主题。

图 6-2　大学生学业作弊行为中文文献关键词共现图谱

表 6-1　大学生学业作弊行为中文文献关键词频次和中心性(前十位)

关键词	频次	关键词	中心性
大学生	898	大学生	0.21
诚信教育	412	诚信教育	0.21
诚信	310	诚信	0.14
对策	232	作弊	0.12
考试作弊	176	学术诚信	0.10
诚信缺失	174	教育	0.08
教育	80	现状	0.08
作弊	72	诚信档案	0.07
诚信档案	67	原因	0.07
现状	48	对策	0.06

与关于小学生和中学生的文献分析相似，"大学生"作为本领域的热门关键词频繁出现，表明此次检索工作的准确性。进一步梳理文献后发现，"本科生"是该领域中最主要的研究对象（傅以君，2009；刘兴昕，2010；刘亚军等，2016；谈壮壮，2016）。"本科生"涵盖的范围相当广泛，包括来自普通公办高等院校（施向荣 & 徐建南，2010；王怡诺，2022）、艺术类高等院校（乔庆宇，2018），以及民办高等院校（张宝玉，2015）等的学生。其中，对于普通公办高等院校本科生的研究又细化到不同学科和专业，如医学（吴庆红，2014；祝娇娇，2010）、金融（王欣，2015）、英语（娄素琴，2016）和体育（杨慧，2014）等。不同学科专业背景的学生面临的学业任务的强度和难度往往各不相同，因此其作弊行为也可能存在不同的特征（详见本章第二节）。此外，还有相当一部分研究关注了研究生群体（曹红芳等，2010；刘五景，2014；宁佳，2012）。由于研究生阶段的主要学业任务已从作业、考试转至科研工作，因此其作弊的形式也更复杂且多样，诸如论文剽窃、数据造假等学术不端行为更为频繁。例如，彭昶阳（2012）通过对 267 名体育院校研究生的访谈和问卷调查，发现研究生存在诸如套用论文模板、篡改研究内容、代写论文、虚假引用，以及一稿多投、挂名等学术不端行为。这些作弊形式与在中小学生中常见的作弊形式存在较大差别，近年引起了广泛关注（李颖等，2016；潘攀，2017；史兆新，2019）。此外，还有一些研究关注了职业高等院校学生的学业作弊行为（田勇，2015；郑印乐，2016）。例如，田勇（2015）基于实践经验指出，职高学生同样存在学业诚信缺失问题，且主要表现为逃课和考试作弊等。郑印乐（2016）进一步介绍了职高学生的考试作弊现象，认为该行为已趋于普遍，作弊手段多样。他指出，出现这一现象的原因包括：学生诚信意识淡薄、抵制诱惑能力差、学习兴趣缺乏、从众心理；社会和学校诚信氛围差、管理不当、教学考试模式固化、评价体系单一等。为此，郑印乐提出职高应改进教学模式，创新考评方式，提高学生学习兴趣，以减少考试作弊行为。

"诚信"与"诚信教育"主题在国内大学生学业作弊行为研究领域中同样占据

了重要地位。这与中小学生学业作弊行为研究领域类似。二者作为大中小学阶段的高频关键词,充分反映了国内研究者对于深入探讨诚信及相关教育的需求。诚信是保障教育公平、社会稳定的重要个人品质,也是社会主义核心价值观的重要组成部分,因此搞好诚信教育对于个人、社会乃至国家意义重大。

但是,由于大学生人格已趋于稳定,诚信教育等德育问题在校园中常被忽视。令人担忧的是,大学生群体中似乎存在较为常见的诚信缺失现象。这也导致"诚信缺失"成为该研究领域的热点关键词(白小芳,2020;王占文,2014;赵新宇,2016;张力力 & 汪俞辰,2015)。例如,唐敦(2015)指出,在现代社会,大学生诚信缺失问题已相当严重,道德背离现象日益凸显,这与社会环境变化密不可分,也与学校思想道德教育不足有关。因此,他主张建立诚信教育体系和学生诚信档案,以规范学生的行为;同时,也应重视大学生的心理健康教育,提高学生的思想道德素质,预防不诚信行为。而张慧(2020)通过实证研究发现,虽然大学生整体诚信状况尚可,但仍然存在诚信教育体系不完善、家庭诚信教育不足,以及部分学生诚信标准不高等隐患,在一定程度上威胁着校园的诚信风气。

事实上,大学生开始脱离父母和教师的管束,进行自我管理。在大学阶段持续开展诚信教育,可以帮助大学生抵制诱惑,维护自身的思想道德修养和人格稳定。因此,当前涉及"诚信""诚信教育",以及诸如"教育"和"学术诚信"等的高频词的研究,主要探讨如何多层面多角度地提升大学生诚信教育质量,以及强化诚信教育体系建设(章旗良,2020;赵丹霄,2021)。大学生的学业不诚信行为不仅是个人行为问题,也在一定程度上反映了教育环境、资源分配、监管制度、评价体系等方面的缺陷(贾香香,2016;谢晶,2014;张蓓,2013)。例如,梅贞(2014)提出构建大学诚信教育体系需要教育工作者确立诚信教育理念、丰富诚信教育内容和改进诚信教育方法;高校也需要加强诚信教育课程管理、加强师资队伍管理和推进教学手段现代化;还需构建大学生诚信教育评价体系,如建立诚信档案、完善诚信奖惩机制以及诚信教育质量评价体系等。肖艳红(2013)认为,大学生诚信教育是一项大工程,需要家庭、学校和社会彼此配合、统筹兼顾。具体而言,需要强化高校诚信教育的主导作用、家庭诚信教育的基础地位以及社会诚信教育的保障机制,三方协力,从而完善大学生诚信教育体系,促进大学生诚信行为。

研究者也十分关注大学生学业作弊行为的"现状""原因"以及解决这一问题的其他"对策"。首先,了解大学生学业作弊行为的现状是制定有效干预措施和教育方法的前提(鲍其雯,2019;冯发军,2006;吴星等,2013)。例如,祁梦诗(2021)对来自8所高校的676名本科生进行调查后发现,大部分学生均认同诚信价值并具备辨别是非的能力,但当面对诱惑和障碍时,一些学生难以坚持诚信原则,而做出与其诚信道德准则相悖的行为。换言之,学生个人的诚信认知并不一定能够准确预测其道德行为。但也有研究者发现,大学生学业规范意识能够影响大学生学业作弊意图对其作弊行为的预测效果(易思,2011)。可见,道德认知与道德行为间的复杂机制还有待进一步探究。

在了解"现状"的基础上,研究者还致力于探讨大学生学业作弊行为出现的"原因",以制定更科学、更具针对性的应对策略(陈小静,2015;李翠花 & 邹华文,2016;刘玉欣,2022)。例如,张慧(2020)采用问卷法调查了254名本科生和279名研究生的学业诚信问题,发现大学生诚信意识薄弱的主要原因包括社会诚信机制不健全、学校诚信教育体系不完善、家庭诚信教育缺失,以及大学生自身诚信标准"宽松"等。姜锐和王健(2013)对2010—2012年江西某高校大学生的考试作弊行为进行了调查,发现该校大学生的作弊率呈逐年下降趋势,且出现考试作弊的课程多为公共课,学生作弊的方法依然以夹带纸条/小抄为主。值得注意的是,利用手机、无线设备等高科技手段作弊的比例正逐年攀升。吴嫦娥和曹春(2013)也对大学生学业作弊行为的现状进行了实证调查,结果发现大学生学业作弊行为已趋于普遍化(66.86%的大学生承认自己曾经作过弊),且作弊手段多样,但最常见的手段仍然为"抄袭"和"夹带小抄"。该研究还发现,大学生对于学业作弊行为的态度有待改进,其中对作弊持反对态度的学生仅占 38.47%。可见,加强大学生学业诚信教育刻不容缓。

最后,"对策"这一关键词的热门表明,现有研究不仅关注问题描述,也在积极探索解决方案(李翠花 & 邹华文,2016;陶艳红 & 胡维治,2006;王学谦等,2015)。例如,何伟等(2016)针对不同主体提出促进大学生诚信建设的对策:国家完善网络法规,严厉打击虚假信息,规范网络行为;家庭培养诚信意识;学校建立有效评估体系;大学生提升自律意识。在这些对策中,"诚信档案"作为一种常用应对策略也成为研究热点。建立诚信档案的目的在于通过记录学生的日常表现,敦促其遵守学业规范,遏制其作弊(蔡颖,2021)。刘玉玮(2008)强调,诚信档案对思想政治教育和诚信意识培养非常重要,有助于培养符合时代需求的诚信人才,促进社会主义和谐社会和诚信社会的建设。刘玉玮(2008)还指出,诚信档案制度需逐步完善。首先,管理者需理解诚信对于学生个体、学校、社会乃至国家的重要性,掌握诚信档案的基本概念;其次,需深入分析大学生诚信档案的特征和管理方式;最后,还需适应信息化趋势,构建电子化、网络化、信息化、标准化和专业化的大学生诚信档案信息资源体系,这是一项艰巨的挑战。

就大学生学业作弊的类型而言,"考试作弊"依然是最常见的研究主题。如张能云(2013)的调查研究显示,85.3%的大学生表示曾在考试中经常或偶尔目睹他人作弊。陆桂平(2022)等的研究发现,约有58%的学生会因担心考试不及格而选择作弊。王金彪和张丽霞(2004)指出,大学生考试作弊的原因除了考试"及格"外,还包括学习兴趣淡薄、对考试重要性的认知不足以及作弊成本较低等。

除"考试作弊"外,"作弊"一词本身也是热点词之一。研究关注较多的作弊类型还包括作业作弊、论文剽窃等(褚乐平,2008;彭昶阳,2012 年;杨珊 & 王丽平,2019)。例如,有研究显示,与 50% 以上的大学生自我报告有过考试作弊行为(李振 & 范文文,2011;刘嫒航,2010;吴韶华,2012)这一比例相比,自我报告有过作业作弊行为的学生在 70% 左右(陈泓君 & 冯开甫,2016;王姝,2010),有过论文抄袭行为的在 30% 左右(王姝,2010;向佳玲,2009)。沈林(2009)调查大学生作业作弊的成因发现,超过半数的大学生承认自己无法独立完成作业的首要原因是"不会做"。司蓓蓓和李小鹏(2017)发现,大学生对剽窃的严重性认识不足。例如,对于"直接复制他人原文"这一行为,21% 的学生不认为这是一种严重的违规行为,4% 的学生甚至认为该行为并非剽窃,仅有不足 15% 的学生认为其他常见的论文剽窃方式(如直接复制他人数据、将他人数据占为己用等)是严重的违规行为。

(三)关键词聚类分析

对所有关键词进行了聚类分析,共生成了 11 个类别,如图 6-3 所示。其中,关键词聚类模块值 $Q=0.5476$,平均轮廓值 $S=0.8282$,聚类结构良好且结果可靠。图谱中的 11 个聚类标签分别为:"诚信教育"(标记为"0")、"教育"(标记为"1")、"考试作弊"(标记为"2")、"诚信档案"(标记为"3")、"学术诚信"(标记为"4")、"诚信"(标记为"5")、"原因"(标记为"6")、"对策研究"(标记为"7")、"诚信缺失"(标记为"8")、"考试舞弊"(标记为"9")以及"违纪管理"(标记为"10")。其中,"大学生"为研究对象,再次证明本次纳入分析的文献符合大学生学业作弊行为这一研究主题;"考试作弊"及"考试舞弊"突出了关于学业作弊行为具体类型的研究重点;"诚信教育""教育""学术诚信""诚信""原因"与"诚信缺失"则为国内研究者在该领域的主要研究内容;"对策研究""违纪管理"和"诚信档案"进一步聚焦于应对大学生学业作弊行为的措施,反映了该研究领域的未来发展趋势。

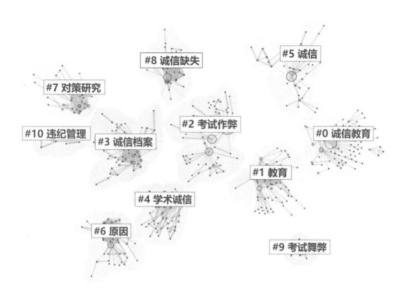

图 6-3　大学生学业作弊行为中文文献关键词聚类图谱

（四）关键词时间线分析

我们通过关键词时间线分析以进一步了解每个聚类标签的演变过程。具体来说，"诚信教育""教育""考试作弊""诚信档案""学术诚信"和"诚信"这几个研究主题大约是从 2004 年开始受到关注，热度从 2022 年持续至 2024 年。正如前文所述，"考试作弊"始终是大中小学阶段主要的学业作弊类型，因此对这一行为的研究也尤其热门。"考试舞弊"在 2005 年至 2008 年较为流行，它是"考试作弊"的别称。虽然现有研究并未对两者进行严格区分，但与"考试作弊"相比，"考试舞弊"通常还蕴含着集体作弊的意思。在对舞弊行为类型的具体讨论中，仍会对个体与集体舞弊行为加以区分探讨（翟旭东 & 沈青川，2009）。常见的考试舞弊形式也与考试作弊相似，主要包括夹带小抄、传递答案和偷看他人答案等（张欢，2006）。

关于"诚信""诚信教育""学术诚信"的研究主要探讨当前家庭、高校、社会在诚信教育方面的问题及其解决办法，建立"诚信档案"就是较为常见的一种策略

(安隽,2015;刘马可,2015;马天放,2021;米慧平,2021)。从时间线图谱看,研究者对诚信教育及其对策的研究也在一定程度上反映了时代发展的特点。自2016年起,研究者开始探讨如何利用新兴媒介进行诚信教育,反映出研究者及教育工作者对于传统诚信教育方式的反思和创新。随着互联网时代的到来,新媒体已成为大学生获取信息的主要渠道,而其便捷性和多样性使研究者开始关注其在诚信教育中的应用(程秀仙,2023;崔国军等,2021;郭蓉,2020;何伟等,2016;黄丹,2019)。例如,程秀仙(2023)提出,可以通过建立网络诚信互动平台、线上诚信档案,以及线上诚信教育的评价与反馈机制等,构建新媒体诚信教育体系。2020年的新冠疫情使线上教学大规模应用,如何确保网络环境中的学业诚信成为新课题(李玉斌等,2023;王琳,2022)。吴静茹(2023)对本科生进行的在线调查发现,大学生的线上诚信水平较低,有必要加强对诚信知识的学习。因此,她提出了一种基于知识协同构建的在线教学模式,鼓励学生在独自学习后,依次进行组内和组间的线上协作学习。为了检验这种线上教学模式是否能够有效促进大学生的诚信认知水平,吴静茹进行了一项现场实验,比较了接受传统教学和协同知识教学的两个班级学生的诚信认知水平。结果显示,相较于传统教学组,协同知识教学模式显著提升了学生的学业诚信认知水平。因此,未来可考虑以协同学习的方式将诚信教育纳入在线教育中,以培养学生的诚信意识,预防在线教育可能带来的诚信缺失问题。

"原因"和"对策"两个研究主题同样自2004—2005年开始流行,一直延续至2020年以后。如前文所述,相关研究主要通过现状调查,深入探讨了大学生学业作弊行为的成因及应对策略,旨在从中寻找有效的干预措施(王光霁,2019;王学谦等,2015;王一波等,2021;姚远,2015)。具体来说,上文提及的"诚信档案"和"违纪管理"也曾在2005年至2008年短暂流行。例如,谢新民(2005)认为,可以通过加强对大学生的思想道德和法律教育、强化对违纪学生的管理、改革教学方法等手段,提高对违纪行为的管理效果。

此外,"诚信缺失"这一主题在 2004—2016 年曾较为流行,近年来研究数量有所减少,研究热度减退。但部分研究继续探讨新时代背景下大学生诚信缺失问题(曹立静,2021;崔国军等,2021;祁梦诗,2021;杨学智等,2021;郑煜,2020)。例如,刘玉欣(2022)认为,新时代大学生诚信缺失主要表现在利用网络"漏洞"逃课、通过网络检索等手段作弊,甚至请人代写作业或完成其他学业任务。此类诚信缺失现象的出现可能受多方面因素的影响:个人自主性提高但自控力不足;家庭和学校环境塑造诚信观念和行为的作用不足;社会层面诚信制度体系不完善、执行中存在漏洞等。

(五)关键词突现分析

除了时间线流行趋势分析外,我们也对文献进行了突现性流行趋势(关键词突现)分析。图 6-4 为排行前十的突现关键词。不难看出,这些关键词大多一出现就迅速成为当下的研究热点,却在流行了一段时间后慢慢沉寂。但"诚信危机""考试作弊"及"诚信档案"在 2004—2024 年的研究中始终存在。结合关键词聚类分析及关键词时间线分析的结果,我们将关键词突现的时间大致分为以下四个阶段。

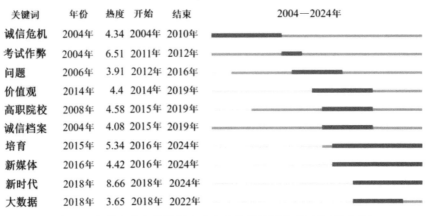

图 6-4　大学生学业作弊行为中文文献关键词突现图谱(前十位)

第一阶段为探索阶段(2004—2011年)。这一阶段的研究主要是初步探索大学生学业作弊行为的现状和问题,因此突现的关键词主要为"诚信危机"和"考试作弊",其热度分别持续至2010年和2012年。2004年,国务院颁布了《关于进一步加强和改进大学生思想政治教育的意见》,首次提出将"诚信教育"贯穿于思想政治教育的全过程;2011年,教育部发布《关于切实加强和改进高等学校学风建设的实施意见》,要求高校建立健全学业规范教育制度,强化学业诚信的监督与管理工作。这些政策文件无不透露着我国对大学生诚信问题的重视。因此,学界也掀起了有关大学生学业诚信现状研究的浪潮,且对作弊行为背后的大学生诚信危机问题尤为关注(陈晖 & 于淑萍,2005;潘春艳,2004;田琨,2010;张高科,2005)。由于考试作弊是我国大学生学业作弊行为最为突出的类型,故其也成为这一阶段研究的重点内容(林云,2008;唐宾,2009;王博 & 李鹏,2009;吴翠玉,2009;杨湘红,2006)。

第二阶段为理论探索阶段(2012—2014年)。这一阶段的研究重点一方面仍是大学生学业作弊行为的问题现状,另一方面则是对这一问题的理论剖析。突现的关键词主要为"问题"和"价值观",突现时间分别持续至2016年和2019年。2012年,党的十八大提出了社会主义核心价值观,诚信被纳入其中,至此,研究者开始将对大学生学业作弊行为的探究与对社会主义核心价值观(尤其是诚信价值观)的探讨联系在一起。例如,高姗姗(2014)从培育大学生诚信价值观的需求出发,强调了促进大学生学业诚信的重要性。她指出,大学生作为未来社会的中坚力量,诚信无疑是其立足社会的基本道德需求。然而互联网技术的发展为大学生提供了丰富的电子资源,构建了更广阔的作弊空间,导致大学生考试作弊和论文抄袭现象日益普遍,作弊手段日益多样。因此,高校应积极利用思想政治理论课开展社会主义核心价值观教育,引导大学生学习和贯彻社会主义核心价值观,尤其是诚信价值观。邱丽燕(2014)也持有相似的观点,认为社会主义核心价值观是培养大学生诚信的理论基础,而培养大学生诚信品质也是践行社会主义核心价值观的现实需求,诚信教育应贯穿大学生整个学习生涯。

第三阶段为实证与应用阶段(2015年至今)。充分了解问题现状的目的在于寻找解决这一问题的办法,为此,2015年起,大学生学业作弊行为的研究重点开始转向对对策的探讨。这一阶段突现的关键词有"高职院校""诚信档案""培育""新媒体""新时代"和"大数据",这些关键词的热度分别持续至2019年、2022年和2024年不等。其中,除了2015—2019年突现的"诚信档案"以外(闭线林,2015;陈燕,2015;孙蕾,2015;孙腾,2014),尤其值得关注的是"新媒体""新时代"和"大数据"等关键词。正如前文所述,大数据时代为诚信教育提供了新的途径,而通过关键词突现分析可见,此类研究大致兴起于2016年和2018年。2018年,教育部发布了《教育信息化2.0行动计划》,强调通过大数据、人工智能等技术全面提升教育质量的必要性。研究者也开始探索利用人工智能等新兴技术减少学业不诚信的可行性(崔国军等,2021;郭蓉,2020;何伟等,2016)。例如,杨柳群(2023)指出,在信息化高速发展的当代,可以充分利用诸如论文剽窃检测软件、基于人工智能技术的学习管理系统、计算机自适应测试以及在线监控等新方法强化对学业作弊行为的监管,进而减少大学生的作弊行为。王政阳(2024)也提出,高新科技的发展为学业诚信的管理工作提供了新的视角和工具。例如,大数据技术有助于构建科学的学业诚信评估体系、创建学业诚信档案、搭建学业诚信监管平台等。此外,高校还可借助大数据分析及人工智能技术,为学生提供个性化的学习辅导,提高教学质量,进而促进学业诚信氛围营造。

此外,我们还关注到"高职院校"这一研究对象自2015—2019年格外流行。出现这一现象的原因在于2015年1月福建省高职招考的一次大规模违纪舞弊。有考生将手机带入考场并将部分答案上传到网络,受到广泛传播。最终福建省教育考试院公告此次舞弊涉及42名考生,另有5名监考人员未认真履职或失职,以上人员均受到处罚。此外,2017年3月,安徽省高职院校分类考试中,也出现了考生带手机进入考场偷拍上传的现象。3名学生涉嫌组织考试作弊被公安机关依法采取强制措施,3名监考教师被问责并给予了警告处分。一时之间,高职院校学生作弊问题受到了广泛关注。高职院校作为职业教育的重要组成部分,其学生在学业任务和就业导向等方面具有自身的突出特点,这些特点可能会影响学生对于学业本身和学业作弊行为的态度(高健,2014;农贵,2015;万时吉,2015;于艳华,2015)。例如,徐亚萍(2016)通过对283名高职院校学生进行问卷调查发现,对失败的恐惧这一动机提高了高职院校学生的作弊倾向,而内化的道德认同则能降低这种倾向。换言之,减少高职院校学生的作弊行为可以从两方面入手,一方面,减少其在学业任务中的习得性无助,可通过激发学生的学习兴趣、提高课堂教学质量、控制考试和作业难度等方法实现;另一方面,提高学生的道德认同感,可通过完善诚信教育体系等方法进行。

总的来说,通过对1439篇大学生学业作弊行为中文文献的可视化分析,我们发现该领域的年发文量在匀速增长并达到顶峰后,逐渐表现出了衰退的趋势。可见,相对于中小学生学业作弊的研究,对于大学生学业作弊行为的相关研究可能已相对成熟,甚至进入了瓶颈期。该领域的研究主题较为多样,但热点关键词间聚类效果良好,联系较为紧密。在众多研究主题中,"学业诚信"始终是该领域长盛不衰的热点议题,其中,又以"考试作弊"这一大学生常见的学业作弊类型最为流行。与此同时,"诚信教育"和"教育"等研究主题也伴随着"学业诚信"问题,成为该领域近年来最受关注的研究内容。另外,最近该领域的研究重心开始转向预防和减少学业作弊行为,"新媒体"和"人工智能"等新时代产物在其中表现出了优秀的研究潜力。关键词的突现分析揭示了该领域研究与社会文化背景的紧密关联。随着科技的不断进步,电子设备和在线考试普及,作弊形式呈现出新特点,诚信教育也产生了新形式。因此,未来几年,国内对大学生学业作弊行为的探讨很可能聚焦于新媒体环境下的诚信教育和作弊行为干预。

二、大学生学业作弊行为研究的 CiteSpace 分析——外文文献

对大学生学业作弊行为外文文献的检索方法与针对中小学生的检索方法基

本一致,以"学术作弊(所有字段)或学术不诚信(所有字段)或学术诚信(所有字段)或抄袭(所有字段)或学术欺骗(所有字段)或学术不当行为(所有字段)或不道德的学术行为(所有字段)"为检索条件,以 2006 年 1 月 1 日至 2024 年 7 月 1 日为检索时间范围,在 Web of Science 核心合集中的科学引文索引扩展版和社会科学引文索引数据库内进行检索。在二次筛选时,仅保留了研究对象涉及大学生(含研究生、本科生和专科生)的文献,经人工筛查,剔除实际研究内容与大学生学业作弊行为无关的文献,最终获得 735 篇符合要求的外文文献,并将其纳入 CiteSpace 分析。

(一)发文量分析

首先,我们对上述 735 篇外文文献进行了年发文量分析,如图 6-5 所示。从整体趋势来看,该领域研究的年发文量总体上基本保持稳步上升趋势,且自 2021 年起呈现短暂的激增趋势,并于 2023 年达到年发文量的峰值(89 篇),截至 2024 年 7 月 1 日已发表文献 65 篇。

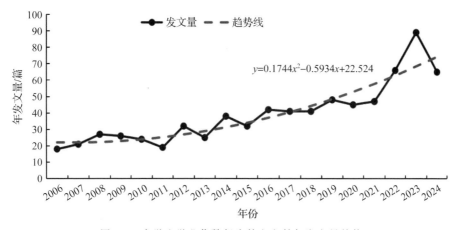

图 6-5 大学生学业作弊行为外文文献年发文量趋势

根据年发文量趋势图的具体特点,可将大学生学业作弊行为外文文献的发文情况分为两个时间段。

(1)稳步增长期(2006—2021年)。这一阶段的年发文量虽偶有波动,但总体呈稳步上升趋势,年发文量从2006年的20余篇增长至2021年的47篇。这一阶段的时间跨度较大,研究内容也较为丰富,包括对大学生学业作弊行为现象的描述、对大学生学业作弊行为成因及其影响因素的探讨,以及对解决这一问题的方法和对策的剖析等。例如,一些问卷调查研究发现,70%以上的大学生报告其曾有过学业作弊行为(Olafson et al.,2014;Selwyn et al.,2008;Yardley et al.,2009);也有现场实验研究发现,约40%的大学生在真实考试情境中作弊(Daumiller & Janke,2020;Sideridis et al.,2016)。可见,无论在国内还是国外,大学生学业作弊行为始终是一个较为严重的问题。

因此,许多研究致力于探讨这一现象的成因和影响因素,并提出了一些具有影响力的作弊动机模型(Harding et al.,2007;Murdock & Anderman,2006;Putarek & Pavlin-Bernardi,2020;Walsh et al.,2021)。例如,Harding等(2007)基于计划行为理论(Ajzen,1991)构建了学业作弊决策模型,认为学生对作弊的态度、道德规范、行为控制能力、道德义务、行为意图、过去的作弊行为以及部分人口统计学因素(包括年级、奖学金和专业等)均为学业作弊行为的预测变量。Putarek和Pavlin-Bernardi(2020)的模型则强调学习动机和学习参与程度(包含认知投入、行为投入和情感投入三个维度)的重要性,认为两者是影响作弊行为的重要因素。此外,还有大量研究探讨了具体因素对大学生学业作弊行为的影响(详见本章第二节)。

此外,一些研究基于上述理论模型,探讨了预防或干预大学生学业作弊行为的方法和对策(Bernardi et al.,2008;Dee & Jacob,2012)。例如,在一项基于Murdock和Anderman(2006)理论模型的实证研究中,研究者对169名大学生表现目标倾向进行了操纵,发现当告知学生需要在后续测试中给他人留下好印象,并强调需重视测试结果时,学生更倾向于在后续的测试中作弊(Daumiller & Janke,2019)。可见,教师应关注学习的过程和动机,而非仅仅成绩这类外在目标。另外,自我决定理论(self-determination theory,SDT)认为满足个体自主感能够促进其自我提升的意愿,并获得更多的幸福感(Ryan & Deci,2000)。所以,当人们拥有更多的选择时,似乎更不倾向于作弊(Henry,1994;Langer,1975)。为此,有研究专门探究了学生自主选择权与其学业作弊行为的关系,发现增加学生在课堂场景或实际任务中的自主选择权(如可自行选择任务的类型和数量等),能够减少其作弊的可能性。因此,通过在课堂上与学生共同讨论课堂教学流程、教学内容,以及作业的截止时间等,赋予学生自由选择的权利,可提高学生的自主感,激发学习兴趣,进而减少作弊倾向(Patall & Leach,2015)。

总体而言,这一时期外文文献的年发文量呈现增长态势。丰富的研究内容、方法和成果,促进了该领域较为完善的理论体系的形成。

(2)快速增长期(2022—2024年)。尽管该领域研究数量已相当可观,但研究热情并未减退,反而进一步增长。这一时期的研究有两个特点。其一,随着在线教学和线上测试的普及,大学生的网络作弊也广受关注。最近的几项针对大学生网络作弊行为的在线调查发现,70%的大学生存在网络作弊的经历,且作弊的形式与现场作弊高度相似,主要包括在互联网中搜索答案、使用小抄或参考资料、通过网络通信软件与同伴协作完成考试、运用人工智能技术解答数学问题等(Schultz et al.,2022)。另有一项针对452名大学生的调查研究也发现,在线教学环境下大学生对学业作弊的态度能够有效预测其自我报告的作弊行为(Perez et al.,2024)。其二,随着大数据时代研究方法的革新,一些研究者也开始尝试使用新技术探讨大学生学业作弊行为。例如,近年来,研究者采用机器学习方法学习学生的个人写作风格,然后评估其在写作过程中是否借助了人工智能技术进行作弊(Kutbi et al.,2024)。另有研究者通过收集学生的以往学业成绩、出勤率以及其他相关个人信息,使用机器学习方法判断学生在考试中是否存在作弊行为(Alsabhan,2023)。此外,还有研究利用深度学习识别视频中的考生是否在考试中有作弊行为,其判断准确率高达 78.9%(Felsinger et al.,2024)。可见,新技术和新方法为这一领域研究提供了新的机遇。

(二)关键词热点分析

我们对上述 735 篇外文文献的关键词进行了热点分析,获得了关键词共现图谱,如图 6-6 所示。该图谱中共有 521 个节点(N=521),1780 条连接线(E=1780),密度为 0.0131(D=0.013)。总体而言,国外关于大学生学业作弊行为的研究在 2004—2024 年具有较强的关联性,即关键词节点间的连接线较为密集,研究焦点相对集中,具有较紧密的网络结构。然而,同样由于研究方向过于广泛,不同方向的研究数量分布较均匀,导致研究密度并不高。

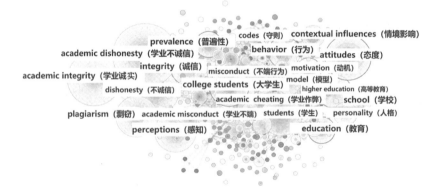

图 6-6 大学生学业作弊行为外文文献关键词共现图谱

表 6-2 列出了图谱内出现频次最高的 10 个关键词,以及与其他关键词关联强度最高的 10 个关键词。其中,"学业不诚信"(频次:226),"学业诚信"(频次:205)和"态度"(频次:136)为出现频次最高的三个关键词;而"态度"(中心性:0.14),"大学生"(频次:101,中心性:0.14)和"动机"(中心性:0.12)则与其他关

键词的关联性最强。纵观表 6-2 的高频词和高中心性词，不难发现其中存在一定的相似性。

表 6-2　大学生学业作弊行为外文文献关键词频次和中心性（前十位）

关键词	频次	关键词	中心性
学业不诚信（academic dishonesty）	226	态度（attitudes）	0.14
学业诚信（academic integrity）	205	大学生（college students）	0.14
态度（attitudes）	136	动机（motivation）	0.12
不诚信（dishonesty）	135	诚信（integrity）	0.11
感知（perceptions）	121	行为（behavior）	0.11
剽窃（plagiarism）	118	普遍性（prevalence）	0.11
学生（students）	107	不诚信（dishonesty）	0.10
大学生（college students）	101	高等教育（higher education）	0.10
诚信（integrity）	82	预测因素（predictors）	0.10
行为（behavior）	79	学生（students）	0.09

"学业不诚信""学业诚信""不诚信"和"诚信"为同类关键词。此类关键词的频繁出现或与其他研究主题的高关联性，充分反映出本次检索结果的可靠性。同时，作为主要研究对象，"大学生""学生"以及"高等教育"的高词频和高中心性也再次验证了这一结论。

"态度""动机"以及"感知"反映了外文文献的主要研究内容——大学生作弊行为的成因及影响因素。已有大量研究表明，认为学业作弊行为是一种可接受行为的大学生，更容易作弊；相反，对作弊持负面态度的学生则更不可能作弊（Akeley Spear & Miller，2012；Austin et al.，2006；Hsiao & Yang，2012）。大学生感知到的学业诚信氛围也能够预测其学业作弊行为，主要表现为感知到周围同学作弊越普遍，就越有可能做出作弊行为（Hendy et al.，2019；McCabe & Trevino，1997；Yardley et al.，2009）。另外，该领域的外文文献也提出了许多学业作弊动机模型（Harding et al.，2007；Murdock & Anderman，2006；Putarek & Pavlin-Bernardi，2020；Walsh et al.，2021），同时也有更具体的实证研究。例如，一项针对数千名大学生的问卷调研考察了 24 种可能影响大学生学业作弊行为的动机,结果发现"考试期间监管不力"和"考试组织不力"是学生认为与作弊最相关的两大动机。这表明,考场环境也对大学生作弊具有重要影响,一旦学生意识到监考不严或管理存在疏漏,就很有可能作弊(Petrak & Bartolac,2014)。

此外,"剽窃""普遍性"和"行为"三个关键词反映了研究者对大学生学业作弊行为现状和具体类型的关注。多项实证研究表明,50%以上的大学生存在作弊行为(Bernardi et al.,2004;Bowers,1963;Strom & Strom,2007;Rocha & Teixeira,2005;Teixeira & Rocha,2006)。从作弊类型来看,与中文文献较关注考试作弊不同,外文文献更关注大学生在作业和论文中的剽窃行为。国内外关注点不同的原因可能在于,与国内大学以考试为课程学习的主要考核方式不同,国外大学的课程考核更多以论文为主。剽窃通常属于学术作弊的范畴,包含了多种不同的形式,如拷贝他人的文本内容、找他人代写论文、引用文献不规范(如未引或多引文献)等。一项针对 31 种有关护理专业学生学业作弊行为研究的元分析(共涉及 9175 名学生)发现,剽窃是护理专业学生最常见的作弊类型,55.3%大学生承认自己有过剽窃行为,但大多数大学生都表示"知晓剽窃的概念"(80.8%),且对剽窃行为"持积极的态度"(88.26%),即认为剽窃是不道德的行为(Fadlalmola et al.,2022)。再者,随着人工智能技术的发展,特别是 ChatGPT 等 AI 的应用,剽窃这一行为变得更加简单且不易被发现。例如,一项研究邀请 16 名教师对文本是否由人工智能生成进行判断,发现教师判断的正确率仅为 50%(相当于随机水平)。这为学业诚信建设提出了新的挑战(Matthews & Volpe,2023)。

(三)关键词聚类分析

我们进一步对所有关键词进行了聚类分析,生成了 11 个类别,如图 6-7 所示。其中,关键词聚类模块值 $Q=0.4855$,平均轮廓值 $S=0.7705$,表明聚类结构良好且结果可靠。具体来说,图谱中的 11 个聚类标签分别为:"合同作弊"①(标记为"0")、"研究诚信"(标记为"1")、"变量"(标记为"2")、"拖延症"(标记为"3")、"人工智能"(标记为"4")、"媒介教育"②(标记为"5")、"学业诚信"(标记为"6")、"学业诚实"(标记为"7")、"守则"(标记为"8")、"学科性"(标记为"9")以及"新自由主义③价值观"(标记为"10")。

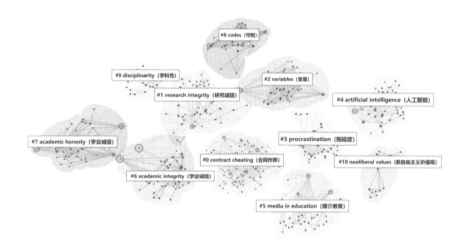

图 6-7　大学生学业作弊行为外文文献关键词聚类图谱

(四)关键词时间线分析

基于聚类分析结果,我们对关键词进行了时间线图谱分析。具体来说,"学业诚信"和"学业诚实"为本次检索关注的主要研究主题,分别自 2006 年和 2008

---

①　合同作弊:通过支付酬劳请他人代为完成考试或撰写论文的行为,即代考/代写。

②　媒介教育:也称媒介素养教育,源于 20 世纪下半叶的欧美及部分亚洲国家,最初旨在预防大众传媒对未成年人的负面影响,后发展为如何正确看待和有效利用媒体,以提升学生对信息的辩证思考、理解和评估能力。

③　新自由主义:一种主张个人自由、反对国家对经济的干预、维护自由竞争的现代化政治思想。

年开始受到关注,研究热度持续至今。早期研究的内容主要聚焦学业作弊行为的成因及影响因素。因此,"变量"这一主题在 2006 年至 2024 年也几乎同步流行。纵观现有研究,影响大学生学业作弊行为的因素大致可划分为环境因素和个人因素两大类,本章第二节将对这些因素进行详细介绍。其中,"守则"是一个典型的环境变量,在 2006 年至 2024 年均保持着较高的热度,但近年热度有所下降。实际上,"守则"这一研究主题的兴起可追溯至 20 世纪,该词源自"荣誉守则系统"(honor code system),是国外常用的一种学业诚信政策。实证研究发现,阅读《十诫》(*The Ten Commandments*)能够显著减少个体的作弊行为(Mazar et al.,2008)。笔者团队针对我国大学生群体的系列现场实验研究也发现,在考试前让学生阅读学业诚信政策,能够有效减少学生的考试作弊行为(Zhao et al.,2023)。

"学科性"作为个体因素,在 2009—2023 年保持着较高的研究热度。一方面,许多研究将目光聚焦于商科(Ababneh et al.,2022;Cronan et al.,2018)、工程(Tabsh et al.,2015;VanDeGrift et al.,2017)和医学(Azam et al.,2022;Ghias et al.,2014)等学科。例如,一项针对护理专业学生的调查研究发现,对学业作弊行为持宽容态度的学生往往对医疗事故也有较高的容忍度(Büyüksoy et al.,2024)。另一方面,随着跨学科研究的发展,越来越多的研究开始关注不同学科背景的差异,以及这种差异对学生学业作弊行为的影响。我们将在本章第二节对这方面的研究进行详细介绍。此外,"拖延症"作为 2022 年兴起的热门研究主题,也是近年来研究较多的影响作弊的个人因素。研究发现,拖延与作弊相关(Patrzek et al.,2015),而新冠疫情背景下线上教学使得拖延加剧,更使其成为作弊的诱因之一(Aruğaslan,2024;Novita & Jannah,2022)。

随着互联网技术的飞速进步以及诸如 Facebook(脸书)、Twitter(推特)和 Instagram(照片墙)等社交媒体的广泛流行,传媒行业正在经历前所未有的变革。2012 年起,"教育媒介"和"新自由主义价值观"成为该领域研究关注的热点。目前,关于教育媒介的研究主要集中在理论层面,探讨了新媒体在培养学生诚信方面的作用。调查发现,新媒体对于学生诚信行为的影响仍有限,但其影响力正日益增强。另外,新自由主义价值观的广泛传播促进了个人主义,这种价值取向可能导致人们更可能为追求个人目标而采取作弊等违规行为。例如,一项问卷调查和实验研究发现,持有新自由主义价值观,尤其是自我提升价值观的大学生,更有可能作弊(Pulfrey et al.,2013)。这种价值观对个人道德行为的影响令人担忧,其对社会发展也有严重的负面影响。若不及时干预,可能会对整个国家民族产生不利影响,甚至可能侵蚀人类文明。

自 2015 年和 2016 年以来,"研究诚信"与"合同作弊"这两个主题逐渐成为国外研究的热点。以往研究常常将研究诚信与剽窃行为混为一谈,未能加以清晰区分。具体来说,"研究诚信"关注的主要是学生在完成作业或撰写论文时的不正当行为,以及如何进行干预(Gorman et al.,2019;Resnik & Shamoo,2017;Tang,2019)。例如,一项元分析对各种学业作弊行为(如剽窃)干预策略的有效性进行了分析,结果发现,相较于理论性课程,实践性诚信教育课程更能增强大学生对学业不诚信行为的甄别能力(Katsarov et al.,2022)。除上述两种作弊类型外,"合同作弊"这一研究主题从 2006 年至今一直受到高度关注。这来源于2015 年澳大利亚媒体披露的一系列高等教育作弊丑闻。这些报道揭示了学生通过在线论文加工厂、文件共享网站和在线合同平台等途径外包作业的行为。关于合同作弊的研究主要为对不同形式合同作弊行为的探究,如替考和代写等。合同作弊在国内不算常见,却是国外高校深恶痛绝的作弊形式之一。Curtis 等(2022)曾对澳大利亚 4098 名本科生进行了问卷调查,结果发现自我报告曾有合同作弊行为的学生数量是有其他类型作弊行为的学生数量的 2.46 倍;并且,约8%的学生曾购买他人作业,11.4%的学生从共享网站下载他人已完成的作业。合同作弊的商业性质为学业诚信氛围的营造带来了严重的负面影响。因此,各大高校对此几乎为零容忍,处罚力度也较大(动辄停学或开除)。

自 2021 年以来,"人工智能"这一研究主题引起了学界的广泛关注。该主题的研究内容主要聚焦两个核心问题:其一,借助人工智能完成作业或考试是否属于作弊行为;其二,如何运用人工智能技术识别作弊行为。调查发现,学生和教师对仅使用人工智能进行文本润色持有相对正面的评价,但并不认同使用人工智能直接生成文本这一行为。可见,目前对于人工智能应用的规则界定和道德判断尚不明确(Gallagher & Wagner,2024;Rane et al.,2024)。部分研究者对采用人工智能技术识别作弊的相关研究进行了综述,发现现有工具主要基于词汇、语法和风格特征识别作弊文本。基于这些技术开发的工具包括 OpenAI 发布的 AI 文本分类器、普林斯顿大学学生开发的 GPT Zero 以及 Turnitin 等,它们能够协助教师判断学生是否借助了人工智能完成或抄袭作业/论文(Xie et al.,2023)。这些反"人工智能"作弊的人工智能工具为作弊行为检测提供了新的手段。人工智能被视为教育界的一大机遇和挑战,尽管其能辅助学生提高诸如写作等技能,但如何把握好使用人工智能的"度",仍是一个值得探究的问题(Song,2024)。

(五)关键词突现分析

我们同样对所有关键词进行了突现分析。图 6-8 列出了排行前十的突现关键词,基于突现关键词在不同时间段的特点,我们将大学生学业作弊行为外文文献的主要研究内容分为以下两个阶段。

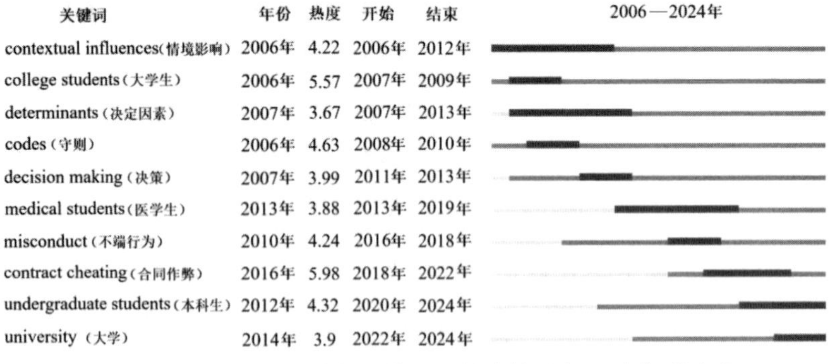

关键词	年份	热度	开始	结束	2006—2024年
contextual influences(情境影响)	2006年	4.22	2006年	2012年	
college students(大学生)	2006年	5.57	2007年	2009年	
determinants(决定因素)	2007年	3.67	2007年	2013年	
codes(守则)	2006年	4.63	2008年	2010年	
decision making(决策)	2007年	3.99	2011年	2013年	
medical students(医学生)	2013年	3.88	2013年	2019年	
misconduct(不端行为)	2010年	4.24	2016年	2018年	
contract cheating(合同作弊)	2016年	5.98	2018年	2022年	
undergraduate students(本科生)	2012年	4.32	2020年	2024年	
university(大学)	2014年	3.9	2022年	2024年	

图 6-8 大学生学业作弊行为外文文献关键词突现图谱(前十位)

　　第一阶段为摸索阶段(2006—2010年)。这一阶段突现的关键词包括"情境影响""大学生""决定因素"和"守则"。首先,"大学生"为主要研究对象,再次反映了本次检索工作的准确性。其中,绝大部分研究聚焦本科生的作弊行为(Carpenter et al.,2006;Ogilvie & Stewart,2010),也有少数研究关注了研究生作弊(McCabe et al,2006)。其次,与中文文献不同,外文文献并非先关注现状,再关注成因,最后关注对策,而是较早就已开始关注学业作弊的影响因素。这可能与国外在该研究领域起步较早有一定的关系。例如,早在20世纪初,Hartshorne和May(1928)就撰写出版了《性格之本质研究:欺骗研究》(*Studies in the Nature of Character：Studies in Deceit*)一书,该著作被认为是国际上学业作弊行为实证研究的"开山之作"。而20世纪末,Cizek(1999)撰写出版的《考试作弊:如何实施、检测与预防》(*Cheating on Tests：How To Do It，Detect It，and Prevent It*)一书,也是在该领域享有盛誉的学术著作。其中,受Hartshorne和May(1928)的情境特异论(作弊行为并非一种稳定的行为倾向,而是由个体所处情境决定)启发,早期研究者特别重视探讨影响大学生学业作弊行为的情境因素,如学校的学业诚信政策、同伴的作弊行为等(详见本章第二节)。

　　第二阶段为聚焦阶段(2011—2024年)。随着相关研究成果的丰富,这一阶段的研究内容得以进一步细化,研究者开始关注某些特定的研究对象和作弊类型。这一阶段的突现关键词有"决策""医学生""不端行为""合同作弊""本科生"和"大学"。

　　"不端行为""本科生"和"大学"作为外文文献检索的关键词,其突现再次证明了本次检索工作的可靠性。在这一时期,外文文献发文量逐年递增,但研究主题相对分散,导致主要研究内容和研究对象得以突现。实际上,除了本科生,研究生也是该领域在这一时期的主要研究对象之一,其作弊率似乎较本科生而言更低。例如,一项针对研究生网络作弊行为现状的调查发现,研究生的网络作弊(冒名顶替、剽窃、伪造、接受他人帮助或协助他人作弊)程度较低,其中博士生的作弊率又较硕士生更低(Bakar-Corez et al. ,2024)。2013 年至 2019 年,针对大学生的研究进一步聚焦特殊专业学生群体。其中,医学生受到更多关注,原因是医学生作弊可能对社会安全构成潜在危害。例如,2011 年位于美国某州的某医学院四年级学生在一次在线考试中集体作弊,近半数学生面临无法毕业的严重后果。而现有研究揭示,护理专业学生的作弊行为与其在从事专业实践中的不规范行为之间存在显著的正相关。专业实践中的不规范行为包括但不限于伪造生命体征数据、违反无菌操作原则,以及未及时更换污染的床单或药物等(Bultas et al. ,2017)。为防止医学生形成上述作弊习惯,后续研究者就其作弊行为及影响因素进行了广泛探究,以避免日后产生更严重后果。

此外,在这一阶段,学界对大学生学业作弊的决策过程研究兴趣较为浓厚。一些研究考察了大学生在不同情境下如何权衡其道德意识、学业压力及个人利益进而做出作弊决策。例如,研究发现,通过让学生复习有关剽窃行为的知识,可以有效降低其剽窃行为的发生率(Dee & Jacob,2012)。这一结果可用计划行为理论解释。当学生认为剽窃行为是不可接受的或与自身内在准则相悖时,做出剽窃行为就需要花费更大的心理成本,因而就更不愿意通过这种方式来达成个人目标(Ajzen,1991)。

最后,如前所述,2015 年澳大利亚合同作弊事件的曝光引起了公众对这一特殊作弊类型的关注。随着在线教育的兴起和代写服务的出现,合同作弊现象逐渐成为一个备受关注的研究主题。2018 年的一项问卷调查显示,合同作弊现象的普遍性正在上升,越来越多的学生因压力过大、时间管理不当以及难以应对学业任务等而倾向于采取此类作弊方式(Newton,2018)。新冠疫情期间的线上教学可能加剧了这一趋势。目前,合同作弊行为尚未十分猖獗,且多发生在熟人之间,较少涉及金钱交易。尽管如此,学生之间交换完成作业的情况仍较为普遍(一项调查显示,学生之间交换完成作业的概率为 27.2%,超过了交换笔记的 15.3% 的概率),需要警惕。

　　总的来说,对 735 篇涉及大学生学业作弊行为的外文文献的可视化分析表明,该研究领域的外文文献数量持续增长,研究热度高,研究主题多样且联系紧密,反映出国外该领域的研究相对成熟。通过关键词的聚类分析、时间线分析和突现分析可见,研究者主要探讨了大学生学业作弊行为的影响因素,并基于这些因素建立了理论模型。后续研究开始关注特定对象、内容或作弊类型,如不同学科专业背景的学生群体、合同作弊、媒介教育和人工智能等,体现了该领域面临的新机遇与挑战。

　　综上所述,国内外关于大学生学业作弊行为的研究热点存在差异。中文文献更关注诚信教育、学术诚信以及作弊行为的原因与对策等;外文文献研究较为活跃,聚焦可能影响作弊的社会情境、个体特质以及特定作弊类型。展望未来,整合国内外研究优势,探讨作弊行为的普遍性与特殊性,分析个体因素与环境因素的交互作用,对深入理解作弊行为的成因、机制,以及制定有针对性的干预措施具有重要意义。此外,如何借助当代科技推动大学生的学业诚信教育和提升伦理意识,仍将是该领域热点之一。

第二节　大学生学业作弊行为的影响因素

　　正如 CiteSpace 结果所示,由于大学生学业作弊行为的严重性,探讨其影响因素的研究尤为丰富。纵观大学生学业作弊行为的影响因素,部分与中小学阶段相似,但也有不少该阶段的特有因素。值得注意的是,在幼儿、小学乃至中学阶段,物理环境因素是关键影响因素,且效应相对稳定。然而,大学生不再有长期固定的教室或考场,其日常学习环境(如图书馆、公共教室、宿舍等)也多不固定、变化大,因此物理环境因素不再是大学阶段研究关注的重点。相反,由于大学生的心智发育较成熟、拥有较稳定的人格特质,个体因素成为研究热点,而这方面的研究成果可应用于低学龄阶段。另外,大学被称为"社会的缩影"。与基础教育不同,高等教育除了传授专业知识外,也注重培养社会能力。这意味着大学生需要面对更复杂的社会环境,因此社会环境因素依然是影响大学生学业作弊行为的重要因素。

一、社会环境因素

与中小学生相比,大学生的发展特点决定着影响其作弊行为的社会环境因素存在差异。具体来说,大学生的学习和生活具有更强的自主性,较少受到家长的直接监督和教师的严格管理。由于来自家庭的干预减少,课堂管理也相对宽松,他们不仅需要学会独立管理时间以平衡学习、社交和日常活动,还需要在相对自由的环境中学会自律。因此,相较于其他学龄段的学生,家庭因素和师生关系等对大学生作弊行为的影响相对较弱。相反,大学所处环境的学业诚信氛围(如学校的学业诚信政策、同伴作弊行为等)可能有着更直接的影响。

(一)学业诚信政策

学业诚信政策是指学校为确保学生在学业活动中遵循诚信原则而制定的一系列规章制度和措施。这些政策旨在维护学业诚信,防止学业作弊行为的发生,保障教育公平和学术研究的真实性。

学业诚信政策主要包括学业行为规范和对不诚信行为的定义、监管与处罚。例如,学业诚信政策通常对何种行为属于考试作弊行为有详细的界定(详见本书第一章第二节),规定教师及相关管理人员在监考中的职责(如试题保密、评分公正、严肃监/巡考纪律等),并列出针对不同考试作弊行为的处罚措施,如警告、记过、成绩作废、暂停学籍甚至开除学籍等。

目前,国内外学业诚信政策的内容大体相同,但实际制定和实施过程存在一定的差异。我国学业诚信政策的指导性文件或方针主要由中共中央、国务院或教育部办公厅等单位颁布或制定(如《国家教育考试违规处理办法》《高等学校预防与处理学术不端行为办法》等）；各级各类学校以官方文件为蓝本，制定适合自身的政策措施或管理办法。而国外并无指导性文件，通常由学校自行制定政策，由学生和教师共同组成的监管委员会实施，一般称为"荣誉守则系统"（honor code system）。该系统充分发挥了学生的自主性和责任感，要求学生在入学时签署诚信承诺书，承诺其将在未来几年遵守学校的学业诚信规定（McCabe & Pavela，2000）。此外，国外强调通过内在自律和相互监督维护学业诚信，而非组织专门的诚信教育活动。

早年，McCabe & Treviño（1993）研究发现，学业诚信政策对大学生学业作弊行为存在一定的影响。具体而言，他们针对美国 31 所大学的 6095 名在校生（其中女生 3780 名，男生 2315 名）进行了问卷调查。这 31 所大学中，有 14 所大学曾派代表参加了 1998 年普林斯顿大学举办的学业诚信政策会议。这 14 所学校因规模相对较小、管理相对灵活，在政策制定上具有相对较大的自由决策空间，因此于会后迅速在各自学校推行了学业诚信政策。剩下的 17 所大学未曾参加会议，也未在校内推行过学业诚信政策，故被作为对照组。

研究者使用自编问卷调查了 12 种常见的大学生学业作弊行为，分别为"在考试中使用小抄""在考试中抄袭其他同学的答案""利用不正当手段预先获知考试内容""考试中在其他同学不知情时抄袭其答案""帮助他人作弊""采取其他方式在考试中作弊""抄作业""伪造或篡改参考书目""将其他人的作业/作品当作自己的作业上交""在完成要求独立完成的作业时寻求他人的帮助""和其他同学合作完成要求独立完成的作业"以及"在写作业/论文时复制了其他论文/著作的观点或内容，但没有标注引用信息"。学生需要采用利克特四点量表从"从来没有"（1）到"多次"（4）对其自身做出上述行为的频率进行评价。该量表的克隆巴赫 α 系数为 0.794。

同时，研究者还调查了学生在多大程度上了解其所在学校的学业诚信政策。包含 4 道题目：学生对学校学业诚信政策的了解程度，教师对学业诚信政策的了解程度,教师对学业诚信政策的支持程度,以及学校学业诚信政策有效性。学生同样需要采用利克特四点量表从"非常低"(1)到"非常高"(4)对上述题目做出评价。该量表的克隆巴赫 α 系数为 0.824。

研究者采用独立样本 t 检验对问卷数据进行了分析,发现来自 17 所"未推行学业诚信政策"学校的大学生自我报告的作弊行为明显多于那些来自 14 所"推行学业诚信政策"学校的学生($M = 2.62$ vs $2.77, t = 26.073, df = 6093, p < 0.001$)。相关分析发现,大学生自我报告的作弊行为与其对学校学业诚信政策的了解程度呈显著的负相关($r = -0.25, p < 0.001$),即学生越了解学校的学业诚信政策,其作弊行为就越少。

该研究首次通过实证研究验证了学校学业诚信政策与大学生作弊行为之间的关系。McCabe 和 Treviño(1993)认为,学业诚信政策对学生作弊行为的影响主要体现在以下三个方面:首先,学生承诺遵守学业诚信政策,这在一定程度上能够帮助学生回忆学业诚信政策的相关内容,减少其为作弊行为寻找合理借口的可能性;其次,根据学业诚信政策规定,由学生而非学校监督和举报作弊行为,这有助于增强学生的责任心,促进其形成对作弊行为的正确认知和态度;最后,这种依靠学生相互监督的学业诚信政策能够赋予学生一种"权力感",如同允许学生在校园内存放个人物品或自行安排期末考试时间等政策一样,能够增强学生的主人翁意识,感受到自己被赋予了一定的自主权和信任,从而更积极地参与其中(Zheng et al.,2024)。可见,对于大学生来说,了解学校学业诚信政策对于促进其学业诚信行为有着不容小觑的影响。

此后,许多研究者对上述结论进行了进一步的检验,结果证实了学业诚信政策在提升大学生学业诚信行为方面的有效性(McCabe et al.,2002;Schwartz et al.,2013;Tatum et al.,2018)。例如,一项问卷调查研究揭示了学业诚信政策实施的持续时间对大学生学业作弊行为的影响(O'Neill & Pfeiffer,2011)。具体来说,研究者收集了 3 所学校学生自我报告的作弊情况及这些学校学业诚信政策的实施时长,通过数据分析发现,那些长期实施学业诚信政策并得到广泛认可的学校,学生的作弊率显著低于那些刚开始实施或尚未实施此类政策的学校。这表明,当学业诚信政策已成为大学校园文化的一部分后,其对促进学生的学业诚信的积极作用也会更加凸显(O'Neill & Pfeiffer,2011)。此外,笔者团队近期的一项实证研究也发现,如果在考前提醒大学生考试诚信规则,可以有效减少大学生的考试作弊行为(Zhao et al.,2023)。这些研究结果共同表明:明确和持续的学业诚信政策对于塑造学生的学业诚信行为至关重要。

（二）监考方式

监考,指在考试过程中对考生进行严格的监督和管理,以确保其遵守考场纪律,防止出现任何形式的作弊行为,维护考试的公平性和公正性。监考在不同时代具有不同的特点,主要包括传统的有人监考和新兴的无人监考两种模式。

在传统的有人监考模式中,通常会有一名或多名监考教师在考场内外巡视,密切观察考生的一举一动,确保其不会在考试过程中参与任何违规行为。这些监考教师一般会事先接受专门的培训,以便在考试过程中识别并妥善处理可能出现的作弊行为。随着科技的不断发展,监考的方式也在不断进步。如今,监考也可通过远程监控实现,即利用摄像头、网络等现代科技实时监控考场。这种方法不仅可以节约人力资源,还可以提高监考效率,扩大监考范围,如监考教师可以在一个控制中心同时监考多个考场。

以往研究发现,有人监考的确可以减少大学生的考试作弊行为。例如,有研究者采用自然观察法对在线考试中大学生的作弊行为进行了探究,发现利用网络摄像头进行在线监考能够有效减少作弊(Dendir & Maxwell,2020)。此外,还有研究者在本科生的线上期末考试中进行了随机控制的现场实验,也得到了类似的结论,即线上考试中利用网络摄像头进行监控可以有效减少学生的考试作弊行为。具体而言,研究者将400多名大一学生随机分为两组:一组学生在有网络摄像头监控的环境中进行线上考试,另一组学生则在无网络摄像头监控的环境中考试。结果发现,无网络摄像头监控条件下的学生比有网络摄像头监控条件下的学生更有可能在考试中作弊(Alguacil et al.,2023)。

然而,尽管监考力度持续加强,但大学生的作弊行为却仍屡禁不止。可见,单凭监考这一外在约束尚不足以充分激发学生的诚信行为。因此,非常有必要探寻一种能够有效激发学生道德自律的方法,从根本上减少学生的作弊行为。无人监考这一模式,就是在这一背景下发展而来。1893年,普林斯顿大学首次实施了无人监考(Tenner,2003),因其对减少考试作弊收效良好,故在全球范围内得以推广,当前国外越来越多的高等教育机构开始采用这一监考模式来预防考试作弊(Tatum,2022)。最初"无人监考"的提出是为了引导学生在考试中进行自我监督,从而加强考试诚信。

自引入我国后,"无人监考"又被称为"诚信考场"。自2005年底到2006年,国内许多高校,如郑州大学、武汉大学、内蒙古民族大学等,率先将诚信考场作为学校期末考试的形式之一。此外,一些中小学也开始尝试采用诚信考场这一监考形式。一时间,诚信考场在国内迅速普及并广受各级各类学校欢迎。该监考形式持续推行至今,目前我国已有上百所学校采用了诚信考场,以增强学校的诚信氛围。

根据自我概念维持理论(Mazar et al.,2008)的观点,诚信考场能够有效减少大学生的考试作弊行为。这一理论认为,在社会化过程中,个体往往能够内化"诚信"这一道德价值观,并倾向于认为自己是一个诚实的人,以维持积极的自我形象。设置诚信考场,不仅能够提醒学生在无人监督的情况下依然要遵守诚信准则,而且还能让学生感受到被信任,激发他们回报这种信任的内在动力。为了维持积极的道德自我形象、避免行为与自我概念之间的冲突,学生更有可能在诚信考场选择不作弊。

然而,诚信考场是否真的能够有效减少大学生的考试作弊行为? 笔者团队在大学生中进行了一项现场行为实验,给出了否定的答案(Zhao et al.,2021)。具体来说,在该研究中,我们招募了 133 名大一学生(年龄为 19 到 21 岁,其中女生 87 名,男生 46 名)。我们以班级为单位,将同一门课程的不同平行班级随机分配到两种实验条件中,具体的实验条件设置和人数分配情况如下。

传统考场组(71 人):在考试过程中,教师全程在场监考。

诚信考场组(62 人):教师宣布考试正式开始后离开考场,在考试过程中无教师在场监考。

该研究采用的是笔者团队在"不可能完成任务"实验范式(Hartshorne & May,1928)基础上改编的作弊测量范式,称为"虚假事实范式"(the fake facts paradigm)。该范式要求被试完成基于虚假事实编制的题目,既不存在正确答案,也无法在网络或书本中查找获得答案。被试若想答对,唯一途径是偷看实验者提供的"标准答案"。具体而言,我们设计了一份包含 10 道填空题的试卷,5 道题为简单题,剩下 5 道题为基于虚假事实编制的目标题。我们通过学生在这 5 道目标题上的作答情况来判断其是否作弊以及在多大程度上作弊:若学生答对 1 道及以上目标题,则判定其存在作弊行为;反之,若学生没有答对任何一道目标题,则认为其未作弊。此外,对于作弊的学生,我们以其答对的目标题数作为作弊程度的衡量指标。如,若答对 1 道目标题,则作弊程度被编码为 1;若答对 2 道,则作弊程度为 2,以此类推。作弊程度的取值范围为 1 至 5。

我们比较了不同实验条件下全体学生的作弊率,以及作弊者的作弊程度。

传统考场组和诚信考场组的作弊率分别为 31% 和 88.7%,如图 6-9 所示。为了检验两者间差异是否具有统计学意义,我们以实验条件作为预测变量,作弊行为("0"为未作弊,"1"为作弊)为结果变量进行了二元逻辑回归分析。结果显示,模型拟合且显著($\chi^2 = 49.436$,$df = 1$,$p < 0.001$,$-2\mathrm{loglikelihood} = 131.612$,Nagelkerke $R^2 = 0.417$)。条件的主效应显著($p < 0.001$),即传统考场组的作弊率显著低于诚信考场组(31.0% vs 88.7%,$\beta = -2.862$,SE $\beta = 0.476$,Wald $\chi^2 =$

$36.105, df = 1, p < 0.001, OR = 0.057, 95\% \ CI = [0.022, 0.145]$)。这表明,无人监考的诚信考场条件较有人监考的传统考场条件,学生作弊的可能性反而更大。

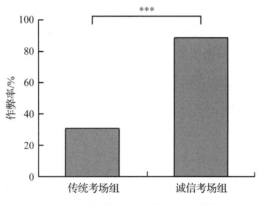

图 6-9　不同条件下大学生的作弊率

注:***表示 $p < 0.001$。

随后,对两个条件中存在作弊行为的大学生的作弊程度进行了比较,发现诚信考场条件下大多数作弊者(87.2%,48 人)答对了 5 道目标题(作弊程度为 5),而在传统考场条件下大多数作弊者(77.3%,17 人)仅答对了 1 道目标题(作弊程度为 1)。我们对两个条件的作弊程度进行了零膨胀负二项回归分析。[①] 以实验条件作为预测变量,作弊程度为结果变量,结果表明,模型拟合且显著($\chi^2 = 14.71, df = 1, p < 0.001$)。条件的主效应显著($p < 0.001$),诚信考场组作弊程度显著高于传统考场组($\beta = 1.26, SE \ \beta - 0.32, Wald \ \chi^2 = 15.62, df = 1, p < 0.001, OR = 3.51, 95\% \ CI = [1.88, 6.53]$)。这表明,在诚信考场条件下,一旦学生作弊,其作弊程度显著高于传统考场条件。

---

　　①　由于数据分布总体上严重偏向于零(未作弊),故本研究采用广义线性模型 GLM 模块中的零膨胀负二项回归来分析数据。

总的来说,上述结果表明,有人监考这一传统监考模式能在一定程度抑制大学生的考试作弊行为。这一结果可用威慑理论(deterrence theory)来解释。该理论认为,外部的威慑力量和潜在的惩罚措施能够促使人们遵守规则(Tittle & Rowe,1973)。在这种情况下,监考教师的存在本身就构成了一种强大的威慑,促使学生在面对作弊的诱惑同时,提高对作弊后果和风险的感知。这种利益得失的权衡可能会使学生因担心作弊被发现后的负面后果而不作弊。相反,在无人监考的诚信考场中,这种外部监督的缺失可能会减轻学生感知到的压力和威慑,从而使其更容易产生侥幸心理,萌生作弊的冲动。

基于上述研究结果,诚信考场带来的信任感和责任感似乎并未激发学生内在的道德自律,抵消作弊的冲动。然而,上述研究存在实验设计上的局限性——不同的平行班级被整班分配到不同的实验条件。由于不同平行班级的授课教师各不相同,不同实验条件下的学生实际上是由不同教师授课。这种分配方式可能引入了潜在的干扰因素,即教师在授课方式、教学水平等方面的特点。教师的差异可能是导致两个条件下学生作弊行为产生差异的因素。为了更准确地评估传统考场和诚信考场在减少作弊方面的实际效果,在上述研究基础上,笔者团队采用更严格的双盲随机对照实验设计,又进行了一项现场实验研究。

双盲随机对照实验设计,是指通过隐藏实验目的,在实验者和参与者均不知晓实验目的和变量操纵的情况下开展实验。这种设计可以最大限度地减少实验者和参与者的主观预期和偏见对研究结果的影响,确保实验组和对照组之间的差异仅由自变量操纵引起,从而提高研究结果的可靠性和内在效度。

具体来说,我们共招募了 692 名选修同一门课程但不同平行班的大二学生参与了研究(年龄范围为 19—21 岁,其中女生 522 名,男生 170 名)。所有参与者无论班级均被随机分配至传统考场组(344 人)或诚信考场组(348 人),并按分组分别在两个教室内参加考试。这样可以保证两个组别的学生样本具有可比性,排除任课教师因素的干扰。具体实验条件设置与上一实验相同。

传统考场组（344人）：考试过程中，教师全程在场监考。

诚信考场组（348人）：教师宣布考试正式开始后离开考场，在考试过程中无教师在场监考。

本研究使用了与上一项研究相同的虚假事实范式。我们同样通过统计学生在考试中是否答对目标题以及答对目标题的数量来判断学生是否作弊以及作弊者的作弊程度。同样，我们比较了不同实验条件下的作弊率及作弊程度。

诚信考场组和传统考场组的作弊率分别为 8.0% 和 19.5%，如图 6-10 所示。以监考方式作为预测变量，作弊行为（"0"为未作弊，"1"为作弊）为结果变量进行二元逻辑回归分析，结果显示模型拟合且显著（$\chi^2 = 19.570, \mathrm{df} = 1, p < 0.001, -2\mathrm{loglikelihood} = 534.031, \mathrm{Nagelkerke}\ R^2 = 0.051$）。监考方式的主效应显著（$p < 0.001$），表现为诚信考场组的作弊率显著低于传统考场组（8.0% vs 19.5%，$\beta = 1.017, \mathrm{SE}\ \beta = 0.240, \mathrm{Wald}\ \chi^2 = 18.020, \mathrm{df} = 1, p < 0.001, \mathrm{OR} = 2.764, 95\%\ \mathrm{CI} = [1.729, 4.421]$），即相比于传统考场，诚信考场中学生作弊的可能性更低。

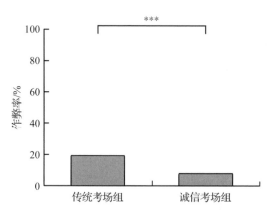

图 6-10　双盲随机对照实验设计中不同条件下大学生的作弊率

注：***表示 $p < 0.001$。

随后，我们对两个条件下作弊的大学生的作弊程度进行了分析。诚信考场组作弊者平均答对目标题的数为 2.46 题（$M=2.46, SD=1.48, n=28$），而传统考场组作弊者平均答对目标题数为 3.15 题（$M=3.15, SD=1.55, n=67$）。以监考方式作为预测变量，作弊程度为结果变量，进行方差分析。[①] 结果发现，监考方式的主效应显著（$p=0.049$），即诚信考场组作弊者的作弊程度显著低于传统考场组 [$F(1,93)=3.962, df=1, p=0.049, \eta^2=0.041$]。

与前一研究结果不同，本研究表明，诚信考场更能有效减少大学生的作弊行为。这一差异源于前述实验设计方面的缺陷，其以班级为单位进行随机分组，故未能有效控制任课教师因素这一潜在混淆变量，从而导致结果被无关变量干扰。而本研究则通过采用严格的双盲随机对照实验设计，将同一平行班（由同一任课教师授课）的学生随机分配到两个实验条件中，有效控制了教师变量，使得两种监考方式之间的效应差异能更准确地归因于考场方式的差异。

本研究结果支持了自我概念维持理论，即教师的信任可以有效激发学生的内在道德意识，使他们更倾向于维持积极的自我形象。因此，即使在无人监考的情况下，学生也倾向于遵循内化的道德标准，抵制作弊诱惑。笔者团队近期发表的另一项研究也发现，通过请幼儿帮忙保管重要物品并给予言语肯定而使其产生的"被信任感"，能够显著减少其学业作弊行为（Zhao et al., 2024）。可见，"信任感"的确有助于促进学业诚信。

作为培养学业诚信的政策，诚信考场在塑造学业诚信氛围方面具有独特且不可替代的作用。这种无人监考的形式不仅强调学校及教师对学生的信任，也时刻提醒学生坚守诚信。然而，尽管无人监考的诚信考场有利于促进诚信行为，但仍可在日常教学管理中采用适度的监管措施，如设置考前提醒或要求学生签署诚信承诺书等，以进一步减少诚信考场中的作弊行为，增强其在学业诚信建设

---

① 数据分布总体上近似正态，故本研究采用方差分析来分析数据。

中的积极影响。

（三）后果严重性

后果严重性是指个体对作弊被抓可能导致的负面后果的严重性感知（赵立等，2024）。在 Murdock 和 Anderman（2006）的学业作弊动机模型中，后果严重性被认为是影响学业作弊行为的主要因素之一。当个体决定是否作弊时，会权衡作弊的潜在成本和预期收益。如果作弊被抓的后果越严重，作弊所需付出的心理成本就越多，个体也就越不可能作弊。实证研究也表明，后果严重性对大学生学业作弊行为具有显著的影响，那些认为作弊后果更严重的学生往往更少作弊（McCabe & Treviño，1997；Molnar & Kletke，2012）。

然而，过去的研究大多通过问卷法探讨学生对作弊后果及其严重性的看法。而在教学实践中，教师往往会在考试前反复强调作弊的严重后果。例如，告知考生，一旦发现作弊行为将会给予作弊者警告、记过、成绩作废、暂停甚至开除学籍等处罚，以达到威慑的目的，遏制学生的作弊行为。近年来，笔者团队也通过实证研究探讨了这种关于后果的提醒（以下简称后果提醒）是否能够有效减少学业作弊行为。结果发现，后果提醒确实可以减少大学生的作弊行为。

具体来说，我们采用了双盲随机对照实验设计，在一次真实考试中对后果提醒进行实验操纵。本研究共招募了选修同一门课程但不同平行班的 766 名大一学生（年龄为 19—21 岁，其中女生 416 名，男生 350 名），并将这些学生随机分配到两种实验条件中，具体情况如下。

无提醒组（379 人）：在考试正式开始前，请学生阅读一份考前说明，内容仅涉及对考试目的的介绍。

后果提醒组（387 人）：在考试正式开始前，请学生阅读一份考前说明，内容除涉及上述相同的考试目的介绍外，还涉及后果提醒，即提醒考生，一旦发现作弊，将记入学生个人档案并开除学籍。

　　上述考前说明均以书面形式出现在学生考卷的第一页,并随机分发。在考试中,学生不知道存在不同的实验条件(存在不同的考试说明),教师也不知道学生被分配到了哪一个实验条件,从而构成了双盲随机对照实验设计。此外,两个条件下的考试均由教师全程监考。如前所述,本研究同样通过统计学生在考试中是否答对目标题以及答对目标题的数量来判断学生是否作弊以及作弊者的作弊程度。在完成数据编码后,我们比较了不同实验条件下大学生的作弊率及作弊程度。

　　无提醒组和后果提醒组的作弊率分别为 68.9% 和 54.5%,如图 6-11 所示。以实验条件作为预测变量,作弊行为("0"为未作弊,"1"为作弊)为结果变量进行二元逻辑回归。结果显示,该模型拟合且显著($\chi^2 = 17.47$, df $= 2$, $p < 0.001$, $-2\text{loglikelihood} = 1002.69$, Nagelkerke $R^2 = 0.03$)。条件的主效应显著(Wald $\chi^2 = 16.34$, df $=1$, $p < 0.001$, Cohen's $d = 0.30$),即后果提醒组的作弊率显著低于无提醒组(54.5% vs 68.9%,$\beta = -0.61$, SE $\beta = 0.15$, Wald $\chi^2 = 16.34$, df $=1$, $p < 0.001$, OR $= 0.54$, 95% CI $= [0.40, 0.73]$, Cohen's $d = 0.34$)。这表明,提醒学生作弊可能存在的严重后果能够显著减少学生的作弊行为。

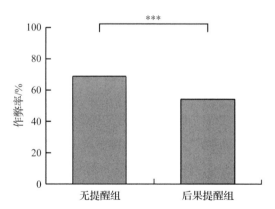

图 6-11　有提醒和无提醒条件下大学生的作弊率

注:***表示 $p < 0.001$。

　　随后,我们对两个实验条件中作弊者的作弊程度进行了分析,发现这两个条件下大多数作弊者(分别为 60.5%,158 人;59.2%,125 人)都答对了 5 道目标题。零膨胀负二项回归分析发现,条件效应不显著(Wald $\chi^2 = 0.011$, df $= 1$, $p = 0.915$, Cohen's $d = 0.01$),无提醒组的作弊程度与后果提醒组无显著差异($\beta = -0.08$, Wald $\chi^2 = 3.37$, df $= 1$, $p = 0.066$, OR $= 0.92$, 95% CI $= [0.84, 1.01]$, Cohen's $d = 0.05$),一旦学生选择了作弊,提醒其作弊后果的严重性并不能减少其作弊程度。

　　综上可见,在传统的监考环境中,提醒大学生作弊的负面后果能显著减少其作弊行为。这主要有以下原因,一方面,后果提醒可能让学生意识到作弊需付出的代价,即发挥威慑作用。而在没有后果提醒时,学生可能存在侥幸心理,认为即使作弊也不会被发现或受罚。但当意识到作弊会受到处罚时,他们会重新评估作弊的风险,从而降低作弊倾向。例如,批评、记过或开除学籍等后果能让学生深刻意识到作弊的危险性,从而产生畏惧心理,有效地遏制作弊行为。

　　与此同时,后果提醒还增强了学生的道德责任感和诚信意识,使其在面对诱惑时能够坚守诚信,抵抗作弊的诱惑。可见,后果提醒不仅能够减少当前的作弊行为,从长远角度看还可培养学生的良好品德,为他们的未来发展奠定基础。

　　另一方面,从社会学习理论的视角看,后果提醒还能削弱学生对作弊行为的社会认同感。该理论认为,个体的行为会受到观察和模仿他人行为的影响(Bandura,1974)。后果提醒能让学生更清楚地认识到学校对作弊的态度,从而降低他们对作弊行为的认同感。而后果提醒有助于塑造一个"重视诚信"的学习氛围,进而降低学生作弊的可能性。

　　既然后果提醒能够减少大学生在传统考场中的作弊行为,那么这一效应是否也适用于诚信考场?为了探究这一问题,笔者团队采用同样的方法,考察了不同类型的后果提醒对诚信考场学生作弊行为的影响。结果发现,即使在诚信考场环境下,后果提醒也能显著减少学生作弊行为。此外,我们还发现,包含具体案例(例如,告知学生某考生因作弊受到了处罚)的后果提醒也具有同样效果。

具体来说,我们招募了 303 名大二学生(年龄为 19—21 岁,其中女生 200 名,男生 103 名),将其随机分配到 3 种实验条件中,具体情况如下。

无提醒组(82 人):考试正式开始前,要求学生阅读一份考前说明,内容仅涉及对考试目的的介绍。

后果提醒组(128 人):考试正式开始前,要求学生阅读一份考前说明,内容除涉及与上述相同的考试目的介绍外,还涉及后果提醒,即提醒考生,一旦发现作弊,将记入学生个人档案并开除学籍。

案例提醒组(93 人):考试正式开始前,要求学生阅读一份考前说明,内容除涉及与上述相同的考试目的介绍外,还涉及后果提醒。但与后果提醒组不同,本条件下后果以案例形式呈现,即某名学生因考试作弊而被给予记入档案并开除学籍的处分。

每个实验条件的考前说明同样以书面形式呈现在学生考卷的第一页,并随机分发给学生。在考试过程中,学生不知道存在不同的实验条件,教师也不知道学生被分配到了哪一个实验条件中。此外,在本研究中,考试正式开始前,教师离开教室,且考试全程不在考场内监考(无人监考)。研究同样通过统计学生在考试中是否答对目标题以及答对目标题的数量来评估学生是否作弊以及作弊者的作弊程度。在完成数据编码后,我们同样比较了不同实验条件下学生的作弊率及作弊程度。

其中,无提醒组、后果提醒组和案例提醒组的作弊率分别为 52.4%、26.6% 和 22.6%,如图 6-12 所示。以实验条件作为预测变量,作弊行为("0"为未作弊,"1"为作弊)为结果变量进行二元逻辑回归分析。结果显示,最简及最佳拟合模型仅包括实验条件,且该模型显著($\chi^2 = 20.41$, df $= 2$, $p < 0.001$,

-2loglikelihood$=361.02$，Nagelkerke $R^2=0.09$）。实验条件的主效应显著（$\chi^2=20.41$,df$=2$,$p<0.001$）。进一步分析发现，无提醒组的作弊率显著高于后果提醒组（$\beta=-1.12$,SE $\beta=0.30$,Wald $\chi^2=13.97$,df$=1$,$p<0.001$,OR$=0.33$,95\% CI$=[0.18,0.59]$）和案例提醒组（$\beta=-1.33$,SE $\beta=0.33$,Wald $\chi^2=16.02$,df$=1$,$p<0.001$,OR$=0.27$,95\% CI$=[0.14,0.51]$）。而后果提醒组的作弊率与案例提醒组无显著差异（$\beta=0.22$,SE $\beta=0.32$,Wald $\chi^2=0.46$,df$=1$,$p=0.50$,OR$=1.24$,95\% CI$=[0.66,2.32]$）。也就是说，两种后果提醒均能有效减少大学生的作弊行为。

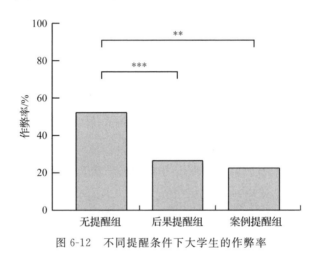

图 6-12　不同提醒条件下大学生的作弊率

注：＊＊＊表示 $p<0.001$。

此外，三个实验条件下作弊者的作弊程度存在明显的区别。其中，在无提醒组中，32.9\%的作弊学生答对了 5 道目标题。而在后果提醒组和案例提醒组中，答对 5 道目标题的作弊学生比例更低（分别为 7\%和 14\%）。以实验条件为预测变量，作弊程度为结果变量，进行广义回归方程分析。结果表明，实验条件的主效应显著（Wald $\chi^2=34.291$,df$=2$,$p<0.001$）。进一步分析发现，无提醒组的作弊程度显著高于案例提醒组（$M=2.23$ vs. 0.89,SD$=0.30$ vs. 0.14,$\beta=$

-0.92,SE $\beta=0.20$,Wald $\chi^2=20.76$,df$=1$,$p<0.001$,OR$=0.4$,95% CI$=$[0.27,0.60]),也显著高于后果提醒组($M=2.23$ vs. 0.84,SD$=0.30$ vs. 0.11,$\beta=-0.97$,SE $\beta=0.19$,Wald $\chi^2=27.24$,df$=1$,$p<0.001$,OR$=0.38$,95% CI$=$[0.26,0.55])。而案例提醒组的作弊程度与后果提醒组无显著差异($M=0.89$ vs. 0.84,SD$=0.13$ vs. 0.11,$\beta=-0.06$,SE $\beta=0.20$,Wald $\chi^2=0.08$,df$=1$,$p=0.78$,OR$=0.95$,95% CI$=$[0.64,1.40])。可见,在诚信考场中,后果提醒和案例提醒在减少作弊程度方面具有相似的效果。

综上所述,我们的研究发现,在诚信考场中提醒学生作弊的后果或展示实际的作弊被罚案例,均能显著减少大学生的作弊行为。其中,后果提醒通过明确告知学生作弊的负面结果来发挥警示作用;案例提醒则通过呈现真实事例增强了这种警示效果。尽管案例提醒能够激发学生更强烈的情感反应,但研究结果显示,后果提醒和案例提醒在减少作弊行为方面具有类似的效果。两种提醒都可通过加强对作弊后果的认知来抑制学生的作弊意图和行为。

除上述后果提醒的类型之外,笔者团队先前的一项研究还探讨了后果提醒中责任对象的差异是否影响后果提醒的效应。我们假设,当学生意识到作弊行为不仅会对自己产生负面影响,还会给其他无关人员带来负面后果时,可能会激发学生更强烈的责任感,促使他们更少地做出作弊这一决策。为此,我们对个人后果提醒和连带后果提醒对诚信考场中学生作弊行为的影响进行了探究。结果发现,相较于个人后果提醒,连带后果提醒更能减少作弊行为。

具体来说,在2021年的这项研究中,我们招募了来自同一门课程不同平行班的163名大一学生(年龄为19岁至21岁,其中女生119名,男生44名)。这些学生以班级为单位被随机分配到两种实验条件中,具体情况如下。

连带后果组(81人):考试正式开始前,教师告知学生,若发现班里有人作弊,全班同学的考试成绩都将被记零分。

个人后果组(82人):考试正式开始前,教师告知学生,若发现班里有人作弊,作弊者本人的考试成绩将被记零分。

考试正式开始前,教师离开考场,并在考试过程中全程不在考场内监考(无人监考)。研究同样通过统计学生在考试中是否答对目标题以及答对目标题的数量来评估学生是否作弊,以及作弊者的作弊程度。我们比较了不同实验条件下学生的作弊率及作弊程度。

连带后果组和个人后果组的作弊率分别为 53.1% 和 91.5%,如图 6-13 所示。以实验条件为预测变量,作弊行为("0"为未作弊,"1"为作弊)为结果变量进行了二元逻辑回归分析。结果显示,最佳拟合模型仅包括实验条件和性别的主效应,该模型显著($\chi^2 = 32.264$, $df = 1$, $p < 0.001$, $-2\text{loglikelihood} = 159.817$, Nagelkerke $R^2 = 0.259$)。其中,条件的主效应显著($p < 0.001$),即连带后果组的作弊率显著低于个人后果组(53.1% vs 91.5%, $\beta = -2.248$, SE $\beta = 0.454$, Wald $\chi^2 = 24.559$, $df = 1$, $p < 0.001$, OR $= 0.106$, 95% CI $= [0.043, 0.257]$)。这表明,相较于作弊仅给作弊者个人带来负面影响的情况,当作弊会损害其他无关人员的利益时,大学生更倾向于避免作弊。

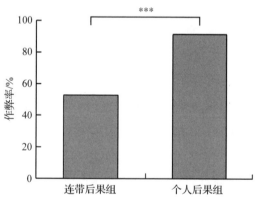

图 6-13 不同后果条件下大学生的作弊率

注:***表示 $p < 0.001$。

随后,我们对两个实验条件中作弊者的作弊程度进行了分析。连带后果组和个人后果组中,均有相当一部分作弊的学生(分别为30.2%和82.6%)答对了5道目标题。以实验条件作为预测变量,作弊程度为结果变量,进行零膨胀负二项回归分析。结果表明,该模型显著($\chi^2=3.56$,df$=1$,$p=0.060$)。条件的主效应显著($p<0.001$),表现为连带后果组的作弊程度显著低于个人后果组($\beta=-0.41$,SE $\beta=0.22$,Wald $\chi^2=3.63$,df$=1$,$p=0.057$,OR$=0.66$,95% CI$=[0.43,1.01]$),即告知学生"一人作弊,全班受罚"能够有效减少诚信考场中大学生的作弊程度。

上述结果表明,连带责任较个体惩罚更能抑制大学生的作弊行为。这可能是由于连带后果通过群体压力进一步增强了个体对规则的遵循。在连带后果下,一旦群体中的成员违反了规则,整个群体都将面临相应的惩罚。这种集体惩罚机制因牵扯到"无辜"的对象(未作弊的学生),叠加了后果严重性的程度,发挥了群体压力的作用,促使大学生在道德决策过程中不仅考虑个人利益,也需权衡集体利益。因此,学生在连带后果的威慑下会更谨慎地考虑是否作弊,这不仅减少了实际作弊行为,也降低了作弊程度。可见,关于作弊的学业诚信政策可以考虑采用连带后果策略,以增强学生的集体责任感和相互监督的意识。

需要说明的是,由于不同研究选取的被试为不同时期、不同专业的学生,且实验所用的试卷及材料也不尽相同,所以各研究中的整体作弊率可能存在差异。但是,上述所有研究结果显示,明确指出作弊可能带来的严重后果,能够显著减少大学生在考试中的作弊行为。

(四)同伴作弊效应

与中小学生相比,同伴作弊效应对大学生学业作弊行为的影响持续扩大,相关研究也较多。现有的许多实证研究证实,大学生感知到的同伴作弊行为与其自身作弊行为之间存在显著的正相关关系(Ghanem & Mozahem,2019;Hard et al.,2006;McCabe & Trevino,1993,1997;Meiseberg et al.,2016;Whitley,1998;张冉冉等,2020),即大学生感知到的同伴作弊行为越多,自身越倾向于作弊。为此,笔者团队对现有研究进行了梳理和元分析。结果发现,同伴作弊确实是影响大学生学业作弊行为的最主要因素之一,且这种同伴作弊效应受文化因素的调节。

具体而言,笔者团队对以往相关文献进行了检索、筛选和编码,流程如图6-14所示。文献检索范围为1941年至2021年所有已发表和未发表的相关文献。文献检索的策略共有三种:首先,在国内外多个数据库(PsycINFO、ERIC、Web of Science、Taylor & Francis、SpringerLink、Wiley Online Library、Google Scholar、ProQuest、Dissertations and Theses、中国知网)对心理学、教育学和其他相关学科已公开发表和未发表的文献(如学位论文、会议论文、研究海报等)进行关键词检索,检索关键词包括"academic cheating"(学业作弊)、"academic dishonesty"(学业不诚实)、"academic integrity"(学业诚信)、"academic misconduct"(学业不端)、"academic deception"(学业欺骗)、"unethical academic behavior"(学业不道德行为)、"plagiarism"(剽窃)、"cheating"(作弊)、"cheat"(作弊)、"deception"(欺骗)、"dishonesty"(不诚实)以及"honesty"(诚实)。其次,搜索现有相关综述的参考文献列表。最后,搜索现有的相关元分析研究,确保这些元分析设计的文献均已被纳入本项元分析。初步检索到1580篇符合要求的研究。通过进一步排除采用非定量方法(例如文献综述、评论、定性研究等)和无法下载全文的研究,并根据关键词和纳入标准进行二次筛选后,将研究数量缩小至63篇。随后,对63篇文献中的信息进行编码,剔除异常值,最终获得38篇有效文献,并将它们纳入本项元分析。

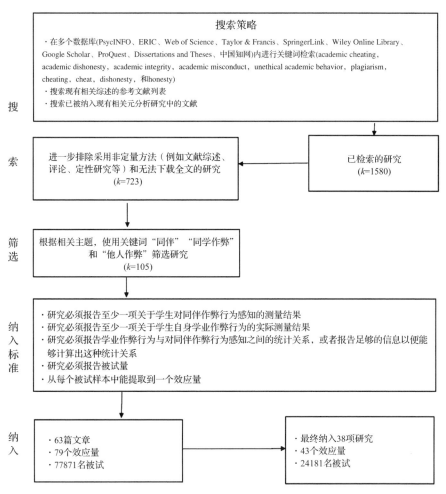

搜
索

　搜索策略

　·在多个数据库(PsycINFO、ERIC、Web of Science、Taylor & Francis、SpringerLink、Wiley Online Library、Google Scholar、ProQuest、Dissertations and Theses、中国知网)内进行关键词检索(academic cheating, academic dishonesty, academic integrity, academic misconduct, unethical academic behavior, plagiarism, cheating, cheat, dishonesty, 和honesty)

　·搜索现有相关综述的参考文献列表

　·搜索已被纳入现有相关元分析研究中的文献

进一步排除采用非定量方法（例如文献综述、评论、定性研究等）和无法下载全文的研究
(k=723)

已检索的研究
(k=1580)

筛
选

根据相关主题，使用关键词"同伴""同学作弊"和"他人作弊"筛选研究
(k=105)

纳
入
标
准

·研究必须报告至少一项关于学生对同伴作弊行为感知的测量结果

·研究必须报告至少一项关于学生自身学业作弊行为的实际测量结果

·研究必须报告学业作弊行为与对同伴作弊行为感知之间的统计关系，或者报告足够的信息以便能够计算出这种统计关系

·研究必须报告被试量

·从每个被试样本中能提取到一个效应量

纳
入

·63篇文章

·79个效应量

·77871名被试

·最终纳入38项研究

·43个效应量

·24181名被试

图 6-14　元分析的文献检索和筛选工作流程

　　纳入元分析的这 38 篇研究文献涵盖了来自全世界 23 个国家和地区的 24181 个样本数据。通过计算效应量的平均值，我们发现，同伴作弊行为与大学生学业作弊行为之间存在显著的正相关(r=0.40，p<0.001，95% CI=[0.35，0.44])。这一效应值在此前元分析获得的 51 个作弊影响因素平均效应值中排第四，表明同伴作弊行为是影响学业作弊行为的最重要因素之一(见图 6-15)。

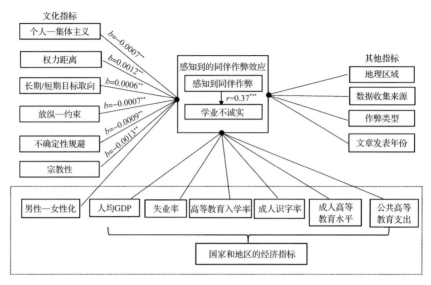

图 6-15　同伴作弊效应的调节变量

注:**表示 $p < 0.01$,***表示 $p < 0.001$。

我们进一步探究了可能对同伴作弊效应与大学生学业作弊行为之间关系起到调节作用的因素。将国家和地区的文化指标(包括个人主义—集体主义倾向①、权力距离②、长期/短期目标取向③、放纵—约束④、不确定性规避⑤、宗教性⑥、男性—女性化⑦)作为调节变量纳入分析。结果发现,个人—集体主义、放

----

　　①　个人—集体主义:个人主义强调个人的自由、独立和自我实现,认为个人目标高于集体;集体主义则强调群体的和谐、团结和共同利益,认为个人应当将集体的需求和目标置于个人之上。

　　②　权力距离:社会或组织成员对"权力不平等"现象的容忍度。

　　③　长期/短期目标取向:反映了个体在追求长远利益与关注即时回报之间的偏好。

　　④　放纵—约束:个体在追求"自由与快乐"和遵守"规范与约束"之间的倾向性。

　　⑤　不确定性规避:描述了个体对未知或不确定性事件/情境的可接受程度。

　　⑥　宗教性:个人或社会对宗教信仰的重视程度以及宗教对个体日常行为的影响。

　　⑦　男性—女性化:男性文化强调竞争、成就和物质成功;女性文化则重视合作、关怀和生活质量。

纵—约束、不确定性规避、宗教性对同伴作弊效应与大学生学业作弊行为的关系具有显著的负向调节作用(见表 6-3);而权力距离、长期/短期目标取向则具有显著的正向调节作用。当学生处在集体主义、高权力距离、长期目标取向、约束型、低不确定性规避或低宗教性的文化中时,同伴作弊效应对个体自身作弊行为的影响更大。

表 6-3　文化指标的调节效应

文化指标	b	SE	95% CI		Q	p
			Lower	Upper		
个人—集体主义	−0.0007	0.0002	−0.0012	−0.0002	8.97	0.003
权力距离	0.0012	0.0004	0.0004	0.0021	8.44	0.004
长期/短期目标取向	0.0006	0.0002	0.0001	0.0011	6.49	0.011
放纵—约束	−0.0007	0.0004	−0.0014	−0.0000	4.29	0.038
不确定性规避	−0.0009	0.0004	−0.0017	−0.0001	5.23	0.022
宗教性	−0.0013	0.0004	−0.0020	−0.0006	14.42	<0.001
男性—女性化	0.0004	0.0009	−0.0014	0.0022	0.20	0.653

随后,我们又将国家和地区的经济指标(人均 GDP、失业率、高等教育入学率、成人识字率、成人高等教育水平、公共高等教育支出)和其他指标(地理区域、数据收集来源、作弊类型、文章发表年份)作为调节变量纳入分析。结果发现,上述因素对于同伴作弊效应均不存在显著的调节效应($ps > 0.05$,见表 6-4)。

表 6-4　经济指标的调节效应

调节因素	b	SE	95% CI		Q	p
			Lower	Upper		
人均 GDP	−0.00001	0.00001	−0.0000	0.0000	1.75	0.185
失业率	−0.0002	0.0027	−0.0057	0.0053	0.00	0.949
高等教育入学率	−0.0005	0.0004	−0.0012	0.0002	2.31	0.128
成人识字率	−0.0006	0.0020	−0.0047	0.0035	0.10	0.752
成人高等教育水平	0.0015	0.0008	−0.0000	0.0031	3.79	0.052
公共高等教育支出	0.0400	0.0410	−0.0460	0.1260	0.92	0.337

总的来说,研究发现,同伴作弊效应是影响大学生学业作弊行为的关键影响因素。本研究突破了以往元分析研究仅聚焦于个体层面的调节变量这一局限性,首次纳入国家和地区的经济指标与文化指标进行分析。结果发现,当学生处于集体主义、高权力距离、长期取向、约束型、低不确定性规避和低宗教性的文化背景下时,同伴作弊效应对其学业作弊行为的影响更强烈。这些结果可用以下三个理论来解释。

首先,社会学习理论认为,个体的行为和态度主要通过观察和模仿他人而习得(Bandura,1986)。这一理论强调了观察学习的重要性,认为人们可以通过观察他人的行为及其结果以学习新的行为模式。例如,当某人观察到具有社会影响力的个体从事某种行为并从中受益时,即使该行为违反了社会规范,他们也更有可能效仿此类行为。同样,若大学生目睹同龄人参与了学业作弊却并未受到任何惩罚时,他们也更倾向于做出类似的作弊行为。例如,在放纵型文化背景中,社会规范和行为准则对个体行为的约束较为宽松,因此作弊行为也有可能变得更加普遍。换言之,大学生可能会发现,作弊在此类文化背景下几乎被视为一种默认可行的行为,从而更倾向于模仿同伴的作弊行为。

其次,中和理论提出,人们会利用合理化策略,将自身的行为决策归因于他人或外部因素以减轻或转移个人责任(Stephens,2017),从而为其违规行为辩护,以维持积极的自我形象。在作弊行为中,尤为常见的合理化借口是"其他人都在做"。因此,大学生在目睹同伴作弊后,可能会采用这一理由为自己的不当行为决策进行辩护。然而,需要注意的是,这种合理化并不意味着个体对诚实和正直的道德原则的扭曲(Waltzer & Dahl,2022)。例如,在集体主义文化背景下,个体更注重集体的利益和社会整体的和谐性。因此,在做出作弊决策的过程中,个体可能并不一定认同作弊是破坏道德准则的行为,而是认为自己在"遵循"群体的行为规范,因而也就无须单独承担作弊的道德责任。

最后,从社会认知理论视角来看,作弊行为受个体的目标、能力信念及其对作弊成本的认知的影响。如果学生将作弊这一行为视为常态,则可能倾向于认为保持诚实会使其在学业竞争中处于劣势。此外,当其频繁目睹他人成功"逃脱"作弊惩罚后,也可能会低估作弊行为带来的风险和负面后果(Anderman & Koenka,2017)。

总体而言,当大学生感知到作弊行为在周围同伴中普遍存在时,便更有可能选择在学业任务中作弊,而文化是调节这种同伴作弊效应的重要因素。例如,在集体主义文化下,同伴作弊效应更加显著。因为集体主义文化会促使个体出于从众心理与同伴行为保持一致,即使是违反学业诚信的作弊行为。可见,文化背景和同伴行为对大学生作弊行为决策具有重要影响。

二、个体因素

大学阶段个体的人格特质、学业态度以及认知水平等因素已趋于稳定,对其学业作弊行为的影响也更为突出。通过深入探讨这些相对稳定的个体因素与学生学业作弊行为间的复杂关系,可将研究结果转化为更具针对性的实践指导,进而应用于低学龄段的诚信教育,实现"未雨绸缪"和促进研究的"生态循环"。现有研究发现,影响大学生学业作弊行为的个体因素众多,其中较受关注的主要有以下因素。

(一)性别

目前,关于大学生学业作弊行为性别差异的研究尚未得出一致结论。一些研究结果表明,男生相比女生更容易在学业任务中作弊(Baird,1980;Kerkvliet & Sigmund,1999;Tang & Zuo,1997);然而,也有研究发现,女生的学业作弊行为较男生更为频繁(Kshatriya,2023);还有部分研究认为,男女生的学业作弊行为并无显著差异(Klimek et al.,1996)。

为探究学业作弊行为是否存在性别差异以及存在怎样的性别差异,Whitley

等(1999)对 1964—1999 年间发表的 44 篇与学生学业作弊相关的研究进行了元分析,结果发现,男生相比女生对作弊有着更宽容的态度,且更倾向于做出作弊行为。

具体而言,研究者使用了四种方法检索与性别和学生学业作弊行为相关的研究:其一,在 PsychLIT、SocioFile 和 ERIC 三个数据库搜索了截至 1998 年 11 月所有研究论文的摘要,检索关键词为"cheat"(作弊)、"academic integrity"(学业诚信)以及"academic dishonesty"(学业不诚实);其二,研究者查阅了自上述数据库检索到的研究的全部参考文献,以确保不存在遗漏;其三,检索了从 1997 年 6 月至 1998 年 11 月的《社会和行为科学最新进展》,以确保没有遗漏了最新发表的研究;其四,查阅了同期召开的学术会议的论文集,纳入了一些未发表的研究。随后,剔除了其中不符合要求的研究(如未报告关键自变量等),最终筛选出了 44 篇有效研究,样本共涉及 14779 名男大学生和 17775 名女大学生。

随后,研究者考察了性别("1"为男生,"0"为女生)与大学生对作弊行为的态度及其实际作弊行为间的平均效应量。结果发现,性别与作弊态度($r=0.21$,$p=0.001$)及实际作弊行为均存在显著正相关($r=0.09$,$p=0.001$),且后者远小于前者($Q_B=197.34$,df$=1$,$p<0.001$)。男生相比女生对作弊行为的接受程度更高,也更容易作弊。

这一结果可用道德推理的社会化差异理论(Chodorow,1989;Gilligan,1982)来解释。在面对作弊这一道德决策时,男性与女性的决策方式以及决策的倾向性均不同。由于激素的影响,男性的冒险精神和竞争意识普遍较强,而女性则更倾向于从集体或关怀他人的角度思考。因此,对于男性而言,竞争压力——超越对手、追求卓越的压力会更为突出,进而可能导致其为获胜而采取更多不合理或不正当的手段,如作弊等(Brannon,1976;Thompson & Pleck,1987)。

这一性别效应在 2021 年的一项元分析中再次得到了验证(Lee et al.,2021)。该研究通过对 14 篇探讨男女大学生学业作弊行为研究的元分析,发现性别与学业作弊行为之间存在显著的正相关($r = 0.09, 95\%$ CI $= [0.05, 0.14]$),即相较于女生,男生更容易作弊。

然而,并非所有的研究都得出了这一结论。有少量研究发现,大学生的学业作弊行为并不存在性别差异。例如,Klimek 等(1996)的研究表明,男大学生与女大学生在考试期间采用夹带小抄这一方式进行作弊的人数比例并无显著差异。同样,Haines 等(1986)针对考试和家庭作业作弊的问卷调查研究也并未发现男女生的作弊率存在显著差异。

上述研究结果的不一致可能是年代变迁或样本量差异所致。总体来看,性别对大学生作弊的影响在现有研究中尚无统一结论。

(二)专业

进入高等教育阶段后,学生会根据兴趣和特长选择不同的专业。不同专业在课程难度、学业压力、竞争压力和学业任务的繁重程度上均存在差异。以往大量研究发现,大学生所就读的专业与其学业作弊行为间存在显著相关。具体来说,经济学等商科专业的学生作弊率最高;机械、工程等工科专业或其他技术类专业学生的作弊率次之;物理、化学等自然科学类专业,以及教育、艺术和文学等社会科学类专业的学生作弊率相对较低(Baird,1980;McCabe & Trevino,1995;McCabe et al. ,2006)。但易思(2011)的研究发现,与语言、文学等社会科学类专业相比,数学、物理等自然科学类专业的学生似乎更容易作弊。

其中,最具代表性的研究之一当属 McCabe(2005)对北美和加拿大 83 所大学的学生进行的一项大规模调查。该研究发现,与其他专业的学生相比,商科专业学生的作弊率最高。

研究者对 71071 名本科生和 11279 名研究生进行了线上问卷调查,内容包括就读学院和专业,以及有关作弊行为的自我报告。作弊行为涉及 6 种考试作弊行为和 9 种作业作弊行为。其中,考试作弊行为包括从已经参加过考试的同学处询问考题或答案,找借口推迟考试,考试时抄其他同学的答案,帮助其他同学作弊,与其他同学合作作弊,以及未经允许携带小抄或者电子设备进入考场。作业作弊行为包括合作完成本应独立完成的作业,使用著作中的原文但没有标注引用信息,使用其他网络资料中(如论文)的内容但没有标注引用信息,抄袭其他同学的作业,伪造参考文献中,把别人的作业当作自己的作业上交,成段复制其他资料中的内容,请其他人或机构代写作业、代写论文或代考。研究要求学生就是否做过上述任意一种或多种作弊行为进行自我报告。

据统计,参与该研究的大学生分别来自艺术、商业、教育、工程、法律、医学以及行政学等不同专业。21%的学生承认自己曾经作过弊(有过至少一种作弊行为)。其中,在商科专业学生中这一比例为 26%,而其他专业(艺术、教育、工程、法律、医学以及行政学)为 20%,商科专业较其他专业学生的作弊率显著更高($\chi^2=50.11$,df$=1$,$p<0.001$)。

Newstead 等(1996)认为,这种大学生学业作弊行为的专业差异可能与各专业的学业要求及考核方式有关。例如,商科专业学生面临的学业压力和竞争可能比其他专业学生更大,这使得他们在面对学业挑战时可能更容易选择作弊这一应对策略。另外,商科专业的课程考核方式也更倾向于采用标准化考试和量化评分的方式,这可能为作弊提供了更多的机会或更大程度上激发了作弊动机。相比之下,艺术、教育等其他专业的学业任务和课程考核可能对个人的创造性以及批判性思维能力具有更高的要求,也更倾向于采用论文写作、案例分析等作业形式。这些专业的课程考核方式也更为多样化,常常包括口头报告、小组项目和个人论文等。这种多样化的考核方式在一定程度上增加了学业作弊的难度,进而抑制了学生的作弊行为。

此外,不同专业学生作弊的类型也可能存在差异。以往研究发现,应用科学类(如设计、工程学等)和自然科学类(如农学、数学等)专业的学生更有可能在家庭作业中作弊,如合作完成一些本应独立完成的作业(Sieman,2009)。合作可以提供不同的视角和解决问题的方法,但有时也会演变成共享答案或直接抄袭他人的作业。此外,这些专业的学生在实验报告和项目作业中也更容易出现抄袭行为,因为这些任务通常涉及理论和数据支撑,需要大量时间和精力投入,部分学生可能会为了节省时间或因知识不足而作弊。

(三)成绩

对于大学生而言,学业成绩依然是衡量其知识技能水平和在相关竞争中胜出的关键指标之一。在大学阶段,学生会遇到诸多学业挑战和压力,这些因素可能导致他们在成绩不尽如人意时,出于对成绩的渴望和赢得竞争的需求,采用不正当的作弊手段以提升自己的成绩。

关于学业成绩和大学生学业作弊行为之间的关系,现有的研究结果呈现出高度一致性,即两者之间具有中等程度的负相关(Antion & Michael,1983;Finn & Frone,2004)。具体表现为,成绩越好的学生,作弊的可能性越低。

例如,Ghanem 和 Mozahem(2019)采用改编的学业作弊行为问卷(Chapman,2004)对黎巴嫩的819名本科生进行了调查。这些学生均来自黎巴嫩国内排名靠前的3所私立大学的商科和工科专业。

具体而言,改编的问卷共包含7道题目,描述了7种学业作弊行为,分别为"在考试中抄其他同学答案""在考试中向其他同学询问答案""在闭卷考试中偷看笔记""在随堂测验中给其他同学抄答案""在随堂测验中向其他同学询问答案""在随堂测验中偷看笔记""让其他同学抄作业"。学生需要采用利克特三点量表就自己是否做过每一种作弊行为进行评价("0"代表"从来没有";"1"代表"有时会有";"2"代表"经常会有")。每名学生在7道题上得分的总和即为其作弊行为分数。问卷的克隆巴赫 α 系数为0.84。

研究者以 GPA 为预测变量,以学生自我报告的作弊行为总分为结果变量进行了回归分析。结果发现,GPA 可以显著预测大学生的作弊行为($b=-0.076$,

$p<0.001$),GPA 越高的学生自我报告的作弊行为越少。

这类探讨大学生的学业成绩与作弊行为关系的研究为数较多。Lee 等 (2021)对 17 篇相关研究进行了元分析,同样发现两者存在显著负相关关系($r=$ $-0.17,95\%$ CI=$[-0.22,-0.11]$)。这表明学业成绩越好的学生越不倾向于作弊。出现这一现象的原因可能在于,取得好成绩是大学生作弊的主要动机之一(Hutton,2006)。通常来说,成绩优异的学生学习能力强,知识掌握全面,较少需要依靠作弊来解决问题,因此作弊率更低。此外,这些学生通常对自身的学业成就有更高要求,倾向于通过正当的学习方法掌握知识、提升自我;而成绩欠佳的学生,可能由于学习能力不足、知识储备有限或备考不充分等因素,更倾向于将作弊作为获得高分的快捷途径。

(四)成就目标

已有研究表明,成就目标取向对个体的学习行为具有显著影响,这种影响甚至可能波及个体在学习过程中的道德行为选择(Anderman et al.,1998; Anderman & Midgley,2004;Daumiller & Janke,2019)。例如,掌握目标导向的大学生,往往更加重视学习过程和个人能力的提升,因此在遇到学业挑战时更有可能会采取积极的应对策略,如加倍努力学习或寻求他人帮助,作弊的可能性则相对较低。相反,表现目标导向的大学生则更关注学业成绩以及如何超越他人,在面对学业挑战时更有可能为追求高分而选择作弊(Dweck & Leggett,1988)。

Krou 等(2021)对截至 2018 年发表的 79 项针对大学生学习动机与其学业作弊行为间关系的研究进行了元分析。结果发现,相较于掌握目标导向的学生,表现目标导向的学生作弊的可能性更高。

具体来说,研究者首先在 ERIC、Education Source、PsycINFO 和 Proquest 等四个数据库中,检索截至 2018 年与学业动机和学业作弊行为相关的全部学术论文,共获得 8462 个检索结果。随后,研究者基于以下 4 个标准对检索结果进行了人工筛选:其一,研究对象为学校学生或在教育机构就读的人群;其二,研究内容涉及学生的成就目标(掌握目标、表现目标)和学业作弊行为;其三,研究对学业作弊行为有明确的测量标准;其四,研究结果包括表现掌握目标或表现目标与学业作弊行为间关系的效应量。根据上述要求,最终筛选出 79 篇有效研究,共涉及 37194 个样本。

研究者考察了不同成就目标(掌握目标、表现目标)与大学生学业作弊行为间的平均效应量。结果发现,掌握目标与作弊行为之间存在显著的负相关关系($r=-0.17$,95% CI$=[-0.21,-0.14]$);而表现目标与作弊行为呈显著的正相关($r=0.31$,95% CI$=[0.16,0.46]$)。这表明,掌握目标导向的学生作弊的可能性较低,而表现目标导向的学生作弊的可能性则较高。

上述结论在另一项聚焦大学生群体的元分析中得到了验证。研究通过对 1998 年至 2020 年的 33 项有关成就目标和大学生学业作弊行为的实证研究进行了分析,同样发现了大学生的掌握目标与其学业作弊行为呈显著负相关($r=-0.234$,95% CI$=[-0.317,-0.147]$),即掌握目标导向的学生更不倾向于作弊(Fritz et al.,2023)。可见,成就目标和学业作弊行为之间的效应相对稳定。

近年来,我们进一步思考了成就目标与作弊行为关系的调节变量,认为文化因素可能发挥了至关重要的作用。研究表明,文化价值观会对个体的学习行为和习惯产生了一定的影响(Hofstede & Minkov,2010;Oyserman et al.,2002)。例如,个人主义文化中的学生,通常拥有更强的自我控制感(Triandis,2001),更易受内在动机和个人选择驱动(Iyengar & Lepper,1999),因此更有可能追求内在的掌握目标。反之,集体主义文化更强调外部控制(Cheng et al.,2013),学生的学习动机往往源于社会认可(Wang & Li,2003)、家庭声誉(Kim & Park,2000)和集体利益(Yu et al.,1994),因而更倾向于追求外在的表现目标。

此外,另一些研究发现,成就目标与作弊行为之间的关系在不同国家之间存在差异。例如,在中国学生中,表现目标与作弊行为呈显著的负相关(He et al.,2015),而在美国学生中则恰恰相反(Tyler,2015)。但不同国家间的差异并不一定等同于跨文化差异。因此,有必要进一步确认这些差异是否是由文化因素造成的。

为此,笔者团队开展了一项元分析研究,以探究文化因素对成就目标与作弊行为关系的影响。具体来说,我们对 1920 年至 2022 年的文献进行了详尽的检索。

第一,我们在 PsycINFO、ERIC、Web of Science、Taylor & Francis、SpringerLink、Wiley Online Library、ProQuest Dissertations and Theses、Google Scholar 和 CNKI 等 9 个数据库中,对已公开发表和未发表的文献(如论文、会议论文等)进行了全面检索。检索关键词包括"academic cheating"(学业作弊)、"academic dishonesty"(学业不诚实)、"academic integrity"(学业诚信)、"academic misconduct"(学业不端)、"academic deception"(学业欺骗)、"unethical academic behavior"(学业不道德行为)、"plagiarism"(剽窃)、"cheating"(作弊)、"cheat"(作弊)、"deception"(欺骗)、"dishonesty"(不诚实)以及"honesty"(诚实)。第二,查阅了所有关于学业作弊行为的综述文章及其参考文献,进行补漏。第三,补充了以往元分析研究中未检索到的文献(Krou et al.,2021)。第四,使用上述数据库进行二次检索,寻找更多来自不同国家的研究,以确保不同国家的研究尽可能广泛。第五,我们进一步搜索了非英语文章,以尽可能多地纳入非西方国家的研究,从而提高研究文化维度的多样性。经过上述初步检索,共获得了 1423 项相关研究。

随后,我们基于以下四个标准对 1423 项研究进行了人工筛选:第一,研究对象为学校学生或在教育机构就读的人群;第二,研究考察了学生的成就目标和学业作弊行为的关系,成就目标至少需要包括掌握目标或表现目标中的一种;第三,研究对学业作弊行为有明确的衡量标准;第四,研究结果包括成就目标和学业作弊行为之间关系的效应量。在遵循上述标准进行人工筛选后,最终得到 80

项符合要求的有效研究,涉及被试共计 40867 名。

在对研究的效应量和样本量进行编码的同时,我们也对研究所在国家或地区的部分文化特征进行了编码,包括权力距离、不确定性规避、个人—集体主义、男性—女性化、长期/短期目标取向和放纵—约束。

在完成效应量编码后,我们将所有数据纳入了元分析。首先,分别就表现目标和掌握目标与作弊行为的相关系数计算平均效应值。结果发现,表现目标与作弊行为存在显著的正相关($r=0.09$,95% CI$=[0.04,0.13]$,$p<0.001$),而掌握目标与作弊行为存在显著的负相关($r=-0.16$,95% CI$=[-0.20,-0.13]$,$p<0.001$),该结果与以往研究一致。

随后,我们采用元回归分析分别探究了影响表现目标和掌握目标与作弊行为关系的因素(见图 6-16)。将 6 个文化维度作为调节变量,建立表现目标对作弊行为影响的元回归模型。结果发现,该模型显著($R^2=12.72\%$,$Q=15.09$,$p=0.020$),且在 6 个文化维度中,只有不确定性规避对表现目标与作弊行为的相关起到负向调节作用($b=-0.0045$,SE$=0.0018$,95% CI$=[-0.0079,-0.0010]$,$p=0.011$)。具体表现为,不确定性规避文化中,表现动机与作弊行为的正相关更强。而后,同样将 6 个文化维度作为调节变量,建立掌握目标对作弊行为影响的元回归模型。该模型同样显著($R^2=14.78\%$,$Q=21.544$,$p=0.010$),并且只有男性—女性化这一维度对掌握目标与作弊行为的相关性起到正向调节作用($b=-0.0051$,SE$=0.0022$,95% CI$=[-0.0095,-0.0008]$,$p=0.020$),即男性化文化中,掌握动机与作弊行为的负相关更强。

最后,我们使用结构方程模型元分析,将 6 个文化因素作为调节变量纳入表现目标和掌握目标与作弊行为关系的模型进行分析(见图 6-17)。结果发现,该模型显著($\chi^2=26.72$,df$=2$,$p=0.008$),且与之前元回归分析结果一致,仅不确定性规避对表现目标与作弊行为的关系起到负向调节作用($\beta=-0.0809$,SE$=0.0307$,$p=0.008$)。仅男性—女性化对掌握目标与作弊行为的关系起到正向调节作用($\beta=-0.0707$,SE$=0.0287$,$p=0.014$)。

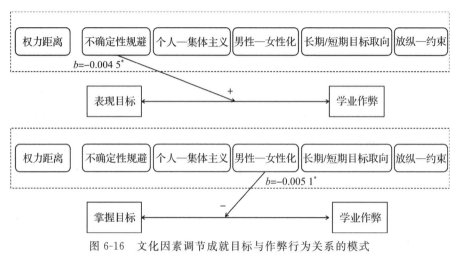

图 6-16　文化因素调节成就目标与作弊行为关系的模式

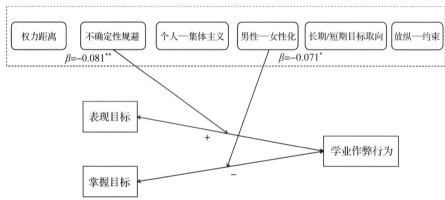

图 6-17　文化因素调节成就目标与学业作弊行为关系的结构方程模型

注：* $p<0.05$,** $p<0.001$。

　　总的说来,上述结果表明,文化因素在成就目标与作弊行为之间发挥着重要的调节作用。其中,低风险规避文化中,表现目标导向的学生更难以容忍不确定性,也更有可能会选择通过违反规则(作弊)来规避风险(Haque & Mohammad,2013)。而在男性化文化中,掌握目标与作弊行为之间的关系更为紧密。这或许是由于较之女性化社会,男性化社会更加强调学习和自我提升。为此,掌握目标导向的学生也更倾向于不作弊(Hofstede & Minkov,2010)。

(五)认知能力

认知能力是人脑处理、存储和运用信息的能力,通常被称为智力(彭聃龄,2001)。具备较强认知能力的个体在执行学习任务时往往更为轻松(Dilchert et al.,2007)。相反,当个体因认知能力不足而难以完成学习任务时,其作弊的可能性也会增加。然而,目前关于大学生的认知能力是否影响以及如何影响其学业作弊行为,学界尚未有统一定论。

以往研究发现,大学生的认知能力与其学业作弊行为之间存在显著的负相关,即认知能力越强的大学生越不容易作弊(Anderman & Murdock,2011;Crown & Spiller,1998)。例如,Nathanson 等(2006)采用实验法对 250 名大二学生的学业作弊行为进行了测量,同时测量了每名学生语言、数学和逻辑分析等方面的认知能力,结果发现,认知水平较低的学生更易在考试中作弊。

然而,另一些学者持有不同观点,他们认为认知能力与学业作弊行为间的关系并非如此简单(McCabe,2005;McCabe et al.,2006)。例如,Paulhus 和 Dubois(2015)指出,尽管认知能力较差的学生可能会因承受较大的学业压力而更倾向于作弊,但认知能力较强的学生也可能因掌握更多的作弊技巧而更多作弊。目前由于作弊行为的检测技术有限,所以这一关系尚未被证实。另外,认知能力较强的学生在自我报告时更有可能隐瞒真实情况,导致其实际作弊行为被低估。为了全面审视这一问题,研究者对 1879 年以来探究个体认知能力与作弊行为关系的研究进行了元分析。

具体来说,研究者在 PyschINFO 和 Google Scholar 这两大数据库中,输入关键字"cheat"(作弊)、"intelligence"(智力)、"ability"(能力)或"aptitude"(资质),对 1879 年至 2014 年的文献进行了检索,初步得到 37 篇相关研究。随后,研究者对 37 篇文献进行了人工筛选,仅保留了使用客观标准测量认知能力和作弊行为的研究,最终纳入元分析的研究共 20 篇,涉及的总样本量共计 7516 人。

随后,研究者计算了认知能力与作弊行为关系的平均效应量,发现两者存在显著负相关($r=-0.26, p<0.001$),即学生的认知能力越强,其作弊的可能性越低。

在此基础上,研究者进一步对检测作弊的方法进行了亚组分析。这些方法包括传统检测手段和新型检测手段。传统检测手段涉及自我报告、教师或同学报告,以及在人为设置了作弊机会的实验环境实际做出的作弊行为;新型检测手段包括利用大数据及专业软件对学生的作业或论文进行抄袭检测(Baker, 2008),以及在只有选择题的考试中对答案高度相似的答卷进行抄袭检测(Jennings et al. ,1996;Wesolowsky,2000)。结果显示,在采用传统检测手段检测作弊的研究中,认知能力与作弊行为之间存在显著的负相关($r=-0.30, p<0.01$);在采用新型检测手段检测作弊的研究中,认知能力与作弊行为之间也存在显著的负相关($r=-0.13, p<0.05$);且后者的相关系数显著低于前者($t=2.25, df=20, p<0.05$)。这表明,认知能力与作弊行为之间的关系受到检测作弊方法的调节,相较于采用新型检测手段的研究,在采用传统检测手段的研究中认知能力与作弊行为之间的联系较强。

出现这一结果的原因可能在于,新型检测手段具有更高的灵敏度,能够检测到难以被传统检测手段发现的作弊行为,而做出这类作弊行为的往往是认知能力较强的学生。因此,我们不能简单地将作弊行为与认知能力之间的负相关解释为认知能力较差的学生更倾向于作弊,也有可能是认知能力较强的学生作弊手段更高明,因而其作弊行为更不容易被发现。

(六)人格

大学生的人格发展已趋于稳定,因此对于个体人格特质与其行为方式的研究在该年龄段中也较为热门。其中,人格五因素理论(大五人格,five-factor model),被广泛用于探究大学生人格特质与其学业行为间的关系。该理论将人格划分为五个基本维度,分别为神经质、外向性、开放性、宜人性和责任心,这些维度彼此间相对独立(Costa & McCrae,1992;DeYoung et al.,2013;Goldberg, 1990;Salgado & De Fruyt,2005)。

神经质又称情绪稳定性,指个体情绪的稳定性和反应强度。情绪稳定的学生通常表现为平静、放松,情绪反应不会过于激烈,不易受负面情绪的影响,且更能有效应对压力,因此在面对学业压力、挫败感或挑战时,依然更能够保持诚信。相反,情绪不稳定的学生倾向于将学业任务视为一种负担或威胁而非令人兴奋的挑战,因此可能会因追求高分、满足父母期望或获得经济资助等外部压力而选择作弊来避免失败。

外向性指个体乐于社交、健谈、自信、寻求刺激和积极情绪的性格特征。具有外向性人格特质的学生往往对冒险活动抱有浓厚兴趣,追求刺激体验。他们可能对做出诸如逃课、考试作弊或剽窃等违规行为的顾虑较少,甚至更倾向于主动尝试此类"刺激"的活动。这种寻求激情与刺激的性格特征可能会导致其在学习中投入的时间和精力不足,进而采取不当手段以达成学业目标。

开放性是指个体对想象力、审美感知以及内心体验的重视。具有较高开放性的学生往往更倾向于追求知识,珍视在校园中学习的机会,这有助于其专注个人成长和掌握知识。因此,开放性得分较高的学生,可能较少通过作弊来应对学业挑战,且更有可能对作弊持负面评价,即认为这种行为是不必要和不可取的。

宜人性这一概念涵盖了合作、宽容以及善良等在人际交往过程中至关重要的特质。在这一维度上得分较高者,通常表现得更为诚实和慷慨,且更倾向于拒绝以牺牲他人利益为代价来获取个人利益的行为。宜人性得分较高的学生在学习环境中往往更愿意遵循规则,拒绝利用他人的帮助作弊。

责任心是指个体的责任感、组织能力和自律能力。在责任心这一维度上得分较高者,通常会被评价为忠诚、可靠和谨慎。在学术领域,这些特质常被视为优秀学生的标志。有研究指出,责任心与作弊行为可能存在紧密联系,责任心较高的学生往往学业准备充分,一般不需要借助作弊手段来达成学业目标(Williams et al.,2010)。

目前,已有大量研究对大五人格各维度与学业作弊行为之间的关系进行了实证分析(Aslam & Nazir,2011;Cazan & Iacob,2017)。Lee 等(2020)首次采用元分析对两者的关系进行了综合分析。结果发现,责任心和宜人性与作弊行为之间存在显著负相关($r=-0.22$,95% CI$=[-0.29,-0.16]$,$r=-0.13$,95% CI$=[-0.21,-0.05]$),但外向性、神经质以及开放性与作弊行为之间不存在显著相关($ps>0.05$)。值得注意的是,该研究的元分析在大五人格各个维度上纳入的研究数量相对较少,均不足 20 篇,因此其结论的可靠性有待进一步检验。

最近的一项元分析进一步扩大了样本量。首先,研究者在 ERIC、PsycINFO、SpringerLink、Wiley Online Library 以及 Google Scholar 等 10 个数据库中检索了在 1975 年 1 月至 2019 年 9 月间发表的所有文献,关键词包括"counterproductive academic behaviors"(适得其反的学业行为)、"academic dishonesty"(学业不诚实)、"unethical academic behavior"(不道德的学业行为)、"academic misconduct"(学业不端行为)、"academic integrity"(学业诚信)及"Big Five"(大五人格)。其次,研究者又对在 1975 年 1 月至 2019 年 9 月推出的 20 个科学期刊进行了手工检索,其中包括《应用认知心理学》《教育研究评论》《人格与个体差异》等。研究者还检索了文献综述的参考文献和未发表研究的原始数据。最后,研究者以 4 个标准对所有检索到的文献进行了筛选:研究需报告效应量或能够计算出效应量;研究测量的是作弊行为而非态度或意图;人格评估采用的是大五人格模型;研究对象必须为大学生。研究者共获得 105 项研究,涉及样本量54893 人(Cuadrado et al.,2021)。

通过计算大五人格各个维度与作弊行为关系的平均效应量,发现其中有 3 个维度与作弊行为存在显著负相关:责任心($r=-0.28$,90% CI$=[-0.31,-0.25]$,$p<0.001$)、开放性($r=-0.08$,90% CI$=[-0.1,-0.06]$,$p<0.001$)和宜人性($r=-0.14$,90% CI$=[-0.16,-0.12]$,$p<0.001$)。而外向性和神经质与作弊行为不存在显著关联($ps>0.05$)。

该研究与此前李等(2020)的研究结果基本一致,即大学生的责任心和宜人性得分越高,其作弊的可能性越小。责任心强的学生通常具有较高的自律意识和责任感,对待学业任务认真严谨,表现出较高的纪律性,会努力避免采取作弊等不道德行为。具有高度宜人性的学生善于合作,关心他人,重视人际关系和社会规范,因此更不愿意做出作弊等可能会损害他人利益的行为。此外,与李等(2020)的研究结果不同,该研究发现开放性得分高的学生作弊的可能性也较小。具备较高开放性的学生往往具备较强的好奇心和创造力,更愿意尝试新事物,也更重视知识的获得及学习的内在价值,因此更倾向于通过探索和创新而非作弊来解决问题。

当然,人格理论不仅限于大五人格,HEXACO 人格模型中的诚实—谦逊维度同样与作弊行为密切相关。在这一维度上得分较高的个体更倾向遵守道德规范,尊重他人权益(Ashton & Lee,2009;Lee & Ashton,2004)。因此,这一维度与学业作弊存在负相关,得分较高的学生更重视学业诚信,拒绝使用不正当手段损害他人利益。

此外,黑暗人格三联征(dark triad,DT)也与大学生的作弊行为密切相关。该模型包含三种不同的负面人格特质:马基雅维利主义(machiavellianism),高分者通常为追求个人利益而不择手段,认为结果比过程更为重要;自恋(narcissism),即自我中心,高分者往往对自身的能力和重要性有过高的评价,并极度重视个人形象和地位,渴望他人的关注和赞美;心理变态(psychopathy),高分者通常缺乏同情心和罪恶感,冲动且寻求刺激,通常不太关注他人的感受。总体而言,在这三个维度得分较高的学生更倾向于作弊(Baughman et al.,2014;Brunell et al.,2011;Williams et al.,2010)。其中,马基雅维利主义倾向的学生可能会将作弊视为一种有效的竞争手段;自恋倾向的学生可能因对成功的强烈渴望和对失败的极度厌恶而选择通过作弊等不正当手段来维护其理想化的自我形象;心理变态倾向的学生则可能会因追求刺激且对作弊的负面影响漠不关心,而更易做出作弊行为。

(七)行为合理化

个体在试图说服自己做出作弊等不道德行为时,常常会改变其对社会和道德规范的认知,使这些行为看起来更加正当,从而减少自己做出这些不道德行为所需付出的心理成本(Arvidson,2004;Rettinger & Kramer,2009)。这一过程称为道德中和(moral neutralization),为便于理解,本书将其称为行为合理化。

谴责外界是一种合理化技术,如学生可能会认为教育系统本身就腐败,而自己的小作弊在这个大环境下可以合理化。诉诸更高级别的忠诚也可以减轻罪恶感。例如,学生可能会认为,自己帮助朋友作弊是出于对友谊的忠诚,因此自己的作弊行为是合理的(Sykes & Matza,1957)。由此可见,在大学生学业作弊情境中,行为合理化起着关键作用。

在日常生活中,存在5种常见的行为合理化模式:第一,否认自身的责任。例如,学生可能会辩称,由于考试难度过大或教师/学校未为其预留充足的备考时间,自己才会采取作弊这样的行为。第二,否认自己带来的伤害。例如,学生会认为,抄袭他人作业并不会对他人造成实质性的伤害,因此作弊行为也谈不上是一种不好或不被接受的行为。第三,将自己定位为受害者。例如,学生可能会认为,教师评分不公正或周围的同学都在作弊,自己选择作弊只是对不公正的一种回应。第四,谴责外界。如将其作弊的原因归为课堂质量差、课程设置有问题等。第五,美化行为的目的。例如,学生可能会认为,帮助朋友作弊是出于对友谊的忠诚,因此这种行为是合理的(Sykes & Matza,1957)。

为了探究行为合理化对大学生学业作弊行为的影响,Lee 等(2020)对 2018 年及之前发表的 75 篇相关研究进行了元分析。

具体来说,研究者在 PsycINFO、Google Scholar、Web of Science 和 ERIC 等 4 个数据库中对 2018 年及之前发表的相关文献进行了全面检索。检索使用的关键词为"academic dishonesty"(学术不诚实)、"academic integrity"(学业诚信)、"academic ethics"(学术道德)、"cheat"(作弊),以及"plagiarism"(剽窃)。与此同时,在 Proquest 数据库中对未公开发表的相关文献进行了同样的检索。最终检索到共计 1746 篇文献。随后,研究者对初步检索到的文献进行筛选,排除了以非大学生群体为研究对象,或实际研究内容非学业作弊行为的文献后,保留了 75 篇满足条件的文献,涉及样本总量为 27894 人。

在上述研究中,研究者提取了 23 个可能对大学生学业作弊行为产生影响的个体变量,包括性别、年龄、成绩、年级等人口统计学变量,以及行为合理化、冲动、自尊、社会期望等其他个体因素。结果发现,行为合理化与作弊行为存在显著的正相关($r=0.43$,95% CI$=[0.34,0.53]$),即大学生的行为合理化倾向越强,其作弊的可能性越大。此外,行为合理化与作弊行为之间的相关系数在 23 个影响因素中居于首位,这意味着行为合理化是影响大学生学业作弊行为的最重要因素之一。

行为合理化与大学生的作弊行为存在紧密关联的原因可能在于:那些行为合理化水平较高的学生,倾向于运用一系列认知策略,如正当化、责任分散等,减少自己在作弊决策时的心理成本以及作弊后的内疚感。例如,学生可能会认为"老师出的题目太难了,我不得不作弊"或者"其他同学都在抄,那我抄一下也无妨"等。这些认知策略使其对本不道德的行为进行合理化处理,减轻或转移道德压力和负罪感,进而促进其作弊行为倾向。

（八）态度

态度是影响大学生学业作弊行为的关键因素之一，目前学界对此已形成了较为一致的研究结论，即若大学生对学业作弊持积极态度或正面评价，如认为在某些情况下作弊行为是可以接受的，甚至是合理或必要的（Whitley，1998；Ajzen，1991；Ajzen，2002），则其作弊的可能性就越大（Steininger，1968；DeVries & Ajzen，1971；Austin et al.，2006；Mayhew et al.，2009；Bolin，2004；Yu et al.，2021；Murdock & Anderman，2006；Whitley，1996；王博 & 李鹏，2009；刘超，2024）。

例如，Sanecka 和 Baran（2015）开展的一项问卷调查研究为这一观点提供了支持。具体来说，研究者招募了一批大学生完成了一份关于学业作弊行为的调查问卷。该问卷列出了 16 种常见的学业作弊行为，其中包含了 McCabe 和 Treviño（1993）所编制问卷中的前 11 种作弊行为（详细内容请参阅本节"学业诚信政策"部分）。此外，还包含 5 种利用互联网进行作弊的行为，包括获取网络资源而未注明来源，将网络上他人的作业冒充为自己的作业提交，通过网络购买论文并作为自己的作业提交，在考试期间利用网络搜索答案，以及拍摄考试题目并上传至网络寻求帮助。学生需要根据自身做出每一种作弊行为的频率进行利克特四点量表评分，其中 1 分表示"从未参与"，而 4 分表示"多次参与"。该量表的总分是所有题目得分的总和，总分越高表明该学生作弊的频率越高（McCabe & Trevino，1993，1997）。

研究还采用"作弊态度量表"（the attitude toward cheating scale，ATC）对大学生的学业作弊态度进行了测量（Gardner & Melvin，1988）。量表共包含 34 项与作弊相关的陈述（见表 6-5），其中 20 项陈述均为对作弊行为的积极态度，而另外 14 项则为对作弊行为的消极态度。学生需依据个人真实感受对所有陈述进行利克特五点量表评分，其中 1 分表示"完全不同意"，5 分表示"完全同意"。学生在该量表上的总分为 14 项消极态度陈述的反向计分加上 20 项积极态度陈述的得分,得分越高意味着其对作弊行为的接受度越高。

表 6-5　作弊态度量表

题目
1.若在考试过程中,教师发现有学生作弊,不宜立即揭露作弊者,以避免造成其尴尬
2.即便教师发现了学生存在作弊行为,但若学生拒不承认,教师的指控就只是其一面之词
3.* 在大学考试中作弊,从伦理道德层面来说是错误的
4.若在考试过程中,两位学生互相看对方的答案并进行交流,教师不应视之为作弊行为
5.* 有些姐妹会和兄弟会(国外大学的互助组织)会保留其成员过去的考试题目,用于预测未来考试的内容。这种做法属于作弊行为
6.只有学生自己最清楚自己是否作弊,因此,在对学生进行询问之前不应得出任何结论
7.若学生认为自己没有作弊并对其行为做出了合理解释,那么再惩罚学生就是不公正的
8.* 若学生在期末论文中使用了某书的原文却未引用该书,那么其必然是故意抄袭
9.* 向已经考试过的学生询问考试内容是一种作弊行为
10.* 若有人向学生提供失窃试卷的复印件,这名学生应拒绝接受
11.若学生在考试中被发现作弊,该学生有权进行无罪辩护,要求学校提供确凿的证据
12.* 当学生在否认作弊行为后被证实作弊,应对其先前的说谎行为给予相应的额外处罚
13.若被指控作弊的学生自己承认了作弊,则应减轻处罚,以奖励其诚实
14.* 购买他人的期末论文作为作业上交的学生应被开除
15.* 若教师在考试期间离开教室,那么该教师实际上默许了作弊行为
16.大多数不作弊的学生只是害怕被抓
17.所有的考试都应该是开卷的,因为在现实生活中,我们可以随时翻阅书本
18.目睹其他同学作弊并举报的学生,不应直接参与指认作弊行为
19.若全班超过半数的学生都在做作业时作弊了,那么其余同学也有理由作弊
20.* 学生应实名举报任何作弊的人
21.如果老师的评分不公平,学生就有理由作弊
22.刻苦学习通常不会带来更好的成绩
23.* 大多数作弊的学生都是不道德的人
24.* 编造借口退课以避免在这门课的考试中不及格,属于作弊行为
25.聪明的学生不用努力学习就能取得好成绩
26.上大学的目的就是获得学位
27.* 作弊的学生所掌握的知识量不及他人

续　表

题目
28.除了有被抓的风险,作弊其实没什么不好的
29.＊即使不小心看到了其他人试卷上的答案,也不应该抄到自己的试卷上
30.考试和评分只是一场游戏,一方是学生,另一方是教师
31.大学考试并不能衡量学生所掌握的知识或具备的能力
32.大多数被指控作弊的学生其实是无辜的
33.＊大多数大学生从不作弊
34.＊如果作弊的学生矢口否认自己作弊,那就是撒谎

注:＊为反向计分题。

研究者对大学生的学业作弊态度与其自我报告的作弊频率进行了相关分析,发现二者之间存在中等程度的正相关($r=0.34$;$p<0.05$)。这表明,学生对作弊行为的接受程度越高,其实际作弊频率越高。随后,研究者将被试的学业作弊态度作为预测变量,实际作弊频率为结果变量,进行了线性回归分析。结果发现,回归模型显著[$F(3,49)=2.97$,$p<0.05$],回归系数显著($\beta=0.35$,$t=2.67$,df=49,$p=0.01$),学生的学业作弊态度能够正向预测其实际作弊行为。

之后,另一项大规模问卷调查也证实了上述结论。研究者招募了总计2482名大学生(其中58%为女生,42%为男生)参与了问卷调查。该研究采用了麦凯布等人编制的学业作弊行为调查问卷来评估大学生的学业作弊行为。该问卷包含了对12种学业作弊行为的描述,学生需对其是否曾做过每项行为进行利克特四点量表评分,其中1分表示"从未有过",4分表示"非常频繁"。此外,对大学生作弊态度的评估则通过一道题目完成:"为了不落后于他人,作弊是必要的。"采用利克特五点量表评分,分数越高代表对作弊行为的接受程度越高。

研究结果发现,大学生对学业作弊行为的接受程度能够显著正向预测其学业作弊行为($\beta=0.308$,SE$=0.064$,$p<0.001$),即学生若认为作弊是必要的,其参与作弊的可能性就大(Yu et al.,2020)。

可见,态度与学业作弊行为之间存在较为稳定的正相关关系。这一结果可参考以下三个较有代表性的作弊动机理论模型进行解释。

首先,Whitley(1999)模型指出,作弊行为源自作弊意图,并受特定情境的调节,而个体对作弊行为的态度对其作弊意图有着直接影响。例如,即便某学生明确地认识到作弊是一种不当行为,但当其面对难度极高的考试时,为了达到基本的合格标准,可能会暂时认同作弊在当前情境下是可以被接受的。在这种情况下,该学生的态度可能会强化其作弊意图,从而提升其在考试中作弊的可能性。

其次,Murdock 和 Anderman(2006)的作弊动机模型将行为形成机制细分为目标设定、达成目标的预期概率以及对行为成本的主观评价。在该模型框架内,个体的态度会对其如何看待作弊的成本产生影响。例如,若学生将期末考试的目标设定为取得优异成绩,并且认为作弊风险较低、后果不严重,那么该学生就更倾向于认为作弊是一种可以接受的行为,从而更有可能将其付诸实践。

最后,计划行为理论强调了态度、社会规范和自我控制对行为的独立影响。例如,若某名学生认为只要不伤害他人且不会被发现,那么作弊就是一种可以接受的行为,这种积极的态度可能会驱使该学生在考试中作弊(Ajzen,1991;Stone et al.,2009)。

(九)其他

除了上述提及的关键因素以外,影响大学生学业作弊行为的潜在因素还有很多。例如,文化和社会规范(Crittenden et al.,2009)。研究表明,在集体主义文化中,个体可能会因不愿让同伴失望而选择协助其作弊。如在某些特定情境中,小组成员必须共同取得好成绩才能获得奖励,此时,集体荣誉感可能会超越个人诚信原则,促使小组成员作弊。又如,随着科技的飞速发展,新兴技术也逐渐成为影响大学生学业作弊行为的因素之一(Selwyn,2008)。一些大学生可能出于个人爱好或其他原因对新技术的掌握程度较高,如能够熟练使用网络上公开的 AI 模型或自行开发的 AI 模型解决问题,甚至形成了对此类技术的依赖。

这可能会使他们在一些考验创新性的学业任务或测试中,利用新技术手段作弊。此外,对未来的担忧和焦虑也可能诱发大学生作弊(Roig & Caso,2005)。特别是当学生面临职业前景不确定情况时,他们可能会认为大学成绩直接影响未来发展,这可能驱使他们作弊以获得更好的成绩单。

本章对大学生学业作弊现象及其影响因素进行了深入探讨。通过梳理以往研究可发现,国内外对大学生学业作弊行为的研究已较为成熟,其广度和深度都远超其他学龄阶段,但仍有很大的发展潜力。

第一节通过 CiteSpace 软件对 2004—2024 年国内外关于大学生学业作弊行为的研究进行了可视化分析。结果显示,国内外对大学生作弊行为的研究侧重点有所不同。国内研究侧重诚信教育、学术诚信、作弊原因及对策,年发文量先增后减;国外研究关注社会环境、个体特征对作弊的影响,以及特定的作弊类型如合同作弊,且年发文量持续增长。未来可探讨作弊行为的跨文化共性和特性,以及个体与环境因素的相互作用。此外,利用现代科技进行学业诚信教育和提升学生的伦理意识,也将是该领域未来的研究方向。

第二节进一步梳理了可能影响大学生作弊的社会环境因素和个体因素。其中,社会环境因素包括学业诚信政策、监考方式、后果严重性、同伴作弊效应等;个体因素包括性别、专业、成绩、家庭经济地位、成就目标、认知能力、人格、行为合理化和对作弊的态度等。

基于上述研究,我们对大学生学业作弊现象及其复杂和多方面成因有了更为深入的理解。第七章将综合前文为家长、教育工作者和学生提供实践性干预策略,以促进诚信教育发展,预防和减少学业作弊行为。

第七章
学业作弊行为的一体化干预与诚信教育策略

    纵观幼儿、小学、中学以及大学各阶段的学业作弊行为特征及其复杂的影响因素,不难发现这些特征与因素不仅在各阶段展现出了独特的演变轨迹,同时也存在着某些微妙的内在联系。在当前强调综合性和一体化的社会背景下,学业作弊行为的干预措施与诚信教育体系的构建,同样应当遵循一体化的原则。

    一方面,从横向一体化视角出发,我们详尽剖析了影响不同学龄段学生学业作弊行为的因素。可以看出,无论是有效遏制学业作弊行为,还是积极推进诚信教育,都需要学生、家庭和学校(尤其是教师)的紧密合作。解决作弊这一古往今来的教育难题,绝非个人或单一层面所能承担,构建一个全方位、多层次的协同网络至关重要。因此,本章针对每个学龄段,向学生、家长和学校提出一系列具体建议,旨在汇聚各方力量,共建诚信教育体系,推动社会和谐发展。

    另一方面,从纵向一体化视角出发,尽管各学龄段策略需紧密围绕该阶段学生的发展特点制定,但也应具有一定的衔接性和连贯性。例如,我们在探讨各学龄段学生学业作弊行为的影响因素时,发现诸如同伴关系、信任感等因素,自幼儿阶段起便对学生的作弊行为存在影响,且这种影响持续至大学阶段。针对这些具有持久影响力的因素,需要制定一系列连贯的教育策略。此外,当前备受推崇的诚信档案制度,正是纵向一体化理念在教育实践中的生动体现。该制度不仅强调学生诚信记录的连续性,也为跨阶段、跨领域的诚信教育提供了有力支持。通过这一制度,我们能够更加全面、深入地了解学生的诚信状况,进而为制定更具针对性和实效性的教育策略提供科学依据。

第一节 学业作弊行为干预对策与诚信教育建议——幼儿篇

正如本书第二章所述,幼儿时期是个体身心发展的关键时期,也是开始接触和准备进入学校教育的起点。由于认知能力的局限性,幼儿对学业诚信准则等社会规则的理解尚不成熟,他们如同未经雕琢的璞玉,具有极高的可塑性。因此,构建全面有效的作弊行为干预和诚信教育体系,对于幼儿树立正确的规则意识和诚信观念具有至关重要的作用。基于幼儿的发展特点,不难发现其对学业诚信的认知主要来源于对周围权威人士(尤其是父母、教师等)的观察与模仿。可见,对幼儿而言,作弊行为干预及诚信教育的最佳实施者应当是父母和教师等权威人士。本节将深入探讨如何在家校共育中利用权威人士的引导和榜样作用,帮助幼儿理解诚信的意义和价值,强化其诚信意识,为其未来的学业生涯乃至职业生涯奠定道德基石。

一、家庭层面

家长是孩子的第一任老师,在孩子的成长过程中扮演着至关重要的角色。在幼儿时期,孩子对周围环境和人物的观察和学习能力非常强,家长的一言一行会对孩子产生深远的影响。因此,家庭氛围的营造对于幼儿诚信品质的塑造具有重要的作用。

（一）信任与责任

本书第三章介绍的笔者团队近年来开展的一系列研究揭示了许多关于幼儿学业作弊行为影响因素的有趣现象。例如,当成人委托幼儿协助完成一些简单的小任务,并表达了对其的信任后,这些幼儿在随后的学业任务中选择作弊的可能性会显著降低。但只有当那些给予幼儿信任的成人在场时,这种效应才会显现出来(Zhao et al.,2024)。这一研究结果启示我们:当孩子感受到来自成人的信任时,他们通常会通过实际行动来证明自己是值得信赖的,如表现出更高的诚实度。因此,父母可致力于营造一个充满信任与尊重的家庭氛围。在这样的环境中,孩子不仅能够学会信任他人,还会因感受到信任而变得更加诚实可靠。如此一来,孩子将在潜移默化中养成诚实守信的良好习惯。

在日常生活中,家长可以设计一些简单又有意义的小任务,让孩子参与其中。这些任务可以是帮忙摆放餐具、整理玩具或照顾家中的小植物等琐碎之事。然而,即便是这些看似"微不足道"的小事,孩子也能因此感受到自己作为"小主人"的责任和价值,并在完成任务的过程中获得成就感和满足感。

值得注意的是,无论孩子是否能成功地完成这些任务,家长都应尽可能给予正面的反馈和鼓励,让他们充分感受到来自家长的信任与尊重。这种信任感有助于减少幼儿在父母面前的作弊行为,增强幼儿的自信心,帮助他们树立正确的价值观。如此一来,在未来的学业和生活中,孩子就更有可能自觉地遵守规则、诚实守信,成为一个更有责任心和道德感的人。

（二）实践与反馈

幼儿阶段是儿童自我效能感初步形成与发展的黄金期。这种自我认知主要源于个体成功与失败经验的累积。由于幼儿认知发展的局限性,他们通常难以对自身的经历进行准确的评价和归因,即自我评价存在偏差。研究发现,当幼儿通过实践验证了其对特定任务的自我效能感评估的准确性后,他们的自我效能感将会显著增强,从而减少其在相应任务中的作弊行为(Zhao et al.,2024)。为此,家长需要及时引导孩子进行"成功经验的正确归因"和"失败任务的合理评估",并鼓励他们在实践中检验自我评价。

首先,在孩子取得成功时,家长的反馈不应仅仅停留在简单的赞美上,还可以引导他们思考成功的原因。通过提问,来鼓励孩子深入思考。例如:"你觉得这次为什么能做得这么好?"或"你用了什么方法让自己进步的?"这样的对话能让孩子意识到,成功并非偶然,而是源于自身的努力、正确的方法或坚持不懈。这种认识能极大地增强孩子的自信心,从而提升其自我效能感。

其次,当孩子面临失败或挑战时,家长同样需要给予积极反馈并帮助其形成合理评估。家长应与孩子一起分析失败的原因,找到改进的方法,并鼓励他们再次尝试。这样的过程不仅能帮助孩子从失败中学习,还能培养他们的抗挫能力和解决问题能力。

最后,基于维果斯基的最近发展区理论,我们可以为家长提供一个更为具体和有效的策略。最近发展区理论认为,幼儿的发展存在两种水平:一种是幼儿的现有水平,即幼儿在独自解决问题时展现出来的水平;另一种是幼儿可能的发展水平,即幼儿在他人(通常指教育者)协助下所具备的解决问题的潜力。这两者之间的差异即为最近发展区(Vygotsky,1978)。因此,家长可以鼓励并适当协助孩子尝试一些稍稍超出其当前能力范围的挑战。这些挑战像是一个踮脚摘不到,但跳起来就能摘到的苹果,既能激发孩子的好奇心和探索欲,又能让他们充分体验到经过努力获得成功的喜悦,从而增强其自我效能感。

针对学业行为来说,家长可以通过观察孩子的日常表现,了解他们的现有水平,然后为他们设定一些稍稍超出当前能力的任务或活动。例如,如果孩子已经能够熟练地数出 10 以内的数字,家长可以引导他们尝试数出 20 以内的数字,或者进行一些简单的加减法运算。当孩子面临这样的挑战时,家长应给予积极的鼓励、支持和必要的帮助,让他们感受到自己的努力和进步是被认可和赞赏的。通过此类鼓励和引导,孩子会逐渐建立起对自身学业能力的信心,相信自己能够克服更大的困难,达成更高的学业目标。这种自信心的提升不仅有助于减少其学业作弊行为,还能让孩子在未来的学习和生活中更加积极、主动地面对各种挑战。

(三)教育与榜样

幼儿对外部世界的探索主要依赖于观察和模仿,而家长和教师等权威人士往往是他们观察和模仿的主要对象。这一阶段的幼儿对权威有着极高的服从性,他们倾向于模仿权威人士的言行举止,以此来习得新的知识和技能。因此,家长等权威人士在幼儿学业诚信教育中发挥榜样作用尤为重要。

具体来说,当家长在辅导孩子完成学业任务,如手工、绘画或拼图等时,应坚持真实、诚信的原则,避免自己替孩子完成,或找其他人替孩子完成,也不鼓励孩子抄袭、作弊或敷衍了事。研究表明,尽管幼儿可能尚未内化学业诚信准则,但他们对于家长或老师反复强调的道德规则却有着较高的敏感性(Smetana, 1981,1985,2003)。当家长在日常生活中反复强调遵守规则的重要性时,孩子会更容易接受并内化这些规则。因此,家长可以强调诚实和努力的价值,让孩子明白通过自己的努力和真实表现来获得成就感的重要性。同时,家长还可以结合具体情境,向孩子解释作弊行为的后果,如失去信任、损害声誉等,从而引导孩子树立正确的诚信意识。

此外,家长在日常琐事上同样应坚守诚信原则。无论是答应孩子的小小奖励,还是与孩子共同制定的学习计划和规则,家长都需尽可能做到言出必行。这不仅有助于维护家长在孩子心目中的可信赖性和权威性,还能让孩子在模仿和学习中逐渐内化这些品质,促使孩子学会尊重规则、信守承诺,以使其在未来的学业和生活中坚守诚信原则。

综上所述幼儿阶段的诚信教育需要家长的积极参与和正确引导。家长可以通过反复强调诚信原则、结合具体情境进行教育,以及以身作则等方式,为孩子树立一个坚持学业诚信、拒绝作弊行为的正面典范。

二、学校层面

幼儿园是孩子进入正式教育的第一站,在这里他们学习如何融入集体、培养独立自主能力,并开始对知识的探索。幼儿园不仅肩负着确保幼儿生命安全、促进其身心健康发展的重任,也为幼儿提供了一个从家庭到集体生活的过渡平台。在这一过程中,教师作为与幼儿日常互动较为密切的成年人,不仅负责传授知识,还承担着引导幼儿社会化的职责。教师的言行举止、教育态度与方法,对幼儿的人格塑造、社会行为培养以及未来成长,都有着深远影响。

(一)信任与责任

从学校层面出发,借鉴家长通过信任与责任促进幼儿诚信的做法,学校和教师可以采取以下具体措施。

首先,为了培养幼儿的责任感,学校和教师可以设计并组织一些符合幼儿年龄特点、需要其承担相应责任的小组活动或角色扮演游戏。例如,让幼儿在游戏中扮演老师、医生、警察等不同角色,通过模拟的场景来体验不同角色的责任和义务。又如,可以让幼儿参与一些力所能及的班级事务,如担任协助教师"管理"班级秩序的小小值日生,或是向其他班级传递信息的小小联络员等。通过承担这些微小而重要的角色,孩子能够亲身体验到履行责任的重要性。教师则应及时对幼儿在"履职"过程中的良好表现给予肯定,如:"谢谢你!你真是个值得信赖的小朋友!下次有这样的重要工作我还是会找你的!"这样的积极反馈不仅能够提升幼儿的责任感,还能唤起成就动机,从而进一步激发他们积极参与班级事务甚至是学习知识的热情。通过这些活动,幼儿能够在轻松愉快的氛围中逐渐养成良好的责任感,为未来学业诚信的塑造打好基础。

其次,在日常活动中,教师可以通过互动和对话,向幼儿传达对他们的信任与期待。例如,在布置简单的手工制作、绘画或讲故事等任务时,教师可以温柔地说:"我相信你一定可以完成这个作品,并且会做得非常棒!"这样的鼓励能让幼儿感受到来自教师的信任,从而激发他们的热情和责任感,提升他们在任务完成过程中的规则意识,培养诚信品质。

最后,教师还可以在日常教学中融入诚信教育的内容,通过讲述关于诚信的故事,观看相关主题的绘本、动画片或视频等方式(例如《狼来了》《金斧头银斧头》等经典寓言故事,或《中国美德故事》等热门动画),让幼儿了解诚信的重要性。同时,当幼儿在游戏中或日常生活中表现出诚信行为时,教师应及时给予积极反馈和言语表扬,如:"你真是个诚实守信的好孩子!"以此强化幼儿的诚信意识,并激励他们在日常学习和生活中继续保持诚信。

（二）游戏与教学

游戏活动是幼儿最主要的学习方式之一,不仅能提高幼儿的观察力、想象力和创造力,而且对于培养幼儿的团队协作精神和解决问题能力具有积极的促进作用。此外,参加游戏活动亦有助于增进幼儿对规则的理解。在游戏过程中,幼儿学习如何以及为何要在集体活动中遵守秩序与既定规则,并理解公平竞争的重要性。这不仅有助于塑造幼儿的纪律意识与责任感,还能使他们在未来面对竞争与挑战时,避免采用作弊等不正当手段。

幼儿园可以通过设计和组织各类主题的游戏活动培养幼儿的诚信意识。例如,学校或教师可以设计一些具有挑战性的游戏,如拼图、搭积木、寻宝游戏等,使幼儿在游戏中体验到克服困难的成就感。游戏的难度应逐渐提升,以便让幼儿在挑战中不断成长,并逐渐树立对自身能力的信心。同时,教师也应在游戏中给予幼儿适当的支持和帮助,在幼儿遇到难题时协助其找到解决方法,从而增强他们的自我效能感和学习兴趣,促进其诚信行为的发展。

除了游戏外,教师还可将培养自我效能感的理念融入日常教学活动中。例如,在语言课上,鼓励幼儿勇敢地在同伴面前朗读或讲故事,通过不断练习和成功展示,增强他们的自信心和表达能力。在美术课上,则可引导幼儿大胆尝试使用不同的绘画材料和技巧,让他们在实践中发现自己的创造力和潜力,从而更加自信地面对学习和生活中的挑战。同时,课程内容也应具有多样性和挑战性,以满足不同幼儿的兴趣和需求。教师可设计一些富有创意和趣味性的教学活动,如科学实验和手工制作等,让幼儿在参与中体验到通过自身努力获得成功的乐趣。这些都有助于幼儿提升对自我能力的评价,从而降低在未来学业任务中作弊的风险。

最后,与家长相似,教师也应引导幼儿进行正确的归因,使他们理解成功源自个人的勤奋努力和持之以恒,而失败则可能是方法选择不当或努力程度不足等因素所致。通过这样的引导,幼儿能够从失败中吸取经验教训,持续成长、不断进步,从而以更加自信的姿态迎接未来的学业挑战。

(三)优化物理环境

本书第三章第二节详细介绍了笔者团队近年来开展的关于微小的物理环境改变导致幼儿作弊行为系统变化的研究。这些研究发现,合理布置教室环境,如巧妙设置物理屏障进行空间划分、使用生活物品遮挡以降低作弊对象(如答案)的可及性、扩大考场邻座间距以减少作弊对象的可见性等,都会对减少学业作弊行为产生意想不到的效果。

尽管在幼儿园中尚未有考场,但我们仍可借鉴相关研究成果,通过环境布置来潜移默化地塑造幼儿的诚信行为。例如,通过精心设计幼儿园内物品陈列的内容和方式,在无形中强化幼儿的诚信观念。在幼儿园内,我们可以设立一个"诚信角",展示幼儿做出诚实行为的照片和小故事,这些正面的视觉元素将引导幼儿在日常行为中做出正确的选择。同时,在游戏区和学习区,我们可以设置明确的规则提醒标识,如"独立完成任务"或"玩具归还原处",这些标识能够起到道德提醒的作用,不仅能提醒幼儿遵守规则,更能在潜移默化中培养他们的自律和诚信。

又如,在进行手工制作、拼图或绘画等创造性活动时,教师可以使用可遮挡的画板或桌面隔板,为幼儿营造一个相对独立的空间,使其能够自由地发挥想象力和创造力,同时也能培养他们的独立性,减少可能出现的模仿或"借鉴"行为。在其他规则导向的游戏活动中,教师也可巧妙地通过环境布局减少作弊诱因,如设置视觉障碍以隔离诱惑物、划定清晰的界线区域,或采用高对比度的色彩分界线作为提示,使幼儿在无形中树立对规则的敬畏之心,养成遵守纪律、诚实守信的良好习惯。

(四)做好幼小衔接

研究指出,幼儿若未能在正式进入小学前做好充分的入学准备,在入学后则可能会面临适应困难(Boyd & Bee,2016)。这些困难包括初期技能掌握不足、社交回避以及情绪波动等问题。此类适应性问题会对学生的学习效果产生不利的影响,导致他们难以跟上课程进度,成绩不佳,甚至可能导致学业作弊行为。因此,在幼儿时期开展有效的幼小衔接工作,为幼儿做好充分的小学入学准备,是预防小学阶段学业作弊行为的有效方法。

幼升小的入学准备涵盖了两个主要方面:个性特征准备和技能准备。个性特征准备主要指的是幼儿在性格和行为上的准备;而技能准备则不仅限于学业方面的技能,还包括艺术、体育等其他技能。为了帮助幼儿做好这两方面的入学准备,学校需要与家长紧密合作,通过家校协同的方式,共同为幼儿进入小学做好充分准备。

就个性特征准备而言,学校和家长应当注重培养孩子的同伴交往能力,鼓励他们与同龄人交流,避免因过度羞怯而不敢表达自我。此外,还可通过一些游戏活动(如寻宝游戏等)培养他们对未知事物的好奇心和探索欲。对于他们的探索行为,也应及时给予积极反馈,以维持他们探索的热情。在技能准备方面,大班课程的安排应逐渐与小学课程接轨,以便幼儿能够顺利完成过渡。例如,可以设置一些基础的识字和数数课程,或教幼儿一些简单的加减运算。此外,还可以组织讲故事大会,故事内容可涉及一些基础的科学知识,如乌鸦喝水、朝三暮四等寓言故事,不仅能够培养幼儿的阅读兴趣和语言表达能力,还可以增加他们的科学认知,为进入小学做好全面准备。

由此可见,针对不同教育阶段的学业不诚信行为所采取的干预措施和学业诚信教育是纵向一体化的,并非完全独立。在一个阶段实施的干预和教育,其效果可能在随后的学龄段才会显现。最理想的状态就是,每个阶段的干预和教育都能持续发挥积极影响,从而最大限度地减少学业作弊行为。

第二节　学业作弊行为干预对策与诚信教育建议——小学篇

我们主要通过构建真实、自然的情境(如模拟考试)来探究幼儿的学业作弊倾向。鉴于幼儿尚未系统性地接触学业及学业任务,我们提出的教育策略和干预措施相对宽泛,虽以学业诚信教育为切入点,但总体目标还在于促进幼儿诚信品质的培养。

然而,自小学阶段开始,幼儿正式进入系统化的学校教育,学习成为他们日常生活的重要组成部分。小学生开始面对各种学业任务,包括日常家庭作业、定期的小考及大考等,伴随而来的是学业压力和竞争压力。此外,学生在学习能力和学习效果上的差异也日益明显。在这样的背景下,一些在各个学龄段普遍存在的学业作弊行为(如抄袭作业、携带小抄等)开始出现。学界开展了针对小学生学业作弊行为及其影响因素的深入研究,这些研究成果为我们提供了宝贵的参考。基于这些研究,我们能够更加精准地提出干预对策和诚信教育建议,以期更有效地引导小学生树立正确的学业诚信观念,养成学业诚信习惯。

一、学生个体层面

随着认知发展水平和社会化程度的逐步提高,小学生已经能够充分认识到学业作弊行为的本质及其严重后果,并具备了一定的自我调节能力,且并不再无条件地盲目服从权威人士。他们能够自发地进行科学的自我管理和教育,如主动调整心态与观念,抵制作弊的诱惑,并在学业上保持积极进取的态度等。而家长和教师可以在此过程中扮演引导者的角色,在必要时引导小学生通过正确的方法调整自身的心态、观念和学习态度等,帮助其在学业任务中坚守诚信之道,远离作弊。

(一)学会悦纳自我

鉴于个体身心发展的阶段性特点,儿童往往较为看重家长、教师及其他成年人甚至同龄人的认可,尤其是对其学业水平的认可。然而,一些学生可能由于未能充分做好入学准备或入学适应情况较差等情况,在学业表现上并不尽如人意。为了赢得认可,他们可能会尝试走"捷径",如通过作弊取得好成绩或假装自己已经掌握了知识,以此来获得赞赏和肯定。

为此,家长和教师可引导小学生学会悦纳自我,接受自己目前的能力水平,认识到学习是一个循序渐进的过程,每个人都有自己的节奏。在面对挑战时,重要的是保持发展的心态,将困难视为提升自我和掌握新技能的契机,而非对自身声誉的威胁。当遇到难题时,除了勇敢尝试以外,也应积极寻求帮助,如向教师和父母请教、与同学讨论或利用其他可用的学习资源等,而不是选择作弊来逃避困难。

另外,小学生可以根据自己的真实水平设定切实可行的学习目标。这些目标可以是一些具体的小目标,如一年级的小学生可为自己制定掌握基础的数学运算、流利地朗读一段短文等小目标。通过达成一个个小目标,学生能够逐步增强自我效能感。这种自我效能感的增强有助于其在学习过程中保持积极的学习态度和浓厚的学习兴趣,减少对通过作弊获得虚假成就感的依赖。值得注意的是,这些学习目标并非一成不变,学生可以根据自己的学习进度适时调整目标,但需始终以自身的实际水平为参照。如果目标设定过高,可能会给自己带来不必要的压力和挫败感。反之,如果目标过于简单,又可能无法激发自己的潜力和积极性。可见,若目标设定不合理,则这一方法可能无法奏效,甚至产生反作用。

此外,小学生需要认识到个人价值的构建是多元化的,它并非仅由学业成绩这一单一标准决定,还包括创造力、团队协作能力、道德修养等多个方面。为此,小学生应积极参与各类课外活动,这不仅能够拓宽自己的视野,还能发掘并培养自己在其他领域的潜能。这样,小学生也能够减少对学业成绩的过分关注,寻求更全面的个人发展。

养成自我反思的习惯也非常重要。小学生应学会定期回顾和审视自己在学业及个人品质方面的发展。通过这种自我反思,自己能够更明确地辨别自己的优势与不足,从而有针对性地进行改善和提升。这种习惯不仅有助于加强小学生对自身实际情况的认识,还能增进其自我认同感和自信心,令他们在面对各种挑战时更有底气,如坚信自己能够独立完成作业而无需借助作弊等不正当手段。

(二)态度决定行为

科学研究表明,小学生对学业作弊行为的可接受性认知,在很大程度上预示了他们是否会在考试或完成作业时选择作弊(Zhao et al.,2024;赵立等,2024)。换言之,若小学生认为作弊无伤大雅,就更有可能付诸行动。这种心理倾向若不及时矫正,可能会对小学生的学业生涯乃至整个人生发展造成持久的负面影响。

设想一下,若一名小学生某天在无法独立完成作业时选择了作弊,不仅轻松通过了第二天的作业检查,还因作业正确率高得到了表扬。如果该名学生没有意识到这种行为是错误的,并因此尝到了"甜头",那么在未来,他就更有可能在单元测试、期末考试,甚至更大型的考试(如中考、高考等)中试图采取相同的手段来规避责任。总之,对学业作弊行为的错误认知不仅会影响小学生的学业成绩,还可能会对其性格发展造成持续的负面影响,进而导致其在未来面对工作挑战或生活中的其他诱惑时,同样选择采取不正当手段以谋取利益。

因此,小学生需要明确了解学业作弊行为的本质和危害。具体来说,小学生应认识到,学业作弊行为不仅违反了学校的规章制度,而且影响了自身的学习质量,削弱了自身的学习兴趣,破坏了教育的公平性,在竞争性考试或比赛中还会侵害他人的权利,是一种损人不利己的行为。并且,通过作弊获得的成绩无法真实反映小学生的学习能力和水平,反而可能导致他们被虚假的成就感迷惑,从而丧失了对自身真实学业水平的判断。此外,作弊还会损害小学生的道德形象,导致其在同学和教师面前失去信任与尊重。总之,学业作弊行为百害而无一利,是不能被容忍的行为。学生若要在学业上取得成就,唯有不懈地提升自我。

此外,小学生需充分了解学校有关学业诚信的相关规章制度,能够区分何种行为属于学业作弊行为,何种行为是正当的学习策略。例如,抄袭他人的作业或考试答案、携带小抄进入考场等行为都属于作弊范畴,而参考他人的解题思路、与同学讨论学习问题等则是正当的学习交流。小学生应该明确这些界限,避免因认识不清或判断错误而"误入歧途"。

(三)不轻言放弃

研究表明,坚持性是学生学业成功的关键,缺乏这一品质可能会导致小学生在学业任务中更倾向于作弊(Herdian & Wahidah,2021;Zhao et al.,2024)。在学习上遇到困难时,那些缺乏坚持性的学生可能会倾向于逃避或寻求捷径,这时作弊就似乎成为一种快速解决问题的"策略"。

为了防止这种错误认知的出现，一方面，小学生可在日常学习中形成积极的心理暗示，从而提高自己在面对学业挑战时的坚持性和韧性。具体来说，当在学习过程中遇到各种困难和挑战时，不应该轻易被挫败感所击倒，而要学会调整自己的心态，告诉自己"我能行""我一定能找到解题方法"。这种积极的心理暗示能够激发小学生的内在学习动机，使其更加耐心且自信地面对学业任务中的各种挑战。

另一方面，如前所述，小学生应当掌握自我反思的技能，在反思过程中学会从失败中汲取教训，将每次失败都视为一次有意义的经历，即发现失败的价值。小学生可以通过探究失败的根源，总结经验教训，并据此适时调整自己的学习策略，随后再次进行尝试。需要牢记的是，失败并非终点，而是通往成功的必经之路。即便是爱迪生，在成功发明电灯之前也经历了数以千计的失败，但他曾言："我没有失败，我只是发现了1万种行不通的方法。"可见，"失败"也是一种体现我们正在不断接近真理的"成功"。因此，不必因恐惧失败而放弃挑战。在正视失败的过程中，小学生能够逐渐培养出坚毅的品质，在学习中遇到困难和挑战时也不会再轻言放弃或通过作弊来逃避，而是勇敢地面对并克服它们。

培养学习坚持性不仅需要个人努力，还需要外部的协助与监督。因此，小学生还需善于向周围的成人和同伴寻求帮助，构建起积极的社会支持系统。所谓社会支持系统，是指个体在其社交圈内获得的物质和精神支持。简言之，社会支持系统由一群愿意与你共享喜悦、共渡难关的人组成。对于小学生而言，要积极主动地与家人、教师和同伴建立这样的关系，分享学习过程中的挑战和取得的成就，在面临困难和挫折时可以从中寻求支持和建议，提升面对学业任务时的问题解决能力和坚持性，进而促进学业诚信行为的养成，从而避免因孤独感和习得性无助①而丧失学习兴趣。

二、家庭层面

对于小学生而言,家长在其学业与生活中的高度参与和严格监管,确实在一定程度上减少了小学生学业作弊行为的发生,这是令人欣慰的。然而,我们仍需清醒地认识到,小学生学业作弊行为并未完全消失。鉴于进入中学后的学业压力可能进一步加剧,强化小学阶段的学业诚信意识尤为重要。在这个关键时期,家长的影响不可忽视。

(一)避免唯分数论

小学生正处于心理社会性发展的黄金期,非常重视外界(特别是家长和教师等)对其学业能力的肯定。因此,在家庭教育中,家长需要特别注意在对孩子良好学业表现的期望与孩子全面发展之间寻求平衡。如果家长过于看重孩子的学业成绩,如要求孩子必须考高分,这可能会对孩子的学习兴趣和成就动机产生负面影响,甚至导致孩子不惜采取作弊等不正当手段来迎合父母的期待。

为了避免这种情况发生,家长应从摒弃"唯分数论"的立场出发,适度降低对孩子学业成绩的期望和要求,避免总是在孩子面前强调分数的重要性。孩子的成长是多方面的,不仅限于学业成绩。家长还应鼓励孩子去发展和探索自己的兴趣爱好,发掘自己的特长,帮助他们培养良好的社交技能与创造力,使孩子理解成功并不仅仅取决于考试分数。

另外,在孩子设定学习目标的过程中,家长可以提供适度的引导。这意味着

---

① 习得性无助:个体在反复经历了一系列不可预测且无法改变的逆境后,逐渐变得悲观和绝望,认为任何行动都是徒劳无功。

家长需要了解孩子的实际能力和兴趣所在,确保所设定的目标既具有一定的挑战性,但又不过分超出孩子当前的能力水平。在目标实现的过程中,家长也应避免一味追求结果,而更多地关注孩子的努力与坚持。家长可以通过认可和赞扬孩子在学习策略、时间管理等方面取得的一点一滴的进步,激发他们的内在动力。如此一来,孩子不仅能够体验到学习的乐趣和成就感,还能逐步建立自信心,进而更加积极主动地投入学习。

(二)警惕社会比较

孩子童年期最大的竞争对手常常是"邻居家的孩子"。不少家长惯于运用赞扬其他孩子的方式以期能激发自家孩子的上进心。然而,对于成人而言,这种社会比较往往会带来难以排解的负面情绪。对于孩子来说,社会比较带来的后果很可能也不会乐观。以往研究表明,对孩子进行向上的社会比较(与能力更好或更优秀的人比较)可能会对他们的自尊心造成负面影响(Feldman,2024)。小学生已初步具备通过社会比较来修正自我评价的能力。然而,频繁的向上比较,如"某某同学每次都能考全班第一,你再瞧瞧自己考了几分""某某同学多才多艺,而你连读书都读不好",此类言辞可能会让孩子对自己的真实能力产生怀疑,导致自我评价过低。若孩子在巨大的压力下考试失利,他们可能会进一步认为自己能力不足,这将严重影响他们的学习积极性,并可能促使他们产生作弊的念头。

因此,家长在教育孩子的过程中,应当谨慎使用社会比较策略。家长与其频繁地将孩子与他人进行比较,不如更多地关注孩子自身的进步与成长,善于发现孩子的优点,鼓励他们按照自己的节奏和兴趣去学习和发展,并给予充分的支持和积极的反馈,帮助他们建立自信。

更进一步来说,家长还可以引导孩子正确看待竞争与比较,帮助他们理解每个人的成长路径都是独特的,不必过分追求与他人比较;可以引导孩子学会自我比较,关注现在的自己与过去的自己相比有哪些进步。这样,孩子才能更好地认识到自己的优点和不足,有针对性地进行改进,维持学习的热情,有效遏制学业作弊行为的发生。

（三）适度放手

研究表明,不安型亲子关系下的小学生更倾向于作弊(张芮,2019)。这种不安型亲子关系常常表现为父母对孩子的日常生活、学业及社交活动等方面的过度忧虑。这种过度忧虑可能会让孩子变得过度依赖父母,进而削弱其耐挫能力,阻碍其社会性发展,并降低其自我效能感。这些不利因素相互交织,共同增加了孩子在学业任务上作弊的可能性。

为了改变这种状况,家长应学会适度地放手,避免过度担忧孩子的发展。也就是说,家长虽不可不管,但也不宜"管得过多"。首先,家长需要深刻认识到,过度干预可能会剥夺孩子自我探索和成长的机会,从而导致他们在面对挑战和困难时缺乏勇气和自信。其次,孩子需有一定的自由空间来发掘自己的兴趣爱好,若家长一味替孩子做决定,不仅会限制他们的创造力和独立思考能力,还可能使他们因依赖父母而逐渐变得缺乏自主能力。因此,家长应当在适当的时候给予孩子一些自主权,尊重孩子的意见和选择,让他们在安全的环境中进行"试错",并从失败和挫折中积累宝贵的经验。

家长还应学会相信孩子,相信他们能够应对学业和生活中的各种挑战。正如我们之前向家长提出的建议,信任孩子可以培养孩子的责任心,促进其学业诚信行为。在放手让孩子独自处理一些学业或生活中遇到的难题时,孩子或许会给我们带来意想不到的惊喜。更重要的是,在这一过程中,孩子会不断学习如何妥善解决问题。如此一来,孩子在未来面对各种学业挑战时,才能更加从容不迫,勇于接受挑战、突破自我。

三、学校层面

(一)教育优于威慑

根据笔者团队的最新研究成果,小学生对学业作弊行为严重性后果的认知与其实际作弊行为之间并不存在直接的联系(Zhao et al.,2024;赵立等,2024)。换言之,即便他们认识到作弊可能导致的严重后果,也并不意味着他们不会作弊。实际上,影响小学生是否作弊的核心因素是其对作弊行为本身的看法,即他们是否视作弊为一种可以接受的行为。若他们在内心深处认为作弊是不可接受的,他们更有可能避免这种行为。相反,如果他们认为作弊是可以容忍的,即便他们知道作弊可能带来负面后果,也可能会选择冒险作弊。

上文我们从学生个体的视角出发,深入探讨了小学生应如何正确认识学业诚信行为,明确学业作弊的界限,并树立正确的学业诚信观念。而对于学校来说,其首要任务在于制定一套完备的学业诚信规范或守则,为学生提供明确的行为准则。鉴于小学生正处于内化社会规则的早期阶段,仍然需要依靠一些明确的行为规范来指导自己的行为,甚至是构建自己的价值观和道德观。为此,借助此类学业诚信规范或守则,学生能够清晰地认识到在学业任务中,哪些行为是被认可的,哪些行为则是绝对禁止的。

学校应通过多种途径让学生了解保持学业诚信的重要性,确保学生能够深入理解并践行学业诚信准则。例如,在幼儿篇中,我们提出了设立"诚信角"的概念,即在一个特定的区域内展示体现诚实行为的照片和小故事。这种做法在小学中也可采用,如在班级教室的某个区域设立"诚信角",用以展示学业诚信的正面案例、进行表彰等。这些榜样和实例能够直观地向学生展示诚信的价值,在他们心中播下诚信的种子。

此外,教师在日常教学活动中,可更多强调学业诚信的相关准则。例如,在布置作业或开始考试之前,教师可反复强调学业作弊行为的恶劣性,使学生在反复的道德提醒中逐渐深化对学业作弊行为是一种不道德行为的认知。另外,学校还可积极寻求家校合作,如请家长在家庭教育中强调学业诚信的重要性,与学校形成合力,共同引导学生树立正确的学业诚信观念。总的来说,这种潜移默化的方式可使得学生深刻认识到学业作弊是错误、不可容忍和不道德的行为,从而在根本上减少甚至杜绝学业作弊行为。

(二)平等师生关系

科学研究表明,相较于过度强调教师权威、过于关注行为结果的师权型师生互动模式,以及过分纵容学生、对学生言行缺乏有效的规范和纠正的生权型师生互动模式,推崇平等对待学生、尊重学生、注重行为过程的平等型师生互动模式能够促进低年级小学生的学业诚信行为(张恬恬,2007;详见本书第四章第二节)。

因此,教师在履行职责时,应尽可能保持公正无私的态度,公平合理地处理包括学业评价、课堂互动,以及与学生的日常交往(如处理学生间的冲突)等事务。通过这种公正无私的方式,教师不仅能够赢得学生的信任和尊重,还能在学生心中树立起诚信的榜样。教师的言行举止会直接影响学生的行为。通过亲身经历和观察教师的公正行为,学生更易认识到诚信是人际交往中最基本、最重要的原则之一,并逐渐内化这一价值观,将其应用到自己的学习和生活中。

教师在教学活动中,不仅需关注学生的学业成绩,还需关注学生在学习过程中所展现的诚信态度。教师可借助对学生课堂表现、作业完成情况及考试行为的观察,全面评估学生的诚信水平。例如,教师可以在作业中,关注学生是否按时提交作业,作业内容是否存有抄袭迹象;在考试中,关注学生是否遵循考试规则,是否在面对难题时始终保持诚实原则。通过观察上述内容,教师能够更准确地评估学生的诚信水平,并及时对学业不诚信行为进行干预。

此外,教师应当采取一种平等和尊重的态度与学生进行交流和互动,从而建立起一种基于信任和理解的师生关系。教师可以通过认真倾听学生的想法、密切关注学生的需求、提供他们所需的各类支持和帮助,以进一步增强学生对教师的信任感。这种信任感有助于学生更加积极主动地投入学习,进而有效减少其作弊行为。

(三)防止同伴作弊效应

我们在前文中提到,必须警惕同伴作弊效应,即学生感知到周围同学作弊越多,其自身作弊的可能性越大(详见本书第四章第二节)。孩子在成长过程中很容易受到周围环境的影响,如果他们长期处于一个作弊行为普遍存在的环境中,很可能会逐渐接受并模仿这种行为,从而养成不良的行为习惯。

因此,对于作弊行为的监管和及时制止尤为重要。教师应密切关注学生的学业行为,一旦发现任何作弊迹象,应果断采取相应措施予以制止,绝不可采取放任态度,认为仅是"抄一抄作业,也没什么大不了的"。若教师对作弊行为视若无睹,甚至默许学生作弊,那么这种不良行为将逐渐扩散,如同滚雪球一般越滚越大,变得难以控制,影响整个班级的诚信氛围。学生可能会认为,作弊是教师默许甚至是可以容忍的,是一种"聪明"的做法。这将对学生的价值观和道德观造成极其负面的影响。因此,教师必须严格监督学生的学业行为,确保营造一个公平、诚信的学习环境。

当然,同伴之间并非只有消极的影响,也有积极的影响。例如,学校或教师可以通过鼓励学生组建学习小组,提升学生学习的坚持性。学生可以在学习过程中互相鼓舞、互相支持,体验团队合作的魅力。当某位学生感到疲惫或萌生放弃的想法时,目睹周围同学的不懈努力,也能受到鼓舞,重新振作精神,继续坚持。同时,学习伙伴之间还可以定期讨论、分享学习技巧和资源,共同进步。在教与学的过程中,学生的责任感和被信任感也在提升,学习兴趣更加浓厚,作弊行为也会相应减少。

第三节 学业作弊行为干预对策与诚信教育建议——中学篇

进入中学后,学业任务更为繁重,学业压力逐渐增大,学业作弊行为开始增多。中学生作弊受多种因素的影响,如前文提到的家校关系、考试难度和成就目标等。这些因素彼此交织,不仅共同影响学生的作弊决策,还对其道德观念、心理健康和学习态度构成潜在的挑战与威胁。特别是作弊对中学生的学习质量具有负面影响,这一点尤为明显。

笔者团队近期的一项现场实验研究发现,考试作弊会减少中学生从错误中学习的机会(Zhao et al.,2023)。具体来说,我们发现在自行批改试卷阶段,作弊(修改答案或分数)的学生,更容易在后续相似的测试中重蹈覆辙,犯与之前相同的错误。

我们共招募了 198 名八年级中学生参加了这项研究(年龄为 12.87 岁至 13.85 岁,其中女生 97 名,男生 101 名)。整个研究共分为三个阶段:测验阶段、自我批改阶段和重测阶段。

在测验阶段,实验者组织学生进行了一场数学考试。考试使用的试卷题目均来自七年级数学练习册,包含 20 道选择题和 10 道填空题,总分为 100 分。学生需在 20 分钟内完成测试,考试期间,实验者全程在班级内监考。考试结束后,实验者回收试卷并私下拍照记录了每一位学生的试卷,而后再将试卷发还给学生,让其根据标准答案自行批改,最后再将批改后的试卷交给实验者。学生的作弊行为(是否作弊)和作弊程度是通过比对学生自行批改前后试卷分数的变化来测量的(具体参见本书第五章第二节)。

在重测阶段,实验者让学生再次参加了数学考试。这次考试仍然采用相同的试卷和监考方式,但由各班的数学教师组织进行。数学教师声称未收到上一次考试的成绩反馈,要求学生重新完成同一份试卷。不同的是,这次重测取消了学生自我批改环节,改为由数学教师统一收卷批改(见表 7-1)。

表 7-1　作弊者和未作弊者在前后两次测试中答题情况的比较($N=106$)

答题类型	平均数(M)	标准差(SD)
初测错误/作弊/重测正确	1.01	1.49
初测错误/未作弊/重测正确	3.70	1.92
初测错误/作弊/重测错误	1.73	2.02
初测错误/未作弊/重测错误	9.12	4.72
初测正确/未作弊/重测正确	11.63	4.75
初测正确/未作弊/重测错误	2.63	1.89

　　研究显示,在 198 名学生中,有 106 人(54%)在自我批改阶段作弊(至少修改了一道题的答案或提高了自己的分数)。我们比较了在自我批改过程中作弊和未作弊的学生在前后两次测试中错题情况的差异。结果发现,作弊者在重测中正确回答初测错题的概率显著低于未作弊的学生($t=10.15$,df$=105$,$p<0.001$,Cohen's $d=1.57$),如图 7-1 所示。

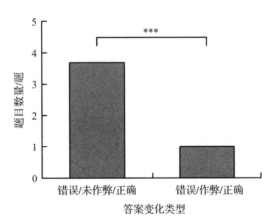

图 7-1　作弊和未作弊学生在重测中正确回答初测错题的数量

注:***表示 $p<0.001$。

可见,学业作弊行为对中学生的学习质量具有显著的负面影响。因此,对此类负面行为进行教育和干预尤为关键。但是,中学生正处于身心快速发展的转变期,容易出现逆反心理。他们倾向于对权威持反对或抵触的态度,因此在进行教育和干预时,必须采用科学合理的方法,否则可能会适得其反。

一、学生个体层面

中学生在学业任务中作弊的原因错综复杂。首先,学生可能未能充分理解和掌握相关知识,进而学习进度滞后,面对作业或考试感到束手无策;其次,沉重的学业任务可能超出了学生的承受范围,使得他们难以如期完成任务;再次,学生可能过分重视他人对自己的评价,担心考试成绩不佳会损害自身的形象;最后,学生可能存在逆反心理,即面对家长和教师的期望故意放弃努力,以示反抗。可见,学生个体层面需要调适和提升的方面有很多。

(一)学无早晚

小学阶段打下的基础对中学阶段的学习而言至关重要,这些基础知识和技能将直接影响学生在中学阶段的学习效果。然而,即便基础不够扎实,也无须气馁,只要保持积极的学习态度,任何时候开始努力都为时未晚。"大器晚成"的例子比比皆是。例如,摩西奶奶在 70 余岁时拿起画笔,在 80 岁时成为一名著名的画家;刘邦在少年时期只是邻居眼中不学无术、毫无前途的普通人,却成了一代帝王;我国著名数学家华罗庚,幼时数学考试也曾不及格。可见,"学无早晚,但恐始勤终随",只要有决心和毅力,无论起点如何,都有可能取得成功。

同时,那些想要提升成绩却不知如何下手的学生,应尽快与教师或家长沟通,共同探讨并制定应对当下困境的方案。作为学生的引导者和养育者,教师和家长能够提供重要的物质和精神支持。具体来说,教师长期与各类学生接触,掌握各种学习策略,能根据学生实际,从专业角度提供建议和帮助,助其找到适合自己的学习方法,提高学习效率。此外,教师和家长还可为学生提供学习资源,如辅导资料、工具等,帮助学生克服困难和挑战。他们还可以帮助学生制定合理的学习计划,监督学生的学习进度,确保学生持之以恒。

(二)放平心态

中学生应该充分认识到学业成就并非衡量一个人全部价值的唯一标准。在学习的过程中,结果固然重要,但过程本身更具意义。在此过程中,学生不仅能够积累知识,掌握学习策略,还能增强成就感与内心的满足感。这种认识有助于促进中学生树立恰当的成就目标,从而在学习中体会到成长和进步的快乐,不再执着于借助作弊手段获得"漂亮"成绩。

同时,中学生应切忌好高骛远,如避免对自己提出不切实际的要求或制定过高的目标。在日常学习中,中学生同样可以制定一系列阶段性的小目标,通过逐步实现这些小目标,发现自己点点滴滴的进步。这种方法或许可以帮助中学生跳出"唯成绩论"的怪圈,充分认识到自己的努力和进步。例如,在考试来临之际,做好充分准备,制定一些详尽且切实可行的学习计划。这些计划应细化至每日的学习任务,确保各科目都能得到充分复习。这样的安排,不仅能够提升中学生的时间管理能力,合理安排自己的学习时间,还能使其在完成每一项任务的过程中逐渐积累信心。这种自信心的增强有助于减轻学生在考试前的紧张和焦虑情绪,使其以更加平和的心态迎接考试。

此外,合理规划学习时间至关重要,这样学生在完成每一项学业任务时都能有相对充足的时间,不会因时间压力而萌生作弊的念头。同时,通过合理管理时间,中学生也能在繁重的学业任务中暂时抽身,探索个人兴趣和特长。这意味着学生可以暂时将注意力从学业上转移开,不再将所有的精力都集中在取得成就(如考高分等)上。参与课外活动、体育运动或兴趣小组,可以让学生发现自身的独特才能,在其他领域体验到成就感和认同感,弥补学业上的习得性无助。另外,一些小组活动还有助于培养中学生的团队合作能力、提升社交技巧,甚至为未来的职业规划提供宝贵经验。因此,学生应大胆尝试不同活动,找到自己热爱和擅长的领域,正确对待学习,把它看成获取知识的途径而非获得名利的工具,以减少作弊动机。

（三）学会解压

中学生通常面临较大的学业压力,这些压力的来源众多,可能源于父母的期望,也可能源于教师的严格要求,还可能源于同伴竞争。研究表明,这些压力和焦虑情绪都有可能会增加中学生在学业任务中的作弊倾向(Bassey & Iruoje,2016；Conner & Pope,2013)。而作弊本身又会给学生带来一定的心理负担,从而形成恶性循环。在这个循环中,中学生的负面情绪未能得到科学疏导,所面临的学业问题也未能得到妥善解决,长此以往,对学生的心理健康和学习质量都极其不利。

为此,当感知到学习压力时,可以寻找一些有效的放松方法以缓解内心的紧张和焦虑。例如,学生可以通过适量的体育运动,如跑步、打球等,来释放堆积的压力。运动过程中产生的内啡肽能够显著改善学生的情绪状态。此外,冥想和深呼吸训练也是很好的"心理按摩",可以帮助学生集中注意力、减少杂念、平静内心。听音乐也是一个不错的选择,无论是柔和的古典乐还是舒缓的爵士乐,均能在一定程度上缓解学生的紧张情绪,达到放松心情的效果。这些活动不仅有助于调整学生的焦虑状态、释放压力,还能使其以更加平和、积极的心态面对各种学业挑战。特别是在大型考试前夕,采用此类方法进行放松尤为重要,能够帮助学生缓解紧张情绪,提高学习效率,沉着应对考试。

除上述个人放松策略外,还可借助同学或朋友的情感支持来缓解学业压力。例如,主动与同伴进行积极交流或沟通,分享彼此的学习心得,或分享自己的情绪体验等,都有助于缓解中学生的学业压力,为其提供更多支持与鼓励,增强中学生的自信心,以便更好地应对学业上的挑战。但是,需要特别注意的是,若学生感到无法自行调节情绪,例如持续一个月感到沮丧、对任何事情都失去兴趣,或者出现躯体化症状,如经常感到呼吸困难、心情压抑,应及时向专业人士(如学校的心理辅导老师)寻求帮助。

此外,合理规划休息时间,确保充足睡眠,也能够在一定程度上缓解中学生的学习压力。过度的疲劳会导致注意力分散,影响学生的考试表现,甚至可能诱发健康问题。因此,学生应在学习之余,确保获得充分的休息,避免熬夜与过度劳累,以便在考试中发挥出最佳水平,避免产生作弊的冲动。

(四)与权威"和解"

中学生的认知发展进入形式运算阶段,随着抽象思维能力的发展,开始能理解并处理一些较为复杂的问题。在这个阶段,学生可能会经常质疑父母或教师的言论。他们开始展现出辩论"天赋",在反驳父母或教师时条理清晰,且有自己的独立见解。然而,若青少年在寻求独立性的过程中未能获得充分的认可与尊重,他们可能会有意采取一些令成年人不悦的行为以示"反抗",如抄袭他人作业或考试作弊等。

为避免发生此类状况,中学生应积极与父母和教师进行沟通,表达自己的观点和感受;但同时也应善用"换位思考"的技巧,克制"辩论"的冲动,认真倾听父母和教师的想法和观点。通过有效沟通,双方能够增进理解,减少误会与冲突。在此过程中,中学生还应理解坚持独立思考固然重要,但若想获得他人的尊重和认同,也应学会尊重他人的观点和意见。许多观点本身并无绝对的对错之分,同一件事允许存在不同的观点。为此,中学生对于权威的观点也应该持开放但审慎的态度,既不盲目接受,也不盲目拒绝。

二、家庭层面

家庭教育在中学阶段变得尤为复杂微妙。与小时候对权威无条件服从不同,中学生在对待父母的态度上出现矛盾:他们既渴望赢得父母认可,又常以不在乎的态度对待父母的建议。因此,作为父母,深入了解初中生的青春期发展特征至关重要,这可以帮助他们调整沟通策略,通过孩子更容易接受的方式对其进行行为干预和教育。

（一）爱与尊重

正如前文所述,中学生开始逐渐摆脱对权威或规则的盲从,他们发自内心渴望成为"自己人生的主角"。因此,在这个阶段,家长首先应该给予孩子充分表达自身观点和想法的机会,绝不可一味地否定孩子,因为一味否定只会令孩子产生逆反心理①。相反,家长应该鼓励孩子独立思考,尊重他们的独特见解,在此过程中以"参与者"而非"独裁者"的身份对孩子进行适当引导。如此不仅有利于发展和谐的亲子关系,而且对于中学生抽象思维能力的发展和学习兴趣的培养都可能产生积极影响。

同时,家长应当密切关注孩子的情感需求,并积极提供情感支持和心理疏导。中学生正处于身心发展阶段的关键转折期,他们不仅需要面对学业上的压力,还要处理错综复杂的人际关系(如同伴关系等)。因此,家长需时刻警惕孩子的情绪波动,必要时主动与孩子沟通,耐心倾听他们的心声,了解他们的困惑和焦虑。此外,家长还可引导孩子学会正确地管理自己的情绪,培养他们应对各种压力的能力,从而有效减少因焦虑、压力等情绪波动而引发的作弊行为。

---

①　罗密欧与朱丽叶效应是一个有趣的心理学现象,表现为一段关系在遭受外界的压力或阻挠时,可能反而因此变得更加牢靠。这一现象的命名源自威廉·莎士比亚的著名戏剧《罗密欧与朱丽叶》,剧中描述了有家族世仇的罗密欧和朱丽叶,无视家族的反对,坚定地相爱并最终殉情的悲剧。事实上,罗密欧在剧中仅为一名16岁的少年,而朱丽叶也年仅14岁,他们正处于青春期初期,容易产生对父母等权威人士的强烈逆反心理。因此,家长的一味阻挠反而加深了两人间的情感,促使他们更加坚决地选择对方,最终酿成悲剧。由此可见,对青少年的行为干预固然至关重要,但干预过程还需采取科学合理的方法,以防适得其反。

（二）家校共育

家校关系失调，即家庭与学校之间在教育观念、教育方法以及对学生的行为规范上存在不一致时，可能会使孩子在心理和社会适应方面产生割裂感。例如，某中学生小 A 的家庭教育倡导快乐学习，注重孩子的全方位发展；而小 A 所就读的学校则更加注重学生的学业成绩和排名。两者在教育理念上存在明显差异。这种家校关系的不协调可能会使小 A 在学业发展中感到困惑。以往研究表明，家校关系失调程度越高，中学生自我报告的学业作弊行为也就越多（Midgley et al. ,2000）。

尽管在教育孩子的过程中，家庭和学校之间可能会存在一些不同的观点，但为了保障孩子的认知协调，促进其身心健康，家长仍需尽力站在学校的角度，以尊重和理解的态度去接纳学校的教育理念及教学方法。当家长对学校的某些教育措施或方法存在疑虑或不满时，建议采取一种积极且具有建设性的方式来表达自己的意见或疑虑，并与学校展开深入的沟通与探讨。通过这样的互动，家长与学校能够增进共识，找到彼此都能接受的解决方案，携手为孩子营造一个更加和谐、高效的教育氛围。

当然，调节家校关系并非仅凭家长一方的努力就能实现，学校同样需要付出努力，其中也包括深入理解家长的立场和教育理念，并在遇到分歧时积极寻求沟通等。此外，由于制定课程的教育工作者视角可能与家长不同，学校应耐心地向家长介绍其教学观念和方法，而非敷衍了事。只有双方共同努力，才能有效促进家校关系的和谐，预防因关系失调而导致的学业作弊行为。

三、学校层面

鉴于中学生在校时间远超与家长相处的时间，学校无疑成为支持他们身心发展的关键平台。对于中学生而言，学校不仅传授知识，更是他们成长、社交和价值观塑造的核心场所。因此,在中学生学业作弊行为干预和学业诚信教育中,学校扮演着不可或缺的重要角色。

（一）拒绝内卷

一方面,学校应适当控制作业和考试的数量与难度,避免过多或过难的任务,减少学生作弊的想法。如前文所述,无论事先告知学生考试难度较高或较低,都可能加剧学生的作弊行为(详见本书第五章第二节)。因此,学校的考前动员应尽量避免透露考试的具体难度信息。虽然教师可能将考试难度作为激励学生的策略,如告知考试简单或艰难,旨在缓解学生焦虑。但是这可能无意中增强了学生的回避或趋近动机,增加其作弊可能性。所以,保持考试难度的不确定性,可以在一定程度上减少作弊的心理诱因。

另一方面,我们发现学生的成就目标类型也会影响其作弊行为(Anderman et al.,1998)。具体来说,以知识掌握为目标的学习方式,对塑造学业诚信有重要作用。因此,正如家长在教育孩子时需要强调学习过程一样,学校教育不能仅关注学生成绩,还要培养学生的内在动机和学习兴趣。强调学习过程的重要性,可以帮助学生树立正确的学习观,保持诚信的态度。例如,学校可以避免公开考试排名,以避免学生互相攀比,增加焦虑。学生之所以会形成绩效目标,可能是因为他们认为只有高分才能展示自己的能力,于是不顾现状,盲目追求超出自身能力的成绩,并为此使用作弊手段。以知识掌握为目标不仅有助于学生的学业进步,还能培养他们的正直品质。

（二）关爱学生

学校可以通过提供多种压力释放途径来帮助学生缓解压力。具体来说,学校需要完善班主任及心理健康教师的培训机制,及时识别那些面临较大压力的学生,增加与学生的沟通频率,提供倾诉的渠道。学校可以设立专门的压力释放教室,让学生通过物理手段释放压力;同时,应定期组织体育活动、艺术活动等,让学生在运动和创作中放松心情,缓解压力;还可以进行一系列心理健康教育活动,帮助学生掌握应对压力的技巧。此外,在中学阶段,学生在面对压力时,相比于求助教师和家长,可能更倾向于向身边的同学求助。对此,学校可鼓励学生自主设立同伴互助小组,或许也会有不错的效果。

另外,还需注意避免出现消极的同伴效应。同伴效应是影响中学生学业作弊行为的重要因素。为此,学校和教师可以借鉴小学阶段的相关建议,加强监管力度,严惩作弊行为,从而防止学业作弊行为的滋生。此外,前文提到,同性间的同伴作弊效应更容易导致学业作弊行为的增加。原因可能是中学生更倾向于与同性同学成为好朋友。相较异性,同性同学之间通常会形成更强的情感联系和信任,在遇到学习困难时,学生更倾向于向同性同学寻求帮助。这有利于形成互帮互助的氛围,但同时在考试中也更易互相获取"便利",如传递答案。因此,学校可以随机安排考生座位,增加考生间隔,减少求助的机会;在排班时尽量平衡班级内的性别比例,预防集体性作弊。

第四节　学业作弊行为干预对策与诚信教育建议——大学篇

大学阶段,学校成为作弊干预和教育的主要责任主体,学生与家庭联系渐趋减弱。家庭通过树立诚信榜样、避免对孩子期望过高或漠不关心等方式继续发挥作用。大学校园成为学生的替代"家庭"环境。另外,由于大学生已基本成熟,人格发展稳固,干预和教育更依赖学校环境影响和政策支持。

一、学校层面

针对学业作弊行为,除了可以实施一系列跨学龄段通用的措施,如加强诚信教育的宣传力度、关注学生的学业压力、引导学生正确看待学业成就、强调学习过程的重要性等，大学校园里还有一些特色方法可以实施。

（一）诚信氛围

大学氛围对学生的行为决策有着深远的影响，因此构建重视学业诚信的校园文化尤为重要。完善学业诚信政策是形成这种文化的首要条件。研究表明，规范学业行为、明确不诚信行为的范围和类型、制定严格的监管和处罚措施等学业诚信政策，在预防和减少大学作弊中发挥着重要作用。这些政策能为学生提供明确的行为规范，帮助其明确作弊范畴，让学生了解学业诚信的重要性，也便于学校对学业失信行为进行有效监管。

然而，仅凭政策本身尚不足以完全解决问题，必须配合有效的教育和宣传工作。例如，教师和行政人员可以通过公告、宣讲、课程和专题会议等多种途径，向学生持续传达学业诚信政策的相关内容，提醒学生保持学业诚信的重要性，以减少学生对作弊行为的认同感，从而降低作弊的发生率。同时，学校还应建立支持学业诚信的环境，鼓励学生遇到困难时主动求助，而非采取作弊的手段蒙混过关。除学业诚信政策外，同伴作弊效应在大学生群体中依然存在。为了减少这种效应带来的负面影响，学校应营造积极的学业诚信氛围，鼓励学生互相监督和支持，从而形成集体诚信文化。当学生意识到周围的同伴都不作弊且作弊不可取时，其自身作弊的可能性就会降低。具体而言，一方面，学校可以开展各种形式的诚信教育活动，邀请知名校友或公众人士分享经历，发挥同伴的正面影响；另一方面，学校和教师需公正严肃处理每起作弊事件，优化作弊举报机制，邀请学生共同维护校园诚信。这类活动能增强学生对诚信的认知，并通过奖惩机制鼓励学生在学习中践行诚信。

（二）后果提醒

强调作弊的后果严重性，也是遏制大学生作弊的重要方法。它可以帮助学生认识到学校对作弊行为的态度,从而降低学生对作弊行为的认同感。具体而言,当学生意识到学校会对作弊行为采取严厉的惩罚措施时,他们可能会更加审慎地权衡自己的行为选择。这种警示不仅使学生意识到作弊的严重后果,也可在一定程度上改变他们对作弊行为的看法。

为此,学校和教师可在每次布置作业之后或考试开始之前,明确告知学生作弊可能面临的严重后果(越严重效果越好),必要时可以辅以真实案例,如某学生因考试作弊被记入学籍档案,某学生因论文抄袭被取消学位。值得注意的是,此类提醒最好以书面的形式向学生呈现(如置于试卷首页),并要求学生签名确认已阅读,确保所有学生均知晓。这种后果提醒有助于学生理解作业或考试的诚信要求及作弊惩罚措施,提高作弊的心理成本,进而降低作弊行为的发生率。

(三)责任连带

我们在上文中提及了后果提醒的妙用,而责任连带则在此基础上进一步加强了提醒的威慑效果。通常,对学业作弊的惩罚仅针对作弊者本人。然而,笔者团队的研究表明,当学生意识到自己的作弊行为会给他人甚至班级带来不利后果时,他们便更倾向于不作弊(Zhao et al.,2021)。换言之,责任连带机制增强了学生对行为后果的认知,即作弊行为不再是个人的行为选择,还会产生更大范围的连锁反应。例如,一个学生作弊会导致全班成绩被取消。这种对后果的认识,促使学生意识到作弊不仅是对自己的不负责任,也是对他人利益和集体荣誉的损害。

因此,学校可以尝试实施针对作弊的责任连带政策。首先,应制定并公开责任连带政策,详细说明个人作弊如何影响小组、宿舍乃至整个班级,以及将受到何种惩处。这可以帮助学生清晰认识到个人行为影响集体的风险。其次,可与后果提醒策略结合,在作业和考试前强调责任连带政策,帮助学生内化集体责任观念,从而避免作弊行为。

与此同时,责任连带也可与前述后果提醒策略相结合。即责任连带政策可以书面形式出现在作业和考试的说明页,教师在每次作业和考试之前予以强调。这可以帮助学生快速熟悉责任连带政策的具体内容,并逐步将其内化为行为规范。此外,反复强调作弊的严重后果,能使学生认识到作弊行为已不再是单纯的个人选择,而关乎集体责任。这样可以促使学生在学业任务中避免作弊。

二、其他

大学生个人层面的干预建议与我们前文提到的其他学龄段类似,此处不再赘述。简言之,大学生同样需要树立正确的学习态度,不过分看重学习成绩,充分享受学习的乐趣。另外,正确认识作弊行为对大学生来说也是必修课。尽管作弊现象较为普遍,但需明确作弊是错误、不道德和不可取的。在涉足学界后,学术不端行为(如伪造数据等)还极有可能对他人造成误导,是一种严重的道德失范行为。

比较特别的一点是,选择与自身兴趣和职业规划相契合的专业对大学生而言非常重要,这可以避免其因对所学专业缺乏兴趣而消极应对。倘若大学生确实对所选专业缺乏热情,可以考虑申请转专业,发掘自己真正的兴趣与特长。同时,由于大学生拥有更多的自主学习时间,需要自行规划学习与生活的时间,科学管理时间也是其必须掌握的一项技能,以避免因时间管理不当而未能按时完成作业,进而导致作弊。此外,对于大学生来说,来自家长和教师的监管相对较弱,大学生应当意识到自己已步入需全权对自己行为负责的年纪,因此在进行作弊决策时更需慎重考虑其中的代价。

本章从一体化发展的角度出发,全面而深入地探讨了针对不同学龄段学业作弊行为的干预策略及诚信教育建议。其中不仅强调了横向层面——学生、家庭与学校(教师)之间需建立的紧密合作关系,还涉及了纵向层面——不同学龄段之间应有的衔接与连贯性。

首先,在幼儿篇中,我们介绍了针对幼儿作弊行为的干预对策及诚信教育建议。幼儿时期是个体身心发展的关键阶段,幼儿对学业诚信的认知主要来源于对周围权威人士(尤其是父母、教师)的观察与模仿。因此,家庭氛围的营造以及家庭与学校之间的紧密合作至关重要。家长应营造信任的环境,通过设计小任务培养幼儿的责任心,以身作则树立榜样。教师应通过游戏培养幼儿的诚信意识,优化教室环境以助推幼儿诚信行为习惯的培养,做好幼小衔接工作。

其次,在小学篇中,我们介绍了针对小学生学业作弊行为的干预对策及诚信教育建议。小学阶段是正式接触学校教育、面对各种学业任务的开始。学生应认识到作弊行为的危害。家长应杜绝唯分数论,避免社会比较带来的压力,学会适度放手。学校应制定完备的学业诚信规范,通过教育强调诚信的重要性,建立平等的师生关系,警惕同伴作弊效应对诚信行为的负面影响。

再次,在中学篇中,我们介绍了针对中学生学业作弊行为的干预对策及诚信教育建议。中学生面临更大的学业压力,应认识到学习的真正价值。家长应鼓励孩子独立思考,避免过度干涉。学校应关注学生的个体差异,拒绝内卷文化,帮助学生建立正确的学习观,关爱学生身心健康。

最后,在大学篇中,我们介绍了针对大学生学业作弊行为的干预对策及诚信教育建议。大学时期,学校应营造诚信氛围,教师应更多强调作弊成本,实施责任连带制度。

总体来看,无论是幼儿、小学、中学还是大学阶段,诚信教育的构建都应遵循全面性和连贯性原则。各阶段的教育策略应紧密结合学生的发展特点,但同时需具备一定的连贯性和衔接性。例如,同伴关系、信任感等因素自幼儿阶段起便对学业作弊行为存在影响,且持续至大学阶段。因此,制定连贯的教育策略至关重要。此外,建立学业诚信档案也是一个可行的办法。它强调了学生个人诚信记录的连续性和完整性,有助于敦促学生在不同学段都保持学业诚信,防止作弊可能为自己带来的终身影响。此外,我们还应构建全方位、多层次的协同网络,学生、家长、教师和学校共同推动诚信教育体系建设,为社会主义诚信建设贡献力量。

参考文献

阿桂.大清律例[M].刻本.北京:武英殿,1740.

安隽.浅析新形势下大学生诚信教育途径与方法[J].法制博览,2015(34):292,291.

白小芳.践行社会主义核心价值观之大学生诚信教育——以大学生考试作弊诚信缺失为例
[J].西部学刊,2020(2):90-92.

鲍其雯.上海大学生校内考试诚信现状与对策研究——以部分上海高校为例[J].考试与招生,
2019(9):50-52.

闭线林.人文教育视角下大学生诚信档案工作的发展路径研究[J].陕西档案,2015(4):24-25.

卜德镇.农村初中学生考试作弊现象的叙事研究[D].临汾:山西师范大学,2009.

蔡明潮.L市高中生考试作弊问题及其管理对策研究[D].保定:河北大学,2015.

蔡颖.大学生诚信档案建设研究[D].哈尔滨:黑龙江大学,2021.

曹红芳,翟婷,刘蝶.关于研究生诚信教育的几点思考[J].文教资料,2010(30):193-195.

曹立静.新时代背景下山东省大学生诚信体系建设研究[J].科技资讯,2021,19(35):177-179.

曾敏霞.青少年道德自我概念与诚信行为关系的实证研究[D].广州:广州大学,2012.

陈浩.礼记[M].上海:上海古籍出版社,1987.

陈泓君,冯开甫.大学生诚信现状的实证研究——以四川省六高校为例[J].西华师范大学学报
(哲学社会科学版),2016(3):93-98.

陈晖,于淑萍.大学生诚信危机剖析[J].大连大学学报,2005(1):97-98.

陈鹏,韩子平.拍照搜题等同作弊 App 叫停后如何整改[N].光明日报,2021-12-30(8).

陈向丽.大学生成就目标、中立态度与考试作弊关系研究[J].太原城市职业技术学院学报,

2009(5):6-8.

陈小静.大学生期末考试作弊心理探析及应对策略[J].青春岁月,2015(9):94-95.

陈艳丽,李化树.学校场域中位置的追逐——学校教育中青少年非诚信行为分析[J].太原师范
　　学院学报(社会科学版),2007(4):125-127.

陈燕.加强诚信档案管理提升大学生道德素质教育实效性[J].中国成人教育,2015(18):
　　84-86.

陈育斐.初中生在线学习欺骗行为问题研究[D].漳州:闽南师范大学,2022.

陈悦,陈超美,刘则渊,等.CiteSpace 知识图谱的方法论功能[J].科学学研究,2015,33(2):
　　242-253.

程秀仙.新媒体环境下大学生诚信教育路径研究[J].知识窗(教师版),2023(3):114-116.

褚乐平.大学生毕业论文(设计)抄袭现象的原因及对策[J].丽水学院学报,2008(1):85-87.

崔国军,王振宪,孙连华.充分发挥校园传媒在大学生诚信教育中的重要作用[J].新闻传播,
　　2021(2):97-98.

代安娜.大学生学业考试观的调查研究[D].黄石:湖北师范大学,2021.

博伊德,比.儿童发展心理学[M].夏卫萍,译.北京:电子工业出版社,2016.

翟旭东,沈青川.大学生考试舞弊问题分析与教育对策研究[J].长沙铁道学院学报(社会科学
　　版),2009,10(1):21-23.

丁旭琴.初中生作文诚信缺失的问题及教学对策研究[D].宁波:宁波大学,2015.

杜佑.通典[M].北京:中华书局,1984.

段鸿,何巧.小学诚信教育存在的问题及对策研究[J].兰州教育学院学报,2018,34(1):
　　173-174.

范晔.后汉书[M].北京:中华书局,2007.

房玄龄.晋书[M].北京:中华书局,1974.

冯发军.大学生诚信现状与诚信教育研究[J].消费导刊,2006(11):451.

冯玲丽.基于"童谣体验"的小学生诚信教育研究[D].金华:浙江师范大学,2011.

冯梦龙.古今谭概[M].北京:中华书局,2007.

傅以君.浅谈本科生毕业论文写作的诚信危机[J].科技信息,2009(20):32-33.

高健.高职院校大学生诚信教育的路径创新研究[J].现代交际,2014(8):178-179.

高姗姗.社会主义核心价值观视域下的大学生诚信教育[J].理论学习,2014(7):14-16.

顾巍.基于家校合作的小学生诚信教育实践研究[D].银川:宁夏大学,2021.

顾云龙.初中生考试作弊问题研究[D].大连:辽宁师范大学,2007.

郭蓉.融媒体时代下大学生诚信教育研究[D].太原:山西财经大学,2020.

韩冬梅.初中生学业不诚信行为个案研究[D].乌鲁木齐:新疆师范大学,2009.

何畅.新时期大学生诚信教育的思考与对策——以体育课融入诚信教育为例[J].征信,2024,
　　42(6):51-57.

何伟,左辉,朱必法.新媒体环境下大学生的诚信道德问题及对策[J].曲靖师范学院学报,
　　2016,35(1):41-44.

黄丹.新媒体环境下的大学生诚信教育对策研究[J].贵州广播电视大学学报,2019,27(4):
　　47-50.

黄小亚.高中生诚信现状及对策研究[D].苏州:苏州大学,2010.

黄瑜撰,魏连科点校.双槐岁钞[M].北京:中华书局,1999.

贾香香.大学生诚信教育研究[D].北京:中国矿业大学,2016.

江申,林钡钡.小学生诚信生活现状与反思[J].教育实践与研究(A),2014(6):9-13.

江申.小学生生活诚信的现状、问题及教育应对[D].金华:浙江师范大学,2015.

姜锐,王健.大学生考试作弊现状调查与对策研究——以江西某高校为例[J].江西教育学院学
　　报,2013,34(3):174-177.

姜小平.美国大学生学术诚信教育及启示[D].石家庄:河北师范大学,2012.

金慧.学校道德氛围对初中生作弊行为意向的影响:道德推脱的中介作用[D].烟台:鲁东大
　　学,2022.

李翠花,邹华文.浅析大学生考试作弊原因及对策[J].考试周刊,2016(29):5-6.

李娟."三三五"诚信教育的实施策略[J].教师,2012(7):104-105.

李焘.续资治通鉴长编[M].北京:中华书局,1985.

李颖,李娜,李畅宇.美国研究生科研诚信制度及其启示[J].现代经济信息,2016(16):71-72.

李玉斌,王学颖,董雪,等.大学生在线学业诚信现状调查及教育对策研究[J].黑龙江生态工程

职业学院学报,2023,36(5):114-121.

李振,范文文.独立学院学生考试作弊的伦理思考[J].湖南科技学院学报,2011,32(2):141-142.

林崇德.发展心理学[M].北京:人民教育出版社,2018.

凌蔓.浅谈诚信考试在高中数学学业水平考试中的实践探究[J].课程教育研究,2015(34):135-136.

刘超.在线学习环境中大学生诚信失范行为意向及引导策略研究[D].兰州:西北师范大学,2022.

刘俊文.唐律疏议笺解[M].北京:中华书局,1996.

刘马可.无锡市大学生诚信教育研究[D].无锡:江南大学,2015.

刘倩楠.小学场域中的考试[D].兰州:西北师范大学,2015.

刘五景.回眸与展望:近年来研究生诚信教育研究[J].重庆交通大学学报(社会科学版),2014,14(1):101-104.

刘兴昕.大学生考场作弊的形式、原因与防治对策——以河北省高校在校本科生为例[J].文教资料,2010(16):234-236.

刘昫.旧唐书[M].北京:中华书局,1975.

刘亚军,刘丹,王婷婷,等.大学生本科毕业论文诚信分析——以卫生事业管理专业为例[J].中国农村卫生事业管理,2016,36(5):562-565.

刘玉琼.学校教育中高中生诚信行为及其影响因素的研究[D].赣州:赣南师范学院,2015.

刘玉玮.高校大学生诚信档案工作研究[D].济南:山东大学,2008.

刘玉欣.新时代大学生诚信失范治理研究[D].烟台:鲁东大学,2022.

刘媛航.护士学校学生诚信状况调查分析[J].卫生职业教育,2010,28(18):119-121.

刘知几.史通[M].上海:上海古籍出版社,1978.

娄素琴.英语专业本科毕业论文学术失范现象的成因与对策[J].高教学刊,2016(7):263-264.

陆桂平,陈龙,王小全.高校学生考试作弊问题的调查研究与对策[J].中国高等医学教育,2002(2):36-37.

陆游撰,李剑雄、刘德权点校.老学庵笔记[M].上海:上海古籍出版社,1979.

费尔德曼.儿童发展心理学:费尔德曼带你开启孩子的成长之旅[M].苏彦捷,译.北京:机械工业出版社,2024.

罗洁云.小学高年级学生考试作弊问题及对策研究[D].呼和浩特:内蒙古师范大学,2014.

罗涛.小学生诚信现状及其干预研究[D].长沙:湖南师范大学,2020.

吕毖.明朝小史[M].台北:台湾"中央图书馆",1987.

吕亚.当前中学生考试作弊的表现、成因与对策研究[D].武汉:华中师范大学,2010.

马端临.文献通考[M].北京:中华书局,2011.

马天放.大学生网络诚信问题及教育对策研究[D].沈阳:辽宁大学,2021.

梅贞.论大学生诚信教育体系建设[D].南京:南京信息工程大学,2014.

米慧平.儒家诚信思想在大学生诚信教育中的作用及实现路径[J].公关世界,2021(2):141-142.

缪荃孙,冯煦,庄蕴宽,等.江苏省通志稿·司法志[M].南京:江苏古籍出版社,2002.

母瑛.高职大学生失信行为心理机制探微[J].时代教育,2017(11):223-224.

宁佳.研究生学术诚信教育体系研究[D].成都:西南石油大学,2012.

农贵.高职院校大学生诚信教育的现状分析——以广西工业职业技术学院为例[J].企业科技与发展,2015(2):97-99.

欧阳修,宋祁.新唐书[M].北京:中华出版社,1975.

潘春艳.当今大学生的诚信危机及其对策[J].广西青年干部学院学报,2004(6):38-39.

潘攀.研究生父母养育方式、自尊与学术诚信的关系研究[D].南宁:广西民族大学,2017.

裴庭裕.东观奏记[M].北京:中华书局,1994.

彭昶阳.体育院校研究生学术诚信调查及教育对策研究[D].长沙:湖南师范大学,2012.

彭聃龄.普通心理学(修订版)[M].北京:北京师范大学出版社,2001.

祁梦诗.新时代大学生诚信道德现状及教育对策研究[D].石家庄:河北师范大学,2021.

乔庆宇.艺术类院校学生考试作弊问题及其对策[D].大连:辽宁师范大学,2018.

邱丽燕.培养大学生诚信品质践行社会主义核心价值观[J].湖北函授大学学报,2014,27(21):53-54.

丘思强.农村高中生英语作业作弊的防治研究[D].福州:福建师范大学,2014.

沈括.元刊梦溪笔谈(卷十五)[M].北京:文物出版社,1975.

沈林.大学生作业抄袭现象的根源分析及解决思路探讨[J].中国科技信息,2009(17):245-246.

施学忠,吴敏,陈姜,等.家庭教育方式与儿童青少年的心理问题[J].中国学校卫生,2002(2):111-112.

史蕊.大数据时代高校学生诚信现状研究及对策探讨[J].科教导刊(中旬刊),2018(17):184-185.

史兆新.科研诚信论[D].南京:南京师范大学,2019.

舒首立,杨沈龙,白洁,等.他人作弊与自己作弊:社会损失的中介作用和自尊的调节作用[J].心理学探新,2017,37(1):48-53.

司蓓蓓,李小鹏.大学生毕业论文剽窃现象的调查研究——以英语专业本科生为例[J].铜仁学院学报,2017,19(7):124-128.

司马光.资治通鉴[M].北京:北京时代华文书局,2014.

宋濂.元史[M].北京:中华书局,1976.

宋学敏.中学生考试作弊的现状、成因及对策[D].武汉:华中师范大学,2013.

孙蕾.多元媒介环境下诚信档案与大学生思想政治教育的耦合[J].兰台世界,2015(35):131-132.

孙腾.信息时代对大学生诚信档案构建的理性思考[J].才智,2014(33):30,33.

孙志斌.学业自立视域下作业抄袭问题的治理思路[J].教育界,2022(12):8-10.

谈壮壮.大学生诚信感及其在决策中的特点:来自行为与 ERP 的证据[D].上海:上海师范大学,2016.

唐敦.论高校思想政治中的诚信教育[J].东方企业文化,2015(11):149-150.

陶艳红,胡维治.大学生课程考试作弊的原因与对策[J].华中农业大学学报(社会科学版),2006(5):95-97.

田琨.大学生诚信危机的调查研究[D].郑州:河南农业大学,2010.

田勇.高职院校大学生诚信教育研究——以泸州职业技术学院为例[J].科技风,2015(22):238,2053.

脱脱.金史[M].北京:中华书局,2020.

脱脱.宋史[M].北京:中华书局,1985.

万时吉.高职院校"90 后"大学生诚信现状分析及对策研究[J].学园,2015(9):48.

王博,李鹏.高职院校学生考试作弊情况的回归分析——以徐州工业职业技术学院为例[J].煤炭高等教育,2009,27(3):54-56.

王丹.我国小学低年级学生诚信知行冲突的现状、原因及教育建议[D].大连:辽宁师范大学,2009.

王定保.唐摭言[M].上海:上海古籍出版社,2012.

王夫之.读通鉴论[M].北京:中华书局,1975.

王国洪.论诚信教育在构建和谐社会中的重大意义[J].四川教育学院学报,2010,26(8):38-40.

王金彪,张丽霞.大学生考试作弊的现状调查及其对策[J].大学教育科学,2004(1):37-40.

王琳.在线教学中教师关怀行为、学业诚信与在线学习投入的关系研究[D].大连:辽宁师范大学,2022.

王娜娜,张德强.迷茫与出路:社会学视角下大学生考试作弊实例探析[J].现代教育科学,2015(1):133-136,140.

王溥.唐会要[M].上海:上海古籍出版社,1991.

王姝.对大学生诚信问题的调研[J].中共山西省委党校学报,2010,33(3):124-126.

王思.当前大学生诚信问题研究[D].贵阳:贵州大学,2016.

王欣.金融专业大学生诚信教育[J].人才资源开发,2015(18):115-116.

王学谦,何洁,邢相鑫.大学生作弊行为的成因及对策研究[J].考试周刊,2015(9):6-8.

王妍.大数据与高校诚信文化传播的联动研究[J].黑龙江高教研究,2018(2):136-139.

王一波,黄菡,刁凤琴.大学生课程考试作弊行为诱因分析及对策研究[J].教育教学论坛,2021(47):15-19.

王怡诺.地方院校本科生学术诚信行为影响因素研究[D].石家庄:河北师范大学,2022.

王永会.地方高校本科生学风调查与学风建设研究[D].石家庄:河北科技大学,2019.

王友智,唐业森.教育惩戒背景下高中生作弊问题应对策略[J].基础教育参考,2021(12):

32-34.

王占文.大学生诚信问题及对策研究[D].石家庄:河北师范大学,2014.

王政阳.大数据背景下大学生学术诚信教育研究[D].太原:中北大学,2024.

王之望.汉滨集[M].上海:上海书店出版社,1994.

韦国善.教育失信的反思与重建[J].教育与职业,2010(24):169-171.

魏徵.隋书[M].北京:中华书局,1973.

吴嫦娥,曹春.大学生作弊现状分析及对策研究[J].科教导刊(上旬刊),2011(23):49-50,64.

吴静茹.基于协同知识建构的大学生在线学业诚信教学模式设计与应用研究[D].大连:辽宁
    师范大学,2023.

吴明奇.浅议考试作弊的治理[D].北京:中央民族大学,2011.

吴庆红.高校学风建设视阈下医学生考试作弊现象的审视与治理——以丽水某医学院为例
    [J].卫生职业教育,2014,32(17):36-37.

吴韶华.远程教育学生考试作弊现象调查与对策研究[J].继续教育研究,2012(10):64-65.

吴星,项瑜,张小佩,等.高校大学生考试作弊现状及其成因研究[J].时代教育,2013(13):
    66-67.

吴自牧.梦粱录[M].杭州:浙江人民出版社,1984.

伍文献,程翠萍.小学生学业诚信问题的相关调查及研究[J].西部素质教育,2018,4(13):
    30-31.

夏景贤,植奇聪,邓梓柔,等.在校大学生诚信度调查[J].合作经济与科技,2021(15):190-192.

向佳玲.对农林高校大学生诚信现状的调查与思考[J].华中农业大学学报(社会科学版),2009
    (2):61-64.

谢建文.小学生诚信教育现状及对策研究[J].新课程学习(下),2014(5):176-177.

谢晶.高校学生诚信现状及诚信体系建设研究[J].太原城市职业技术学院学报,2014(7):
    55-56.

谢新民.新形势下职业院校违纪违法犯罪学生教育管理的探讨[J].卫生职业教育,2005(19):
    28-29.

谢拥军.现行中小学德育实效性低下的原因分析及对策研究[D].南昌:江西师范大学,2006.

熊克.中兴小纪[M].北京:商务印书馆,1936.

徐群伟.注重数学德育功能培养学生诚信品质[J].新课程(教育学术),2010(5):207-209.

徐树丕.识小录[M].台北:新兴书局,1985.

徐松.宋会要辑稿[M].上海:上海古籍出版社,2014.

徐卫民.本科生科研道德规范研究[D].福州:福建师范大学,2010.

徐亚萍.高职院校大学生学业作弊的影响因素及对策研究[J].前沿,2016(2):75-79.

杨华英.当代中学生诚信教育探析[D].桂林:广西师范大学,2005.

杨慧.扎根理论视角下体育专业大学生课程考试舞弊与学习拖延研究[D].长沙:湖南师范大学,2014.

杨柳群.高校在线评估中学术诚信及测试安全研究[J].高教学刊,2023,9(35):22-25,30.

杨靖,陈晓媛.关于大学生诚信档案建设问题的若干思考——基于合肥市几所高校的实地调研[J].山西档案,2015(2):95-98.

杨琪.初中生诚信观:现状、问题与对策[D].武汉:华中师范大学,2011.

杨珊,王丽平.应用型高校学生专业课作业抄袭现象调查分析与应对[J].山东化工,2019,48(4):163-164.

杨萱.研究生诚信教育问题及对策研究[D].哈尔滨:东北林业大学,2007.

杨学智,赵志超,金坎辉.新时代"十育人"背景下高校机械类学生诚信教育路径研究[J].南方农机,2021,52(19):84-87.

姚素月.高职院校学生诚信问题与对策——以泉州市部分高职院校为例[J].天津中德应用技术大学学报,2020(1):71-75.

姚晓丹,唐芊尔.学术道德这一课,需从中小学补起[J].云南教育(视界综合版),2020(9):21-24.

姚秀琴.高中生作业抄袭的原因及对策研究[J].新课程(下),2017(2):35.

姚远.多维视野下高校考试作弊成因与对策研究[D].西安:西安工业大学,2015.

易思.大学生学业欺骗行为模型建构[D].成都:四川师范大学,2011.

于辰.如何培养小学生的诚信之我见[J].科学中国人,2014(12):177.

于旭蓉,高雪梅,孙谦.地方高校研究生诚信教育体系的内涵、维度及路径[J].当代教育实践与教学研究,2018(1):66-67.

于艳华.高职院校学生诚信教育意义及途径探究[J].辽宁高职学报,2015,17(6):99-101.

俞汝.礼部志稿[M].台北:台湾商务印书馆,1986.

俞晓婷.小学校园诚信生活的构筑[D].金华:浙江师范大学,2010.

袁建周.初中生诚信教育的实践研究[D].上海:上海师范大学,2015.

袁盼盼.初中生诚信品质形成机制及教育构建[D].无锡:江南大学,2016.

张宝玉.民办院校学生诚信教育研究[D].哈尔滨:黑龙江科技大学,2015.

张蓓.大学生考试作弊问题的分析与对策[D].长沙:湖南师范大学,2013.

张诚.小学生抄袭他人作业的原因与应对措施[J].小学教学参考,2017(18):95.

张峰峰,刘伟杰,霍燃.新时代青少年诚信行为发展现状及影响因素探析——基于 77367 个青
    少年的实证调查[J].征信,2022,40(3):66-71.

张高科.当代大学生诚信危机的原因分析及对策[J].咸阳师范学院学报,2005(6):59-61.

张固.幽闲鼓吹[M].北京:中华书局,1958.

张海生.遏制抄袭,教育在行动[J].新课程研究(上旬刊),2014(4):33-36.

张红梅.青少年诚信道德教育探析[D].南京:南京师范大学,2004.

张欢.大学生考试舞弊现象及对策分析[J].法制与社会,2006(19):173-174.

张惠琴,李俊儒,段慧.中国大学生"抄袭、剽窃"概念实证研究——中、美大学生 plagiarism 概
    念比较[J].外语研究,2008(2):66-71.

张慧.当代大学生诚信教育问题研究[D].兰州:西北师范大学,2020.

张乐.关于考试作弊道德制约机制研究[D].长春:吉林财经大学,2012.

张力力,汪俞辰.大学生学术诚信教育体系建设研究[J].教育教学论坛,2015(34):217-218.

张能云.大学生考试诚信问题研究[D].石家庄:河北师范大学,2013.

张倩.大学生诚信状况调查与诚信体制建构[D].济南:山东大学,2005.

张冉冉,陈永,黄列玉.同伴关系对大学生考试作弊决策的影响:性别差异的调节作用[J].教育
    教学论坛,2020(1):87-89.

张芮.小学生学业不诚信行为及其影响因素研究[D].杭州:杭州师范大学,2019.

张恬恬.班级内的师生互动类型对低年级小学生诚信观发展的影响[D].大连:辽宁师范大

学,2007.

张廷玉.明史[M].北京:中华书局,1974.

张玮.大学生与中小学生考试作弊现象的比较研究[J].商丘职业技术学院学报,2014,13(1):33-34.

张文学.大学生诚信综合评价体系研究[J].大学教育,2016(3):78-79.

张晓瑞,张华.医学本科生学术诚信认知现状及影响因素调查[J].护理研究,2018,32(13):2133-2137.

张英丽,褚岩.社会学习、认知、态度对大学生学术失范影响的实证分析[J].黑龙江高教研究,2014(9):5-8.

张钊.南京高校本科生诚信现状调查报告[J].才智,2010(17):268-269.

赵丹霄.民办高校大学生诚信教育机制建设[J].现代交际,2021(23):218-220.

赵尔巽,等.清史稿[M].北京:中华书局,1976.

赵立,郑怡,李松泽,等.儿童早期作弊行为发展与诚信教育[M].杭州:浙江大学出版社,2022.

赵立,郑怡,赵均榜,等.人工智能方法在探究小学生作业作弊行为及其关键预测因子中的应用[J].心理学报,2024,56(2):239-254.

赵帅.小学高年级学生诚信现状研究[D].大连:辽宁师范大学,2016.

赵新宇.当今大学生诚信缺失及对策研究[D].武汉:武汉轻工大学,2016.

郑璘玲.小学少先队员诚信现状及其教育对策研究[D].福州:福建师范大学,2017.

郑印乐.高职院校学生考试诚信分析及对策[J].职教通讯,2016(5):46-47,63.

郑煜.新时代大学生诚信培育研究[D].太原:山西农业大学,2020.

朱鹏.同伴关系对初中生价值观的影响[D].武汉:华中科技大学,2006.

朱晓利.小学生语文学习中抄作业行为矫正的思考[J].黑龙江教育(理论与实践),2014(11):13-14.

Ababneh K I, Ahmed K, Dedousis E. Predictors of cheating in online exams among business students during the Covid pandemic: Testing the theory of planned behavior[J]. The International Journal of Management Education,2022,20(3):100713.

Achenbach T M. The Child Behavior Checklist and Related Instruments[M]//Maruish M E.

The Use of Psychological Testing for Treatment Planning and Outcomes Assessment. 2nd ed. Mahwah: Lawrence Erlbaum Associates Publishers,1999.

Agnew R, White H R. An empirical test of general strain theory[J]. Criminology,1992,30 (4):475-500.

Ajzen I. Perceived behavioral control, self-efficacy, locus of control, and the theory of planned behavior 1[J]. Journal of Applied Social Psychology,2002,32(4):665-683.

Ajzen I. The Theory of planned behavior[J]. Organizational Behavior and Human Decision Processes,1991,50(2):179-211.

Akeley Spear J, Miller A N. The effects of instructor fear appeals and moral appeals on cheating-related attitudes and behavior of university students[J]. Ethics & Behavior,2012, 22(3):196-207.

Alan S, Ertac S, Gumren M. Cheating and incentives in a performance context: Evidence from a field experiment on children[J]. Journal of Economic Behavior & Organization,2020, 179:681-701.

Alguacil M, Herranz-Zarzoso N, Pernías J C, et al. Academic dishonesty and monitoring in online exams: A randomized field experiment [J]. Journal of Computing in Higher Education,2024,36(3):835-851.

Allen J W P, Lewis M. Who peeks: Cognitive, emotional, behavioral, socialization, and child correlates of preschoolers' resistance to temptation[J]. European Journal of Developmental Psychology,2020,17(4):481-503.

Alsabhan W. Student cheating detection in higher education by implementing machine learning and LSTM techniques[J]. Sensors,2023,23(8):4149.

Alloy L B. The role of perceptions and attributions for response-outcome noncontingency in learned helplessness: A commentary and discussion[J]. Journal of Personality,1982,50 (4):443-479.

Anderman E M, Anderman L H, Yough M S, et al. Value-added models of assessment: Implications for motivation and accountability[J]. Educational Psychologist,2010,45(2):

123-137.

Anderman E M, Danner F. Achievement goals and academic cheating[J]. Revue Internationale De Psychologie Sociale,2008,21(1):155-180.

Anderman E M, Gilman R, Liu X, et al. The relations of inattention and hyperactivity to academic cheating in adolescents with executive functioning problems[J]. Psychology in the Schools,2022,59(4):784-799.

Anderman E M, Griesinger T, Westerfield G. Motivation and cheating during early adolescence[J]. Journal of Educational Psychology,1998,90(1):84.

Anderman E M, Midgley C. Changes in self-reported academic cheating across the transition from middle school to high school[J]. Contemporary Educational Psychology,2004,29(4): 499-517.

Anderman E M, Murdock T B. Psychology of Academic Cheating [M]. Amsterdam: Elsevier,2011.

Anderman L H. Classroom goal orientation, school belonging and social goals as predictors of students' positive and negative affect following the transition to middle school[J]. Journal of Research & Development in Education,1999,32(2):89-103.

Anderson P. Assessment and development of executive function (EF) during childhood[J]. Child Neuropsychology,2002,8(2):71-82.

Antion D L, Michael W B. Short-term predictive validity of demographic, affective, personal, and cognitive variables in relation to two criterion measures of cheating behaviors[J]. Educational and Psychological Measurement,1983,43(2):467-482.

Aruğaslan E. Examining the relationship of academic dishonesty with academic procrastination, and time management in distance education[J]. Heliyon,2024,10(19).

Arunkumar R, Midgley C, Urdan T. Perceiving high or low home-school dissonance: Longitudinal effects on adolescent emotional and academic well-being [J]. Journal of Research on Adolescence,1999,9(4):441-466.

Arvidson C J. The anatomy of academic dishonesty: Cognitive development, self-concept, neutralization techniques, and attitudes toward cheating[D]. Austin: University of North Texas, 2004.

Ashton M C, Lee K. The HEXACO-60: A short measure of the major dimensions of personality[J]. Journal of Personality Assessment, 2009, 91(4): 340-345.

Aslam M S, Mian S N. The impact of personality traits on academic dishonesty among Pakistan students[J]. The Journal of Commerce, 2011, 3(2): 50.

Athanasou J A, Olasehinde O. Male and female differences in self-report cheating[J]. Practical Assessment, Research, and Evaluation, 2002, 8(1): 5.

Atkins B E, Atkins R E. A study of the honesty of prospective teachers[J]. The Elementary School Journal, 1936, 36(8): 595-603.

Atkinson J W. Motives in Fantasy, Action, and Society: A Method of Assessment and Study [M]. Princeton: Van Nostrand, 1958.

Austin Z, Collins D, Remillard A, et al. Influence of attitudes toward curriculum on dishonest academic behavior[J]. American Journal of Pharmaceutical Education, 2006, 70(3): 50.

Automatic decoding of facial movements reveals deceptive pain expressions[J]. Current Biology, 2014, 24(7): 738-743.

Azam M, Naeem S B. Academic integrity among medical students and postgraduate trainees in the teaching hospitals of South Punjab Pakistan [J]. Health Information & Libraries Journal, 2022, 39(4): 377-384.

Baack D, Fogliasso C, Harris J. The personal imapact of ethical decisiosn: A social penetration theory[J]. Journal of Business Ethics, 2000, 24: 39-49.

Baird Jr J S. Current trends in college cheating[J]. Psychology in the Schools, 1980, 17(4): 515-522.

Bakar-Corez A, Kocaman-Karoglu A. E-dishonesty among postgraduate students and its relation to self-esteem [J]. Education and Information Technologies, 2024, 29 (7): 8275-8300.

Baker R K, Thornton B, Adams M. An evaluation of the effectiveness of Turnitin. com as a tool for reducing plagiarism in graduate student term papers[J]. College Teaching Methods & Styles Journal,2008,4(9):1-4.

Baldwin Jr D C, Daugherty S R, Rowley B D, et al. Cheating in medical school: A survey of second-year students at 31 schools[J]. Academic medicine,1996,71(3):267-73.

Bandura A. Behavior theory and the models of man[J]. American Psychologist,1974,29 (12):859.

Bandura A. Self-efficacy: The Exercise of Control[M]. New York: Freeman,1997.

Bassey B A, Iruoje J. Test anxiety, attitude to schooling, parental influence, and peer pressure as predictors of students cheating tendencies in examination in Edo state, Nigeria[J]. Global Journal of Social Sciences,2016,15(1):39-46.

Baughman H M, Jonason P K, Lyons M, et al. Liar liar pants on fire: Cheater strategies linked to the Dark Triad[J]. Personality and Individual Differences,2014,71:35-38.

Bayrak H U. The Examination of Preschool Children's Views on Rules[J]. HAYEF: Journal of Education,2021,18(1):66-84.

Bernardi R A, Banzhoff C A, Martino A M, et al. Challenges to academic integrity: Identifying the factors associated with the cheating chain[J]. Accounting Education,2012, 21(3):247-263.

Bernardi R A, Bilinsky S A, Chase C H, et al. Decreasing Cheating and Increasing Whistle-Blowing in the Classroom: A Replication Study[M]//Costa A J. Accounting Ethics Education. London: Routledge,2021.

Bernardi R A, Metzger R L, Scofield Bruno R G, et al. Examining the decision process of students' cheating behavior: An empirical study[J]. Journal of Business Ethics,2004,50: 397-414.

Bertram Gallant T, Anderson M G, Killoran C. Academic integrity in a mandatory physics lab: The influence of post-graduate aspirations and grade point averages[J]. Science and engineering ethics,2013,19:219-235.

Bing M N, Davison H K, Vitell S J, et al. An experimental investigation of an interactive model of academic cheating among business school students[J]. Academy of Management Learning & Education,2012,11(1):28-48.

Błachnio A, Weremko M. Academic cheating is contagious: The influence of the presence of others on honesty. A study report[J]. International Journal of Applied Psychology,2011,1(1):14-19.

Błachnio A. Don't cheat, be happy. Self-control, self-beliefs, and satisfaction with life in academic honesty: A cross-sectional study in Poland [J]. Scandinavian Journal of Psychology,2019,60(3):261-266.

Blanco Q A, Carlota M L, Nasibog A J, et al. Probing on the relationship between students' self-confidence and self-efficacy while engaging in online learning amidst COVID-19[J]. Journal La Edusci,2020,1(4):16-25.

Bolin A U. Self-control, perceived opportunity, and attitudes as predictors of academic dishonesty[J]. The Journal of Psychology,2004,138(2):101-114.

Bong M. Effects of parent-child relationships and classroom goal structures on motivation, help-seeking avoidance, and cheating[J]. The Journal of Experimental Education,2008,76(2):191-217.

Bowers W J. Student Dishonesty and Its Control in College [M]. New York: Columbia University Press,1964.

Brandes B. Academic Honesty: A Special Study of California Students [M]. Sacramento: California State Department of Education, Bureau of Publications,1986.

Brannon R. The Male Sex Role: Our Culture's Blueprint of Manhood, and What It's Done for Us Lately[M]//David D S, Brannon R. The Forty-Nine Percent Majority: The Male Sex Role. Boston: Reading: Addison-Wesley,1976.

Brdar I, Rijavec M, Loncaric D. Goal orientations, coping with school failure and school achievement[J]. European Journal of Psychology of Education,2006(21):53-70.

Bretag T, Harper R, Burton M, et al. Contract cheating: A survey of Australian university students[J]. Studies in Higher Education,2019,44(11):1837-1856.

Brown D. A comparison of student attitudes and perceptions regarding academic dishonesty of selected class groups in 1980 and 1983 at Iowa State University[D]. Ames: Iowa State University,1984.

Brownell H C. Mental test traits of college cribbers[J]. School & Society,1928:27,764.

Brownwright T. Spatial analysis of measles vaccination rates, East Africa:2007-2011[D]. Pittsburgh : University of Pittsburgh,2013.

Brown-Wright L, Tyler K M, Stevens-Watkins D, et al. Investigating the link between home-school dissonance and academic cheating among high school students[J]. Urban Education, 2013,48(2):314-334.

Brown-Wright L, Tyler K M. The effects of home—school dissonance on African American male high school students[J]. The Journal of Negro Education,2010,79(2):125-136.

Bruer K C, Zanette S, Ding X P, et al. Identifying liars through automatic decoding of children's facial expressions[J]. Child Development,2020,91(4):e995-e1011.

Bruggeman E L, Hart K J. Cheating, lying, and moral reasoning by religious and secular high school students[J]. The Journal of Educational Research,1996,89(6):340-344.

Brunell A B, Staats S, Barden J, et al. Narcissism and academic dishonesty: The exhibitionism dimension and the lack of guilt[J]. Personality and Individual Differences,2011,50(3): 323-328.

Bultas M W, McMillin S E, Broom M A, et al. Brief, rapid response, parenting interventions within primary care settings[J]. The Journal of Behavioral Health Services & Research, 2017,44:695-699.

Bryant E, Schimke E B, Nyseth Brehm H, et al. Techniques of neutralization and identity work among accused genocide perpetrators[J]. Social Problems,2018,65(4):584-602.

Bucciol A, Cicognani S, Montinari N. Cheating in university exams: the relevance of social factors[J]. International Review of Economics,2020,67:319-338.

Bucciol A, Montinari N. Dishonesty in behavioral economics[M]. London: Elsevier Science & Technology Books,2019.

Bushway A, Nash W R. School cheating behavior[J]. Review of Educational Research, 1977, 47(4):623-632.

Büyüksoy G D, Özdil K, Çatıker A. Is there a relationship between nursing students' perceptions of dishonesty and attitudes towards medical errors? [J]. Nurse Education Today, 2024, 139:106233.

Campbell W G. A Comparative Investigation of the Behavior of Students Under an Honor System and a Proctor System in the Same University[M]. Los Angeles: University of Southern California Press, 1935.

Canning R R. Does an honor system reduce class-room cheating? An experimental answer[J]. The Journal of Experimental Education, 1956, 24(4):291-296.

Harding T S, Carpenter D D, Finelli C J, et al. Does academic dishonesty relate to unethical behavior in professional practice? An exploratory study[J]. Science and Engineering Ethics, 2004, 10:311-324.

Harding T S, Carpenter D D, Finelli C J, et al. Engineering students' perceptions of and attitudes towards cheating[J]. Journal of Engineering Education, 2006, 95(3):181-194.

Carrell S E, Malmstrom F V, West J E. Peer effects in academic cheating[J]. Journal of human resources, 2008, 43(1):173-207.

Cazan A M, Iacob C. Academic dishonesty, personality traits and academic adjustment[J]. Bulletin of the Transilvania University of Brașov, Series Ⅶ: Social Sciences and Law, 2017, 10(2):59-66.

Centra J A. College freshman attitudes toward cheating[J]. The Personnel and Guidance Journal, 1970, 48(5):366-373.

Chan R Y K, Cheng L T W, Szeto R W F. The dynamics of guanxi and ethics for Chinese executives[J]. Journal of Business Ethics, 2002, 41:327-336.

Chapman K J, Davis R, Toy D, et al. Academic integrity in the business school environment: I'll get by with a little help from my friends[J]. Journal of Marketing Education, 2004, 26(3):236-249.

Chen C. CiteSpace Ⅱ: Detecting and visualizing emerging trends and transient patterns in scientific literature [J]. Journal of the American Society for information Science and Technology,2006,57(3):359-377.

Cheng C、Cheung S F, Chio J H, et al. Cultural meaning of perceived control: A meta-analysis of locus of control and psychological symptoms across 18 cultural regions[J]. Psychological Bulletin,2013,139(1):152.

Cheung H Y、Wu J, Huang Y. Why do Chinese students cheat? Initial findings based on the self-reports of high school students in China[J]. The Australian Educational Researcher, 2016,43:245-271.

Chodorow, N. Feminism and Psychoanalytic Thinking [M]. New Haven: Yale University Press,1989.

Cialdini R B, Demaine L J, Sagarin B J, et al. Managing social norms for persuasive impact [J]. Social Influence,2006,1(1):3-15.

Cialdini R B, Reno R R、Kallgren C A. A focus theory of normative conduct: Recycling the concept of norms to reduce littering in public places[J]. Journal of Personality and Social Psychology,1990,58(6):1015.

Cialdini R B. Crafting normative messages to protect the environment[J]. Current Directions in Psychological Science,2003,12(4):105-109.

Cialdini R B. Descriptive social norms as underappreciated sources of social control [J]. Psychometrika,2007,72:263-268.

Cizek G J. Cheating on Tests: How to Do It, Detect It, and Prevent It [M]. London: Routledge,1999.

Clariana M、Gotzens C, del Mar Badia M, et al. Procrastination and cheating from secondary school to university[J]. Electronic Journal of Research in Educational Psychology,2012,10 (2):737-754.

Conner J O, Miles S B, Pope D C. How many teachers does it take to support a student?: Examining the relationship between teacher support and adverse health outcomes in high-performing, pressure-cooker high schools[J]. The High School Journal,2014,98(1): 22-42.

Conner J O, Pope D C. Not just robo-students: Why full engagement matters and how schools can promote it[J]. Journal of Youth and Adolescence,2013,42:1426-1442.

Coopersmith S. The Antecedents of Self-Esteem[M]. San Francisco: W. H. Freeman,1967.

Costa Jr P T, McCrae R R. NEO Personality Inventory-Revised (NEO PI-R) and NEO Five-Factor Inventory (NEO-FFI) Professional Manual[M]. Odessa: Psychological Assessment Resources,1992.

Crandall V C, Crandall V J, Katkovsky W. A children's social desirability questionnaire[J]. Journal of Consulting Psychology,1965,29(1):27.

Crandall V C, Katkovsky W, Crandall V J. Children's beliefs in their own control of reinforcements in intellectual-academic achievement situations[J]. Child Development, 1965,36:91-109.

Crittenden V L, Hanna R C, Peterson R A. The cheating culture: A global societal phenomenon[J]. Business Horizons,2009,52(4):337-346.

Cronan T P, Mullins J K, Douglas D E. Further understanding factors that explain freshman business students' academic integrity intention and behavior: Plagiarism and sharing homework[J]. Journal of Business Ethics,2018,147:197-220.

Cropanzano R, Anthony E L, Daniels S R, et al. Social exchange theory: A critical review with theoretical remedies[J]. Academy of Management Annals,2017,11(1):479-516.

Crown D F, Spiller M S. Learning from the literature on collegiate cheating: A review of empirical research[J]. Journal of Business Ethics,1998,17(6):683-700.

Cuadrado D, Salgado J F, Moscoso S. Individual differences and counterproductive academic behaviors in high school[J]. Plos One,2020,15(9):e0238892.

Cuadrado D, Salgado J F, Moscoso S. Personality, intelligence, and counterproductive academic behaviors: A meta-analysis[J]. Journal of Personality and Social Psychology, 2021,120(2):504.

Curtis G J, Popal R. An examination of factors related to plagiarism and a five-year follow-up of plagiarism at an Australian university[J]. International Journal for Educational Integrity,2011,7(1):30-42.

Curtis G J, McNeill M, Slade C, et al. Moving beyond self-reports to estimate the prevalence of commercial contract cheating: An Australian study[J]. Studies in Higher Education, 2022,47(9):1844-1856.

Dahiya S, Dahiya R. Effect of educational anxiety and gender on academic cheating of secondary school students: An analytical study[J]. International Journal of Research in Social Sciences,2019,9(6):475-486.

Daumiller M, Janke S. The impact of performance goals on cheating depends on how performance is evaluated[J]. AERA Open,2019,5(4):2332858419894276.

Daumiller M, Janke S. Effects of performance goals and social norms on academic dishonesty in a test[J]. British Journal of Educational Psychology,2020,90(2):537-559.

Daumiller M, Stupnisky R, Janke S. Motivation of higher education faculty: Theoretical approaches, empirical evidence, and future directions[J]. International Journal of Educational Research,2020,99:101502.

Davis S F, Drinan P F, Bertram Gallant T. Cheating in School: What We Know and What We Can Do[M]. Malden: Wiley-Blackwell,2009.

Davis S F, Grover C A, Becker A H, et al. Academic dishonesty: Prevalence, determinants, techniques, and punishments[J]. Teaching of Psychology,1992,19(1):16-20.

Davis S F, Ludvigson H W. Additional data on academic dishonesty and a proposal for remediation[J]. Teaching of Psychology,1995,22(2):119-121.

Davy J A, Kincaid J F, Smith K J, et al. An examination of the role of attitudinal characteristics and motivation on the cheating behavior of business students[J]. Ethics & Behavior,2007,17(3):281-302.

Day E A, Radosevich D J, Chasteen C S. Construct-and criterion-related validity of four commonly used goal orientation instruments[J]. Contemporary Educational Psychology,

2003,28(4):434-464.

Dee T S, Jacob B A. Rational ignorance in education: A field experiment in student plagiarism [J]. Journal of Human Resources,2012,47(2):397-434.

Dejene W. Academic cheating in Ethiopian secondary schools: Prevalence, perceived severity, and justifications[J]. Cogent Education,2021,8(1):1866803.

Del Carlo D, Bodner G. Dishonesty in the biochemistry classroom laboratory: A synthesis of causes and prevention[J]. Biochemistry and Molecular Biology Education,2006,34(5): 338-342.

Dendir S, Maxwell R S. Cheating in online courses: Evidence from online proctoring[J]. Computers in Human Behavior Reports,2020,2:100033.

DeVries D L, Ajzen I. The relationship of attitudes and normative beliefs to cheating in college [J]. The Journal of Social Psychology,1971,83(2):199-207.

DeYoung C G, Weisberg Y J, Quilty L C, et al. Unifying the aspects of the Big Five, the interpersonal circumplex, and trait affiliation[J]. Journal of Personality,2013,81(5): 465-475.

Diamond A. The Early Development of Executive Functions[M]//Bialystok E, Craik F I M. Lifespan Cognition: Mechanisms of Change. New York: Oxford University Press,2006.

Diego L A B. Friends with benefits: Causes and effects of learners' cheating practices during examination[J]. IAFOR Journal of Education,2017,5(2):121-138.

Dilchert S, Ones D S, Davis R D, et al. Cognitive ability predicts objectively measured counterproductive work behaviors[J]. Journal of Applied Psychology,2007,92(3):616.

Ding X P, Omrin D S, Evans A D, et al. Elementary school children's cheating behavior and its cognitive correlates[J]. Journal of Experimental Child Psychology,2014,121:85-95.

Duckworth A, Gross J J. Self-control and grit: Related but separable determinants of success [J]. Current Directions in Psychological Science,2014,23(5):319-325.

Dweck C S, Leggett E L. A social-cognitive approach to motivation and personality[J]. Psychological Review,1988,95(2):256.

Eastman K L，Eastman J K，Iyer R. Academic dishonesty：An exploratory study examining whether insurance students are different from other college students[J]. Risk Management and Insurance Review,2008,11(1):209-226.

Eden D. Means Efficacy：External Sources of General and Specific Subjective Efficacy[M]// Erez M，Kleinbeck U，Thierry H. Work Motivation in the Context of a Globalizing Economy. Hillsdale：Lawrence Erlbaum Associates,2001.

Ellenberg S S. Meta-analysis：The quantitative approach to research review[J] Seminars in Cncology,1988,15(5):472-481.

Estep H M，Olson J N. Parenting style，academic dishonesty，and infidelity in college students [J]. College Student Journal,2011,45(4):830-839.

Evans A D，Lee K. Emergence of lying in very young children[J]. Developmental Psychology, 2013,49(10):1958.

Evans A D，Lee K. Promising to tell the truth makes 8-to 16-year-olds more honest[J]. Behavioral Sciences & the Law,2010,28(6):801-811.

Evans A D，Xu F，Lee K. When all signs point to you：Lies told in the face of evidence[J]. Developmental Psychology,2011,47(1):39.

Farmer L. Using technology for storytelling：Tools for children[J]. New Review of Children's Literature and Librarianship,2004,10(2):155-168.

Feld L D，Shusterman A. Into the pressure cooker：Student stress in college preparatory high schools[J]. Journal of Adolescence,2015,41:31-42.

Feldman F，Cantor D，Soll S，et al. Psychiatric study of a consecutive series of 34 patients with ulcerative colitis[J]. British Medical Journal,1967,3(5556):14.

Feldman R S. Development Across the Life Span[M]. Auckland：Pearson Education New Zealand,2006.

Feldman S E，Feldman M T. Transition of sex differences in cheating[J]. Psychological Reports,1967,20(3):957-958.

Felsinger D，Halloluwa T，Fonseka I. Video based action detection for online exam proctoring in resource-constrained settings[J]. Education and Information Technologies, 2024, 29 (10):12077-12091.

Finn K V, Frone M R. Academic performance and cheating: Moderating role of school identification and self-efficacy[J]. The Journal of Educational Research, 2004, 97(3): 115-121.

Fischer C T. Levels of cheating under conditions of informative appeal to honesty, public affirmation of value, and threats of punishment[J]. The Journal of Educational Research, 1970,64(1):12-16.

Franklyn-Stokes A, Newstead S E. Undergraduate cheating: Who does what and why? [J]. Studies in Higher Education,1995,20(2):159-172.

Fritz T, González Cruz H, Janke S, et al. Elucidating the associations between achievement goals and academic dishonesty: A meta-analysis[J]. Educational Psychology Review,2023, 35(1):33.

Fu G, Heyman G D, Qian M, et al. Young children with a positive reputation to maintain are less likely to cheat[J]. Developmental Science,2016,19(2):275-283.

Gallagher J R, Wagner K. Comparing student and writing instructor perceptions of academic dishonesty when collaborators are artificial intelligence or human[J]. Journal of Business and Technical Communication,2024,38(3):266-288.

Galloway M K. Cheating in advantaged high schools: Prevalence, justifications, and possibilities for change[J]. Ethics & Behavior,2012,22(5):378-399.

Gardner W M, Melvin K B. A scale for measuring attitude toward cheating[J]. Bulletin of the Psychonomic Society,1988,26(5):429-432.

Gaumer Erickson A S, Noonan P M. The Skills that Matter: Teaching Interpersonal and Intrapersonal Competencies in any Classroom[M]. Thousand Oaks: Corwin,2018.

Gawronski B. Attitudes can be measured! But what is an attitude? [J]. Social Cognition,2007, 25(5):573-581.

Geddes K A. Academic dishonesty among gifted and high-achieving students[J]. Gifted Child

Today,2011,34(2):50-56.

Gentina E, Tang T L P, Dancoine P F. Does Gen Z's emotional intelligence promote iCheating (cheating with iPhone) yet curb iCheating through reduced nomophobia? [J]. Computers & Education,2018,126:231-247.

Gentina E, Tang T L P, Gu Q. Does bad company corrupt good morals? Social bonding and academic cheating among French and Chinese teens[J]. Journal of Business Ethics,2017, 146:639-667.

Ghanem C M, Mozahem N A. A study of cheating beliefs, engagement, and perception—The case of business and engineering students[J]. Journal of Academic Ethics, 2019, 17: 291-312.

Ghias K, Lakho G R, Asim H, et al. Self-reported attitudes and behaviours of medical students in Pakistan regarding academic misconduct: A cross-sectional study[J]. BMC Medical Ethics:2014,15:1-14.

Gilbert K, Pedhazur Schmelkin L, Levine N, et al. A multidimensional scaling analysis of perceptions of academic dishonesty among fifth-grade students[J]. Ethics & Behavior, 2011,21(6):471-480.

Gilligan C. In a Different Voice: Psychological Theory and Women's Development[M]. Cambridge: Harvard University Press,1993.

Gino F, Bazerman M H. When misconduct goes unnoticed: The acceptability of gradual erosion in others' unethical behavior[J]. Journal of Experimental Social psychology,2009,45(4): 708-719.

Gino F, Pierce L. The abundance effect: Unethical behavior in the presence of wealth[J]. Organizational Behavior and Human Decision Processes,2009,109(2):142-155.

Glaser B G, Strauss A L, Strutzel E. The discovery of grounded theory: Strategies for qualitative research[J]. Nursing Research,1968,17(4):364.

Goldberg L R. An alternative "description of personality": The Big-Five factor structure[J]. Journal of Personality and Social Psychology,1990,59(6):1216-1229.

Good K，Shaw A. Achieving a good impression：Reputation management and performance goals[J]. Wiley Interdisciplinary Reviews：Cognitive Science,2021,12(4):e1552.

Goodman R. The Strengths and Difficulties Questionnaire：A research note[J]. Journal of Child Psychology and Psychiatry,1997,38(5):581-586.

Gorman D M，Elkins A D，Lawley M. A systems approach to understanding and improving research integrity[J]. Science and Engineering Ethics,2019,25:211-229.

Gottfredson M R. A General Theory of Crime[M]. Redwood City：Stanford University Press,1990.

Graves S M. Student cheating habits：A predictor of workplace deviance[J]. Journal of Diversity Management,2008,3(1):15-22.

Greenwood M，Walkem K，Smith L M，et al. Postgraduate nursing student knowledge, attitudes，skills，and confidence in appropriately referencing academic work[J]. Journal of Nursing Education,2014,53(8):447-452.

Grinnell F，Dalley S，Reisch J. High school science fair：Positive and negative outcomes[J]. PloS One,2020,15(2):e0229237.

Hagger M S，Wood C，Stiff C，et al. Ego depletion and the strength model of self-control：A meta-analysis[J]. Psychological Bulletin,2010,136(4):495.

Haines V J，Diekhoff G M，LaBeff E E，et al. College cheating：Immaturity，lack of commitment，and the neutralizing attitude[J]. Research in Higher Education,1986,25: 342-354.

Haque S T M，Mohammad S N. Administrative Culture and Incidence of Corruption in Bangladesh：A Search for the Potential Linkage [M]//Administrative Culture in Developing and Transitional Countries. New York：Routledge,2016.

Hard S F，Conway J M，Moran A C. Faculty and college student beliefs about the frequency of student academic misconduct [J]. The Journal of Higher Education, 2006, 77 (6): 1058-1080.

Harding T S，Mayhew M J，Finelli C J，et al. The theory of planned behavior as a model of academic dishonesty in engineering and humanities undergraduates[J]. Ethics & Behavior, 2007,17(3):255-279.

Hartshorne H, May M A, Studies in the Nature of Character: Studies in Deceit[M]. New York: Macmillan,1928.

Haswell S, Jubb P, Wearing B. Accounting students and cheating: A comparative study for Australia, South Africa and the UK[J]. Teaching Business Ethics,1999,3:211-239.

He T, Gou W J, Chang S. Parental involvement and elementary school students' goals, maladaptive behaviors, and achievement in learning English as a foreign language[J]. Learning and Individual Differences,2015,39:205-210.

Hendy N T, Montargot N, Papadimitriou A. Cultural differences in academic dishonesty: A social learning perspective[J]. Journal of Academic Ethics,2021,19(1):49-70.

Henry N L, Campbell A M, Feaver W J, et al. TFIIF-TAF-RNA polymerase Ⅱ connection [J]. Genes & Development,1994,8(23):2868-2878.

Henry R A. The effects of choice and incentives on the overestimation of future performance [J]. Organizational Behavior and Human Decision Processes,1994,57(2):210-225.

Herdian H, Wahidah F R N. ¿ La determinación garantiza que los estudiantes incurran en la deshonestidad académica? [J]. Panorama,2021,15(29):31-59.

Hetherington E M, Feldman S E. College cheating as a function of subject and situational variables[J]. Journal of Educational Psychology,1964,55(4):212.

Heyman G D, Fu G, Lin J, et al. Eliciting promises from children reduces cheating[J]. Journal of Experimental Child Psychology,2015,139:242-248.

Hirschfield P J, Gasper J. The relationship between school engagement and delinquency in late childhood and early adolescence[J]. Journal of Youth and Adolescence,2011,40:3-22.

Hirschi T. Causes of Delinquency[M]. Berkeley: University of California Press,1969.

Hofstede G, Minkov M. Long-versus short-term orientation: New perspectives[J]. Asia Pacific Business Review,2010,16(4):493-504.

Houser B B. Cheating among elementary grade level students: An examination[J]. Journal of

Instructional Psychology,1978,5(3):2.

Houser B B. Student cheating and attitude: A function of classroom control technique[J]. Contemporary Educational Psychology,1982,7(2):113-123.

Hsiao C H, Yang C. The impact of professional unethical beliefs on cheating intention[J]. Ethics & Behavior,2011,21(4):301-316.

Hunter J E, Schmidt F L. Methods of Meta-Analysis: Correcting Error and Bias in Research Findings[M]. Newbury Park: Sage Publications,2004.

Hutton P A. Understanding student cheating and what educators can do about it[J]. College Teaching,2006,54(1):171-176.

Ikupa J C B. Causes and cure of examination malpractices[J]. The Business Administrator, 1997,1(1):38-39.

Isakov M, Tripathy A. Behavioral correlates of cheating: Environmental specificity and reward expectation[J]. PloS One,2017,12(10):e0186054.

Isella M, Kanngiesser P, Tomasello M. Children's selective trust in promises [J]. Child Development,2019,90(6):e868-e887.

Ives B, Giukin L. Patterns and predictors of academic dishonesty in Moldovan university students[J]. Journal of Academic Ethics,2020,18:71-88.

Iyengar S S, Lepper M R. Rethinking the value of choice: A cultural perspective on intrinsic motivation[J]. Journal of Personality and Social Psychology,1999,76(3):349.

Jachimowicz J M, Duncan S, Weber E U, et al. When and why defaults influence decisions: A meta-analysis of default effects[J]. Behavioural Public Policy,2019,3(2):159-186.

Jacobson L I, Berger S E, Millham J. Individual differences in cheating during a temptation period when confronting failure[J]. Journal of Personality and Social Psychology,1970,15 (1):48.

Jamaluddin S F, Adi S P, Lufityanto G. Social influences on cheating in collectivistic culture: Collaboration but not competition[J]. Group Dynamics: Theory, Research, and Practice, 2021,25(2):174.

James H W. Honesty as a character trait among young people[J]. The Journal of Educational Research,1933,26(8):572-578.

Jennings J S, Harpp D N, Hogan J J. Crime in the classroom: Part II. An update[J]. Journal of Chemical Education,1996,73(4):349.

Jensen L A, Arnett J J, Feldman S S, et al. It's wrong, but everybody does it: Academic dishonesty among high school and college students [J]. Contemporary Educational Psychology,2002,27(2):209-228.

Johnson C D, Gormly J. Academic cheating: The contribution of sex, personality, and situational variables[J]. Developmental Psychology,1972,6(2):320.

Jordan A E. College student cheating: The role of motivation, perceived norms, attitudes, and knowledge of institutional policy[J]. Ethics & Behavior,2001,11(3):233-247.

Josephson Institute of Ethics. 2012 Report card on the ethics of American youth[R]. Los Angeles: Josephson Institute of Ethics,2012.

Katsarov J, Andorno R, Krom A, et al. Effective strategies for research integrity training—a meta-analysis[J]. Educational Psychology Review,2022,34(2):935-955.

Keehn J D. Unrealistic reporting as a function of extraverted neurosis[J]. Journal of Clinical Psychology,1956,12(1):61-63.

Kerkvliet J, Sigmund C L. Can we control cheating in the classroom? [J]. The Journal of Economic Education,1999,30(4):331-343.

Kerkvliet J. Cheating by economics students: A comparison of survey results[J]. The Journal of Economic Education,1994,25(2):121-133.

Kibler W L. Academic dishonesty: A student development dilemma[J]. Naspa Journal,1993, 30(4):252-267.

Kiekkas P, Michalopoulos E, Stefanopoulos N, et al. Reasons for academic dishonesty during examinations among nursing students: Cross-sectional survey[J]. Nurse Education Today, 2020,86:104314.

Kilmer R W. High school stress and cheating: Developing an understanding of the factors that influence stress and cheating in high school students[D]. Rochester: John Fisher College,2017.

Kim U, Park Y S. Confucianism and family values: Their impact on educational achievement in Korea[J]. Zeitschrift für Erziehungswissenschaft,2000,3(2):229-249.

Klimek J L. Sex differences in academic dishonesty: A sex role explanation[D]. Muncie: Ball State University,1996.

Koch K. Cheating in schools[J]. CQ Researcher,2000,10(32):47-757.

Kochanska G, Murray K, Jacques T Y, et al. Inhibitory control in young children and its role in emerging internalization[J]. Child Development,1996,67(2):490-507.

Koenig M A, Sabbagh M A. Selective social learning: New perspectives on learning from others[J]. Developmental Psychology,2013,49(3):399.

Kotaman H. Impact of rewarding and parenting styles on young children's cheating behavior [J]. European Journal of Developmental Psychology,2017,14(2):127-140.

Krou M R, Fong C J, Hoff M A. Achievement motivation and academic dishonesty: A meta-analytic investigation[J]. Educational Psychology Review,2021,33(2):427-458.

Kshatriya N, Kurien D. A Gender based study on exploring Modes and Motives of Academic Dishonesty in Higher Education[J]. Journal of Education: Rabindra Bharati University, 2023,24(6):87-98.

Kutbi M, Al-Hoorie A H, Al-Shammari A H. Detecting contract cheating through linguistic fingerprint[J]. Humanities and Social Sciences Communications,2024,11(1):1-9.

Kumar R. Students' experiences of home-school dissonance: The role of school academic culture and perceptions of classroom goal structures [J]. Contemporary Educational Psychology,2006,31(3):253-279.

Lane J D, Wellman H M, Gelman S A. Informants' traits weigh heavily in young children's trust in testimony and in their epistemic inferences[J]. Child Development,2013,84(4): 1253-1268.

Lau W W F, Yuen A H K. Internet ethics of adolescents: Understanding demographic differences[J]. Computers & Education,2014,72:378-385.

Lee K，Ashton M C. Psychometric properties of the HEXACO personality inventory[J]. Multivariate Behavioral Research,2004,39(2):329-358.

Lee S D，Kuncel N R，Gau J. Personality，attitude，and demographic correlates of academic dishonesty：A meta-analysis[J]. Psychological Bulletin,2020,146(11):1042.

Lee S J，Jeong E J，Lee D Y，et al. Why do some users become enticed to cheating in competitive online games? An empirical study of cheating focused on competitive motivation，self-esteem，and aggression[J]. Frontiers in Psychology,2021,12:768825.

Levine E E，Schweitzer M E. Prosocial lies：When deception breeds trust[J]. Organizational Behavior and Human Decision Processes,2015,126:88-106.

Lewis M，Stanger C，Sullivan M W. Deception in 3-year-olds[J]. Developmental Psychology,1989,25(3):439.

Li Q G，Heyman G D，Xu F，et al. Young children's use of honesty as a basis for selective trust[J]. Journal of Experimental Child Psychology,2014,117:59-72.

Lim V K G，See S K B. Attitudes toward，and intentions to report，academic cheating among students in Singapore[J]. Ethics & Behavior,2001,11(3):261-274.

Livesey D J，Morgan G A. The development of response inhibition in 4-and 5-year-old children[J]. Australian Journal of Psychology,1991,43(3):133-137.

Livieris I E，Kotsilieris T，Dimopoulos I，et al. Decision support software for forecasting patient's length of stay[J]. Algorithms,2018,11(12):199.

Lobel T E，Levanon I. Self-esteem，need for approval，and cheating behavior in children[J]. Journal of Educational Psychology,1988,80(1):122.

Loi T I，Feng Z，Kuhn K M，et al. When and how underdog expectations promote cheating behavior：The roles of need fulfillment and general self-efficacy[J]. Journal of Business Ethics,2022,181(2):375-395.

Lucas G M，Friedrich J. Individual differences in workplace deviance and integrity as predictors of academic dishonesty[J]. Ethics & Behavior,2005,15(1):15-35.

Lucifora C, Tonello M. Cheating and social interactions. Evidence from a randomized experiment in a national evaluation program [J]. Journal of Economic Behavior & Organization,2015,115:45-66.

Madrian B C, Shea D F. The power of suggestion: Inertia in 401 (k) participation and savings behavior[J]. The Quarterly Journal of Economics,2001,116(4):1149-1187.

Maloshonok N, Shmeleva E. Factors influencing academic dishonesty among undergraduate students at Russian universities[J]. Journal of Academic Ethics,2019,17:313-329.

Manski C F. Identification of endogenous social effects: The reflection problem[J]. The Review of Economic Studies,1993,60(3):531-542.

Matthews J, Volpe C R. Academics' perceptions of ChatGPT-generated written outputs: A practical application of Turing's Imitation Game[J]. Australasian Journal of Educational Technology,2023,39(5):82-100.

Matza D, Sykes G. Techniques of neutralization: A theory of delinquency [J]. American Sociological Review,1957,22(6):664-670.

May M A, Hartshorne H. Sibling resemblance in deception[J]. Teachers College Record, 1928,29(10):161-177.

Mayhew M J, Hubbard S M, Finelli C J, et al. Using structural equation modeling to validate the theory of planned behavior as a model for predicting student cheating[J]. The Review of Higher Education,2009,32(4):441-468.

Mazar N, Amir O, Ariely D. The dishonesty of honest people: A theory of self-concept maintenance[J]. Journal of Marketing Research,2008,45(6):633-644.

McCabe D L, Bowers W J. Academic dishonesty among males in college: A thirty year perspective[J]. Journal of College Student Development,1994:35(1),5-10.

McCabe D L, Butterfield K D, Trevino L K. Academic dishonesty in graduate business programs: Prevalence, causes, and proposed action[J]. Academy of Management Learning & Education,2006,5(3):294-305.

McCabe D L, Butterfield K D, Treviño L K. Cheating in College: Why Students Do It and

What Educators Can Do About It[M]. Baltimore: Johns Hopkins University Press,2012.

McCabe D L, Treviño L K, Butterfield K D. Cheating in academic institutions: A decade of research[J]. Ethics & Behavior,2001,11(3):219-232.

McCabe D L, Treviño L K, Butterfield K D. Honor codes and other contextual influences on academic integrity: A replication and extension to modified honor code settings[J]. Research in Higher Education,2002,43:357-378.

McCabe D L, Trevino L K. Academic dishonesty: Honor codes and other contextual influences [J]. The Journal of Higher Education,1993,64(5):522-538.

McCabe D L, Trevino L K. Cheating among business students: A challenge for business leaders and educators[J]. Journal of Management Education,1995,19(2):205-218.

McCabe D L, Trevino L K. Individual and contextual influences on academic dishonesty: A multicampus investigation[J]. Research in Higher Education,1997,38:379-396.

McCabe D L, Trevino L K. What we know about cheating in college longitudinal trends and recent developments[J]. Change: The Magazine of Higher Learning,1996,28(1):28-33.

McCabe D L. Cheating among college and university students: A North American perspective [J]. International Journal for Educational Integrity,2005,1(1):1-11.

McCabe D, Pavela G. Some good news about academic integrity[J]. Change: The Magazine of Higher Learning,2000,32(5):32-38.

McCabe D. Cheating: Why students do it and how we can help them stop[J]. American Educator,2001,25(4):38-43.

McLaughlin R D, Ross S M. Student cheating in high school: A case of moral reasoning vs. "fuzzy logic"[J]. The High School Journal,1989,72(3):97-104.

Meng C L, Othman J, D'Silva J L, et al. Ethical decision making in academic dishonesty with application of modified theory of planned behavior: A review[J]. International Education Studies,2014,7(3):126-139.

Michaels J W, D MIETHE T. Applying theories of deviance to academic cheating[J]. Social Science Quarterly,1989,70(4):870.

339

Midgley C, Maehr M L, Hruda L Z, et al. Manual for the Patterns of Adaptive Learning Scales[M]. Ann Arbor: University of Michigan,2000.

Miller A, Shoptaugh C, Wooldridge J. Reasons not to cheat, academic-integrity responsibility, and frequency of cheating[J]. The Journal of Experimental Education, 2011, 79 (2): 169-184.

Mills C M. Knowing when to doubt: Developing a critical stance when learning from others [J]. Developmental Psychology,2013,49(3):404.

Molnar K K, Kletke M G. Does the type of cheating influence undergraduate students' perceptions of cheating? [J]. Journal of Academic Ethics,2012,10:201-212.

Mones A G, Haswell E L. Morality as a verb: The process of moral development within the "family culture"[J]. Journal of Social Distress and the Homeless,1998,7:91-105.

Mulisa F, Ebessa A D. The carryover effects of college dishonesty on the professional workplace dishonest behaviors: A systematic review [J]. Cogent Education, 2021, 8 (1):1935408.

Muñoz-García A, Aviles-Herrera M J. Effects of academic dishonesty on dimensions of spiritual well-being and satisfaction: A comparative study of secondary school and university students[J]. Assessment & Evaluation in Higher Education,2014,39(3):349-363.

Murdock T B, Anderman E M. Motivational perspectives on student cheating: Toward an integrated model of academic dishonesty[J]. Educational Psychologist, 2006, 41 (3): 129-145.

Murdock T B, Beauchamp A S, Hinton A M. Predictors of cheating and cheating attributions: Does classroom context influence cheating and blame for cheating? [J]. European Journal of Psychology of Education,2008,23:477-492.

Murdock T B, Hale N M, Weber M J. Predictors of cheating among early adolescents: Academic and social motivations[J]. Contemporary Educational Psychology,2001,26(1): 96-115.

Murdock T B, Miller A, Kohlhardt J. Effects of classroom context variables on high school students' judgments of the acceptability and likelihood of cheating [J]. Journal of Educational Psychology,2004,96(4):765.

Mynette Gross S M. The effect of certain types of motivation on the "honesty" of children[J]. The Journal of Educational Research,1946,40(2):133-140.

Nathanson C, Paulhus D L, Williams K M. Predictors of a behavioral measure of scholastic cheating: Personality and competence but not demographics[J]. Contemporary Educational Psychology,2006,31(1):97-122.

Newstead S E, Franklyn-Stokes A, Armstead P. Individual differences in student cheating[J]. Journal of Educational Psychology,1996,88(2):229.

Newton P M. How common is commercial contract cheating in higher education and is it increasing? A systematic review[J]. Frontiers in Education,2018,3:67.

Niiya Y, Ballantyne R, North M S, et al. Gender, contingencies of self-worth, and achievement goals as predictors of academic cheating in a controlled laboratory setting[J]. Basic and Applied Social Psychology,2008,30(1):76-83.

Nonis S, Swift C O. An examination of the relationship between academic dishonesty and workplace dishonesty: A multicampus investigation[J]. Journal of Education for Business, 2001,77(2):69-77.

Nora W L Y, Zhang K C. Motives of cheating among secondary students: The role of self-efficacy and peer influence[J]. Asia Pacific Education Review,2010,11:573-584.

Norris M. University Online Cheating—How to Mitigate the Damage[J]. Research in Higher Education Journal,2019,37:1-20.

Novita N, Jannah F. How do fraud diamond and procrastination trigger cheating behavior in online learning during the Covid-19 pandemic[J]. The Indonesian Accounting Review, 2022,12(2):231-246.

O'Connor A M, Evans A D. The role of theory of mind and social skills in predicting children's cheating[J]. Journal of Experimental Child Psychology,2019,179:337-347.

O'Neill H M, Pfeiffer C A. The impact of honour codes and perceptions of cheating on academic cheating behaviours, especially for MBA bound undergraduates[J]. Accounting Education,2012,21(3):231-245.

Ogilvie J, Stewart A. The integration of rational choice and self-efficacy theories: A situational analysis of student misconduct[J]. Australian & New Zealand Journal of Criminology, 2010,43(1):130-155.

Olafson L, Schraw G, Kehrwald N. Academic dishonesty: Behaviors, sanctions, and retention of adjudicated college students[J]. Journal of College Student Development,2014,55(7): 661-674.

Oyserman D, Coon H M, Kemmelmeier M. Rethinking individualism and collectivism: Evaluation of theoretical assumptions and meta-analyses[J]. Psychological Bulletin,2002, 128(1):3.

Özcan M, Yeniçeri N, Çekiç E G. The impact of gender and academic achievement on the violation of academic integrity for medical faculty students, a descriptive cross-sectional survey study[J]. BMC Medical Education,2019,19:1-8.

Parette H P, Blum C, Boeckmann N M, et al. Teaching word recognition to young children who are at risk using Microsoft® PowerPoint™ coupled with direct instruction[J]. Early Childhood Education Journal,2009,36:393-401.

Parr F W. The problem of student honesty[J]. The Journal of Higher Education,1936,7(6): 318-326.

Patall E A, Leach J K. The role of choice provision in academic dishonesty[J]. Contemporary Educational Psychology,2015,42:97-110.

Patock-Peckham J A, Cheong J W, Balhorn M E, et al. A social learning perspective: A model of parenting styles, self-regulation, perceived drinking control, and alcohol use and problems[J]. Alcoholism: Clinical and Experimental Research,2001,25(9):1284-1292.

Patrzek J, Sattler S, van Veen F, et al. Investigating the effect of academic procrastination on the frequency and variety of academic misconduct: A panel study[J]. Studies in Higher Education,2015,40(6):1014-1029.

Paulhus D L, Dubois P J. The link between cognitive ability and scholastic cheating: A meta-analysis[J]. Review of General Psychology,2015,19(2):183-190.

Pavlin-Bernardić N, Rovan D, Pavlović J. Academic cheating in mathematics classes: A motivational perspective[J]. Ethics & Behavior,2017,27(6):486-501.

Pedregosa F, Varoquaux G, Gramfort A, et al. Scikit-learn: Machine learning in Python[J]. The Journal of Machine Learning Research,2011,12:2825-2830.

Perez J A, Zapanta R D, Heradura R P, et al. The drivers of academic cheating in online learning among Filipino undergraduate students[J]. Ethics & Behavior,2024:1-16.

Petrak O, Bartolac A. Academic honesty amongst the students of health studies[J]. Croatian Journal of Education: Hrvatski časopis za odgoj i obrazovanje,2014,16(1):81-117.

Piff P K, Kraus M W, Côté S, et al. Having less, giving more: The influence of social class on prosocial behavior[J]. Journal of Personality and Social Psychology,2010,99(5):771.

Piff P K, Stancato D M, Côté S, et al. Higher social class predicts increased unethical behavior [J]. Proceedings of the National Academy of Sciences,2012,109(11):4086-4091.

Pino N W, Smith W L. College students and academic dishonesty[J]. College Student Journal, 2003,37(4):490-500.

Polak A, Harris P L. Deception by young children following noncompliance[J]. Developmental Psychology,1999,35(2):561.

Poulin-Dubois D, Brooker I, Polonia A. Infants prefer to imitate a reliable person[J]. Infant Behavior and Development,2011,34(2):303-309.

Poulin-Dubois D, Chow V. The effect of a looker's past reliability on infants' reasoning about beliefs[J]. Developmental Psychology,2009,45(6):1576.

Premack D, Woodruff G. Does the chimpanzee have a theory of mind? [J]. Behavioral and Brain Sciences,1978,1(4):515-526.

Pulfrey C, Butera F. Why neoliberal values of self-enhancement lead to cheating in higher education: A motivational account[J]. Psychological Science,2013,24(11):2153-2162.

Putarek V, Pavlin-Bernardić N. The role of self-efficacy for self-regulated learning, achievement goals, and engagement in academic cheating[J]. European Journal of Psychology of Education,2020,35(3):647-671.

Rane N L, Paramesha M, Desai P. Artificial intelligence, ChatGPT, and the new cheating dilemma: Strategies for academic integrity[J]. Artificial Intelligence and Industry in Society,2024,5:2-2.

Reeve J. Understanding Motivation and Emotion[M]. Hoboken: John Wiley & Sons,2024.

Resnik D B, Shamoo A E. Reproducibility and research integrity[J]. Accountability in Research,2017,24(2):116-123.

Rest J R, Thoma S J, Bebeau M J. Postconventional Moral Thinking: A Neo-Kohlbergian approach[M]. Hove: Psychology Press,1999.

Rettinger D A, Cullen C, Perry A H, et al. Rebooting a Legend: The ICAI/McCabe Student Survey[M]//Eaton S E. Second Handbook of Academic Integrity. Cham: Springer Nature Switzerland,2024:1751-1765.

Rettinger D A, Kramer Y. Situational and personal causes of student cheating[J]. Research in Higher Education,2009,50:293-313.

Rettinger D A, Searcy D. Student-led honor codes as a method for reducing university cheating [J]. Economic and Environmental Studies (E&ES),2012,12(3):223-234.

Rettinger D A. The role of emotions and attitudes in causing and preventing cheating[J]. Theory Into Practice,2017,56(2):103-110.

Roig M, Caso M. Lying and cheating: Fraudulent excuse making, cheating, and plagiarism [J]. The Journal of Psychology,2005,139(6):485-494.

Roig M, DeTommaso L. Are college cheating and plagiarism related to academic procrastination? [J]. Psychological Reports,1995,77(2):691-698.

Roskens R W, Dizney H F. A study of unethical academic behavior in high school and college [J]. The Journal of Educational Research,1966,59(5):231-234.

Rousseau D M, Sitkin S B, Burt R S, et al. Not so different after all: A cross-discipline view of trust[J]. Academy of Management Review,1998,23(3):393-404.

Rovan D. Odrednice odabira ciljeva pri učenju matematike u visokom obrazovanju[D]. Zagreb: Filozofski fakultet u Zagrebu,2011.

Ryan R M，Deci E L. Self-determination theory and the facilitation of intrinsic motivation，social development，and well-being[J]. American Psychologist,2000,55(1):68.

Sagoe D，Cruyff M，Spendiff O，et al. Functionality of the Crosswise Model for assessing sensitive or transgressive behavior：A systematic review and meta-analysis[J]. Frontiers in Psychology,2021,12:655592.

Salgado J F，De Fruyt F. Personality in Personnel Selection[M]//Evers A，Anderson N，Schmit-Voskuyl O. The Blackwell Handbook of Personnel Selection. Oxford：Wiley Blackwell Publishing,2017.

Santos C C，Santos P S，Sant'ana M C，et al. Going beyond academic integrity might broaden our understanding of plagiarism in science education：A perspective from a study in Brazil [J]. Anais da Academia Brasileira de Ciências,2017,89:757-771.

Schab F. Cheating in high school：Differences between the sexes (revisited)[J]. Adolescence,1980,15(60):959.

Schab F. Schooling without learning：Thirty years of cheating in high school[J]. Adolescence,1991,26(104):839.

Schultz M，Lim K F，Goh Y K，et al. OK Google：What's the answer? Characteristics of students who searched the internet during an online chemistry examination[J]. Assessment & Evaluation in Higher Education,2022,47(8):1458-1474.

Schwartz B，Tatum H，Hageman M. Undergraduate perceptions of and responses to academic dishonesty：The impact of honor codes[J]. Ethics & Behavior,2013,23(6):463-476.

Schweitzer M E，Hershey J C，Bradlow E T. Promises and lies：Restoring violated trust[J]. Organizational Behavior and Human Decision Processes,2006,101(1):1-19.

Schwoerer C E，May D R，Hollensbe E C，et al. General and specific self-efficacy in the context of a training intervention to enhance performance expectancy[J]. Human Resource Development Quarterly,2005,16(1):111-129.

Selwyn N. A safe haven for misbehaving? An investigation of online misbehavior among university students[J]. Social Science Computer Review,2008,26(4):446-465.

Şendağ S, Duran M, Fraser M R. Surveying the extent of involvement in online academic dishonesty (e-dishonesty) related practices among university students and the rationale students provide: One university's experience[J]. Computers in Human Behavior,2012,28(3):849-860.

Septi S A. Academic procrastination among Indonesian University learners: Interaction with cheating, absenteeism, and L2 achievement[J]. Journal of Language and Education,2023,9(1 (33)):128-137.

Shapley L S. A value for n-person games[J]. Contribution to the Theory of Games,1953,2:307-317.

Shelton J, Hill J P. Effects on cheating of achievement anxiety and knowledge of peer performance[J]. Developmental Psychology,1969,1(5):449.

Shu L L, Gino F, Bazerman M H. Dishonest deed, clear conscience: When cheating leads to moral disengagement and motivated forgetting [J]. Personality and Social Psychology Bulletin,2011,37(3):330-349.

Shu-Ling P, Huang P S, Chen H C. Personal achievement goals and the acceptability of cheating in an academic context: The moderating role of academic self-efficacy[J]. Journal of Research in Education Sciences,2019,64(4):87.

Sideridis G D, Stamovlasis D, Antoniou F. Reading achievement, mastery, and performance goal structures among students with learning disabilities: A nonlinear perspective [J]. Journal of Learning Disabilities,2016,49(6):631-643.

Sideridis G D, Stamovlasis D. The role of goal orientations in explaining academic cheating in students with learning disabilities: An application of the cusp catastrophe[J]. Ethics & Behavior,2014,24(6):444-466.

Sidi Y, Blau I, Eshet-Alkalai Y. How is the ethical dissonance index affected by technology, academic dishonesty type and individual differences? [J]. British Journal of Educational

Technology,2019,50(6):3300-3314.

Sieman A M. Motivational predictors of academic cheating among first-year college students: Goals, expectations, and costs[D]. Raleigh: North Carolina State University,2009.

Simmons N. Cheating: A comparison of its incidence in self-scoring and on a paper and pencil test at Fort Hays Kansas State College[D]. Hays: Fort Hays Kansas State College,1963.

Sisti D A. How do high school students justify internet plagiarism? [J]. Ethics & Behavior, 2007,17(3):215-231.

Skaar H. Writing and pseudo-writing from Internet-based sources: Implications for learning and assessment[J]. Literacy,2015,49(2):69-76.

Smetana J G, Campione-Barr N, Yell N. Children's moral and affective judgments regarding provocation and retaliation[J]. Merrill-Palmer Quarterly,2003,49(2):209-236.

Smetana J G. Preschool children's conceptions of moral and social rules[J]. Child Development, 1981,52:1333-1336.

Smetana J G. Preschool children's conceptions of transgressions: Effects of varying moral and conventional domain-related attributes[J]. Developmental Psychology,1985,21(1):18.

Steininger M, Johnson R E, Kirts D K. Cheating on college examinations as a function of situationally aroused anxiety and hostility[J]. Journal of Educational Psychology,1964,55 (6):317.

Steininger M. Attitudes toward cheating: General and specific[J]. Psychological Reports,1968, 22(2):1101-1107.

Stephens J M, Gehlbach H. Under Pressure and Underengaged: Motivational Profiles and Academic Cheating in High School[M]//Anderman E M, Murdock T B. Psychology of academic cheating. San Diego: Academic Press,2007.

Stephens J M. Bridging the divide: The role of motivation and self-regulation in explaining the judgment-action gap related to academic dishonesty[J]. Frontiers in Psychology, 2018, 9:246.

Stone D N, Deci E L, Ryan R M. Beyond talk: Creating autonomous motivation through self-determination theory[J]. Journal of General Management,2009,34(3):75-91.

Stone T H, Jawahar I M, Kisamore J L. Using the theory of planned behavior and cheating justifications to predict academic misconduct[J]. Career Development International,2009, 14(3):221-241.

Strom R D, Strom P S. New Directions for Teaching, Learning, and Assessment[M]// Maclean R. Learning and Teaching for the Twenty-First Century: Festschrift for Professor Phillip Hughes. Dordrecht: Springer,2007.

Song N Y. Higher education crisis: Academic misconduct with generative AI[J]. Journal of Contingencies and Crisis Management,2024,32(1):e12532.

Sunstein C, Thaler R. Nudge: Improving decisions about health[J]. Wealth, and Happiness, 2008,19(4):356-360.

Tabsh S W, Abdelfatah A S, El Kadi H A. Engineering students and faculty perceptions of academic dishonesty[J]. Quality Assurance in Education,2017,25(4):378-393.

Talwar V, Crossman A. From little white lies to filthy liars: The evolution of honesty and deception in young children[J]. Advances in Child Development and Behavior,2011,40: 139-179.

Talwar V, Lee K. Development of lying to conceal a transgression: Children's control of expressive behaviour during verbal deception [J]. International Journal of Behavioral Development,2002,26(5):436-444.

Talwar V, Lee K. Social and cognitive correlates of children's lying behavior [J]. Child Development,2008,79(4):866-881.

Tang L. Five ways China must cultivate research integrity[J]. Nature,2019,575(7784): 589-591.

Tang S, Zuo J. Profile of college examination cheaters[J]. College Student Journal,1997,31 (3):340.

Taradi S K, Taradi M, Ðogaš Z. Croatian medical students see academic dishonesty as an acceptable behaviour: A cross-sectional multicampus study[J]. Journal of Medical Ethics,

2012,38(6):376-379.

Tas Y, Tekkaya C. Personal and contextual factors associated with students' cheating in science[J]. The Journal of Experimental Education,2010,78(4):440-463.

Tatum H E, Schwartz B M, Hageman M C, et al. College students' perceptions of and responses to academic dishonesty: An investigation of type of honor code, institution size, and student-faculty ratio[J]. Ethics & Behavior,2018,28(4):302-315.

Tatum H E. Honor codes and academic integrity: Three decades of research[J]. Journal of College and Character,2022,23(1):32-47.

Teixeira A A C, Rocha M F. Academic cheating in Austria, Portugal, Romania and Spain: A comparative analysis[J]. Research in Comparative and International Education,2006,1(3): 198-209.

Teixeira L C R S, Oliveira A M. A relação teoria-prática na formação do educador e seu significado para a prática pedagógica do professor de biologia[J]. Ensaio Pesquisa em Educação em Ciências (Belo Horizonte),2005,7(3):220-242.

Tenbrunsel A E, Messick D M. Ethical fading: The role of self-deception in unethical behavior [J]. Social Justice Research,2004,17:223-236.

Tenner E. The Honor Code through Wilson's Spectacles[J]. Princeton University Library Chronicle,2003,64(3):425-444.

The Blackwell Handbook of Personnel Selection[M]. Hoboken: John Wiley & Sons,2005.

Thompson Jr E H, Pleck J H. The structure of male role norms[J]. American Behavioral Scientist,1986,29(5):531-543.

Tibbetts S G. Differences between women and men regarding decisions to commit test cheating [J]. Research in Higher Education,1999,40(3):323-342.

Tittle C R, Rowe A R. Moral appeal, sanction threat, and deviance: An experimental test[J]. Social Problems,1973,20(4):488-498.

Torrance E P. Torrance Tests of Creative Thinking: Norms-technical Manual. Research Edition. Verbal Tests, Forms A and B. Figural Tests, Forms A and B[M]. Princeton:

Personnel Press,1966.

Triandis H C. Individualism-collectivism and personality[J]. Journal of Personality,2001,69(6):907-924.

Tsai C L. Peer effects on academic cheating among high school students in Taiwan[J]. Asia Pacific Education Review,2012,13:147-155.

Tsui A P Y, Ngo H Y. Social predictors of business student cheating behaviour in Chinese societies[J]. Journal of Academic Ethics,2016,14:281-296.

Tyler K M. Examining cognitive predictors of academic cheating among urban middle school students: The Role of Home-School Dissonance[J]. Middle Grades Research Journal,2015,10(3):77.

Tyler T R. Why People Cooperate: The Role of Social Motivations[M]. Princeton: Princeton University Press,2010.

Usher E L, Pajares F. Sources of self-efficacy in school: Critical review of the literature and future directions[J]. Review of Educational Research,2008,78(4):751-796.

VanDeGrift T, Dillon H, Camp L. Changing the engineering student culture with respect to academic integrity and ethics[J]. Science and Engineering Ethics,2017,23:1159-1182.

Van Ewijk R, Sleegers P. The effect of peer socioeconomic status on student achievement: A meta-analysis[J]. Educational Research Review,2010,5(2):134-150.

Vazquez J J, Chiang E P, Sarmiento-Barbieri I. Can we stay one step ahead of cheaters? A field experiment in proctoring online open book exams [J]. Journal of Behavioral and Experimental Economics,2021,90:101653.

Vinski E J, Tryon G S. Study of a cognitive dissonance intervention to address high school students' cheating attitudes and behaviors[J]. Ethics & Behavior,2009,19(3):218-226.

Vitro F T, Schoer L A. The effects of probability of test success, test importance, and risk of detection on the incidence of cheating[J]. Journal of School Psychology,1972,10(3):269-277.

Volante L, DeLuca C, Klinger D A. Leveraging AI to enhance learning[J]. Phi Delta Kappan,

2023,105(1):40-45.

Vygotsky L S. Mind in Society: The Development of Higher Psychological Processes[M]. Boston: Harvard University Press,1978.

Walsh L L, Lichti D A, Zambrano-Varghese C M, et al. Why and how science students in the United States think their peers cheat more frequently online: Perspectives during the COVID-19 pandemic[J]. International Journal for Educational Integrity,2021,17:1-18.

Wang Q, Li J. Chinese children's self-concepts in the domains of learning and social relations [J]. Psychology in the Schools,2003,40(1):85-101.

Ward D A, Beck W L. Gender and dishonesty[J]. The Journal of Social Psychology,1990,130 (3):333-339.

Warneken F, Tomasello M. The emergence of contingent reciprocity in young children[J]. Journal of Experimental Child Psychology,2013,116(2):338-350.

Welsh D T, Ordóñez L D, Snyder D G, et al. The slippery slope: How small ethical transgressions pave the way for larger future transgressions [J]. Journal of Applied Psychology,2015,100(1):114.

Wesolowsky G O. Detecting excessive similarity in answers on multiple choice exams[J]. Journal of Applied Statistics,2000,27(7):909-921.

Whitley B E, Nelson A B, Jones C J. Gender differences in cheating attitudes and classroom cheating behavior: A meta-analysis[J]. Sex Roles,1999,41(9):657-680.

Whitley B E. Factors associated with cheating among college students: A review[J]. Research in Higher Education,1998,39(3):235-274.

Whitley Jr B E, Keith-Spiegel P. Academic Dishonesty: An Educator's Guide[M]. Hove, East Sussex: Psychology Press,2001.

Whitley Jr B E, Kost C R. College Students' Perceptions of Peers Who Cheat 1[J]. Journal of Applied Social Psychology,1999,29(8):1732-1760.

Williams K M, Nathanson C, Paulhus D L. Identifying and profiling scholastic cheaters: Their personality, cognitive ability, and motivation[J]. Journal of Experimental Psychology:

Applied,2010,16(3):293.

Williams L R, Rueda H A, Nagoshi J. Trust, cheating, and dating violence in Mexican American adolescent romantic relationships[J]. Journal of the Society for Social Work and Research,2014,5(3):339-360.

Williams M W M, Williams M N. Academic dishonesty, self-control, and general criminality: A prospective and retrospective study of academic dishonesty in a New Zealand university [J]. Ethics & Behavior,2012,22(2):89-112.

Williams S, Patel K, Baker M, et al. Elementary school-aged children's perceptions of academic dishonesty: Definitions and moral evaluations of cheating behaviors in school[J]. Journal of Experimental Child Psychology,2024,242:105893.

Wilson K, Batool K, Duan T Y, et al. Cheating in childhood: Exploring the link between parental reports of problem behaviors and dishonesty on simulated academic tests[J]. Journal of Experimental Child Psychology,2024,244:105948.

Woodruff S L, Cashman J F. Task, domain, and general efficacy: A reexamination of the self-efficacy scale[J]. Psychological Reports,1993,72(2):423-432.

Xia M, Poorthuis A M G, Zhou Q, et al. Young children's overestimation of performance: A cross-cultural comparison[J]. Child Development,2022,93(2):e207-e221.

Xie Y, Wu S, Chakravarty S. AI meets AI: Artificial Intelligence and Academic Integrity-A Survey on Mitigating AI-Assisted Cheating in Computing Education[C]//Proceedings of the 24th Annual Conference on Information Technology Education,2023.

Yang S C, Huang C L, Chen A S. An investigation of college students' perceptions of academic dishonesty, reasons for dishonesty, achievement goals, and willingness to report dishonest behavior[J]. Ethics & Behavior,2013,23(6):501-522.

Yardley J, Rodríguez M D, Bates S C, et al. True confessions?: Alumni's retrospective reports on undergraduate cheating behaviors[J]. Ethics & Behavior,2009,19(1):1-14.

Yarkoni T, Westfall J. Choosing prediction over explanation in psychology: Lessons from machine learning[J]. Perspectives on Psychological Science,2017,12(6):1100-1122.

Yee S, Xu A, Batool K, et al. Academic cheating in early childhood: Role of age, gender, personality, and self-efficacy [J]. Journal of Experimental Child Psychology, 2024, 242:105888.

Ykhlef H, Bouchaffra D. Induced subgraph game for ensemble selection [J]. International Journal on Artificial Intelligence Tools, 2017, 26(1):1760003.

Yu A B, Yang K S, Kim U, et al. The Nature of Achievement Motivation in Collectivist Societies [M]. London: Sage Publications, 1994.

Yu H, Glanzer P L, Johnson B R. Examining the relationship between student attitude and academic cheating [J]. Ethics & Behavior, 2021, 31(7):475-487.

Yu H, Glanzer P L, Sriram R, et al. What contributes to college students' cheating? A study of individual factors [J]. Ethics & Behavior, 2017, 27(5):401-422.

Zanette S, Gao X, Brunet M, et al. Automated decoding of facial expressions reveals marked differences in children when telling antisocial versus prosocial lies [J]. Journal of Experimental Child Psychology, 2016, 150:165-179.

Zayed H. 'We are not cheating. We are helping each other out:' digital collective cheating in secondary education [J]. Learning, Media and Technology, 2023, 48:1-19.

Zelazo P D, Carlson S M, Kesek A. 34 The Development of Executive Function in Childhood [M]//Nelson CA, Luciana M. Handbook of Developmental Cognitive Neuroscience. Cambridge: MIT Press, 2008.

Zhang Y. Academic cheating as planned behavior: the effects of perceived behavioral control and individualism-collectivism orientations [J]. Higher Education, 2024, 87(3):567-590.

Zhao L, Chen L, Sun W, et al. Young children are more likely to cheat after overhearing that a classmate is smart [J]. Developmental Science, 2020, 23(5):e12930.

Zhao L, Heyman G D, Chen L, et al. Praising young children for being smart promotes cheating [J]. Psychological Science, 2017, 28(12):1868-1870.

Zhao L, Heyman G D, Chen L, et al. Telling young children they have a reputation for being smart promotes cheating [J]. Developmental Science, 2018, 21(3):e12585.

Zhao L，Hong M，Lee K. Role of moral judgments and persistence in elementary school students' academic cheating［J］. Journal of Applied Developmental Psychology，2024，93：101676.

Zhao L，Li Y，Ke S，et al. Self-efficacy and cheating among young children［J］. Journal of Experimental Child Psychology，2024，241：105843.

Zhao L，Li Y，Qin W，et al. Overheard evaluative comments：Implications for beliefs about effort and ability［J］. Child Development，2022，93（6）：1889-1902.

Zhao L，Mao H，Compton B J，et al. Academic dishonesty and its relations to peer cheating and culture：A meta-analysis of the perceived peer cheating effect［J］. Educational Research Review，2022，36：100455.

Zhao L，Mao H，Harris P L，et al. Trusting young children to help causes them to cheat less ［J］. Nature Human Behaviour，2024，8（4）：668-678.

Zhao L，Mao H，Zheng J，et al. Default settings affect children's decisions about whether to be honest［J］. Cognition，2023，235：105390.

Zhao L，Peng J，Dong L D，et al. Academic cheating interferes with learning among middle school children［J］. Journal of Experimental Child Psychology，2023，226：105566.

Zhao L，Peng J，Dong L D，et al. Dataset of the effect of difficulty messaging on academic cheating in middle school Chinese children［J］. Data in Brief，2022，43：108405.

Zhao L，Peng J，Dong L D，et al. Effects of test difficulty messaging on academic cheating among middle school children ［J］. Journal of Experimental Child Psychology，2022，220：105417.

Zhao L，Peng J，Ke S，et al. Effectiveness of unproctored vs. teacher-proctored exams in reducing students' cheating：A double-bind randomized controlled field experimental study ［J］. Educational Psychology Review，2024，36（4）：126.

Zhao L，Peng J，Lee K. Bidirectional negative relation between young children's persistence and cheating［J］. Child Development，2024，00：1-17.

Zhao L，Peng J，Yang X，et al. Effects of academic dishonesty policy reminder on university students' exam cheating-a double-blind randomized controlled experimental field study[J]. Studies in Higher Education,2024,49(4):592-608.

Zhao L，Peng J，Yang X，et al. Effects of honor code reminders on university students' cheating in unproctored exams: A double-blind randomized controlled field study[J]. Contemporary Educational Psychology,2023,75:102213.

Zhao L，Sun W，Lee K. Young children with higher verbal intelligence are less likely to cheat [J]. Journal of Experimental Child Psychology,2024,244:105933.

Zhao L，Yang X，Yu X，et al. Academic cheating, achievement orientations, and culture values: A meta-analysis[J]. Review of Educational Research,2024:00346543241288240.

Zhao L，Zheng J，Mao H，et al. Effects of trust and threat messaging on academic cheating: A field study[J]. Psychological Science,2021,32(5):735-742.

Zhao L，Zheng Y，Compton B J，et al. Subtle alterations of the physical environment can nudge young children to cheat less[J]. Developmental Science,2022,25(3):e13190.

Zhao L，Zheng Y，Compton B J，et al. The moral barrier effect: Real and imagined barriers can reduce cheating[J]. Proceedings of the National Academy of Sciences,2020,117(32): 19101-19107.

Zhao L，Zheng Y，Mao H，et al. Using environmental nudges to reduce academic cheating in young children[J]. Developmental Science,2021,24(5):e13108.

Zhao L，Zheng Y，Zhao J，et al. Cheating among elementary school children: A machine learning approach[J]. Child Development,2023,94(4):922-940.

Zheng Y，Lee K，Zhao L. High consistency of cheating and honesty in early childhood[J]. Developmental Science,2024,27(6):e13540.

参与本书撰写的其他成员：

彭俊杰（杭州师范大学）　　黄新新（杭州师范大学）

于心怡（杭州师范大学）　　薛佳寅（杭州师范大学）

路媛媛（杭州师范大学）　　赵子文（杭州师范大学）

杨婷婷（杭州师范大学）　　郝一凡（杭州师范大学）

何一鸣（杭州师范大学）　　朱斯桓（杭州师范大学）

李心妍（杭州师范大学）　　任竣碗（杭州师范大学）

王子怡（杭州师范大学）　　张格格（杭州师范大学）

特别鸣谢：

林崇德（北京师范大学）　　吴伟伟（浙江大学出版社）

宁　檬（浙江大学出版社）